全景插图版

拿破仑三世与法兰西第二帝国

[法] 皮埃尔·德·拉诺 著　　张宝元 译

中国画报出版社·北京

图书在版编目（CIP）数据

拿破仑三世与法兰西第二帝国 /（法）皮埃尔·德·拉诺著；张宝元译. -- 北京：中国画报出版社，2018.9

ISBN 978-7-5146-1657-6

Ⅰ. ①拿… Ⅱ. ①皮… ②张… Ⅲ. ①波拿巴(Bonaparte, Louis 1808-1873)—生平事迹②法国—近代史—1852-1870 Ⅳ. ①K835.657=41②K565.41

中国版本图书馆CIP数据核字(2018)第198461号

拿破仑三世与法兰西第二帝国

[法] 皮埃尔·德·拉诺 著　　张宝元 译

出 版 人：于九涛
责任编辑：李　媛
责任印制：焦　洋

出版发行：中国画报出版社
地　　址：中国北京市海淀区车公庄西路33号　邮编：100048
发 行 部：010-68469781　010-68414683（传真）
总编室兼传真：010-88417359　版权部：010-88417359

开　　本：16开（710mm×1000mm）
印　　张：24.25
字　　数：312千字
版　　次：2019年1月第1版　　2019年1月第1次印刷
印　　刷：北京通州皇家印刷厂
书　　号：ISBN 978-7-5146-1657-6
定　　价：88.00元

序言

值此《法兰西第二帝国史》第三卷《拿破仑三世与法兰西第二帝国》[①]问世之际，我谨以这篇序言献给我亲爱的读者们。

自撰写《法兰西第二帝国史》这套书以来，我时常被一些不同的声音困扰。因此，我有必要借这篇序言略作说明。

就第一卷《拿破仑三世的宫廷》一书某些章节中阐述的观点，我已明确答复持反对立场的朋友们。在此，我不想做任何补充说明。我也不想继续无谓的争论，因为一旦拉开争论的架势，双方谁也不想败下阵来，这难免会影响大家的情绪，难免会口出狂言，以同样激烈的言辞“回敬”对方，就像一场板羽球比赛，如果你不接招，那你就是失败的一方。然而，作为一名文人，我犯不着如此小气。我宁愿静心撰写我的著作。风再大，只要储藏麦子的谷仓牢不可破，屋顶偶尔摇几下又有何妨？话虽如此，写一篇别具一格的序言还是有必要的，或

① 第一卷是《拿破仑三世的宫廷》，第二卷是《欧仁妮皇后》。——译者注（本书中除原注外，均为译者注，不再另行说明）

许有助于读者朋友们对我的观点多一份理解。读者朋友们大可见仁见智。我仅以寥寥数语作为《拿破仑三世与法兰西第二帝国》的开场白。为了直接阐明写此书的目的，如实还原一段令人神往、陶醉而又惊心动魄的浪漫佳话，无关内容一概不提。

皮埃尔·德·拉诺

1893 年 2 月于巴黎

目录

第1章
欧仁妮皇后

之前，在写有关第二帝国的著作时，本着查缺补漏、更好地了解那段历史的目的，书中的观点略带晦涩，且素材多以趣闻、逸事为主。因此，与闲情逸致的田园诗、充满血腥的叙事诗相比，我极少动容，几乎没有体验到感官上的震撼和情绪上的波动。

然而，讲述第二帝国后期故事的几个章节中，我难以抑制自己的情感。因为更懂拿破仑三世了，所以我仿佛身临其境，感受到了传奇人物的浪漫气息与戏剧化人生。在这些章节面前，后世任何一部描述浪漫、戏剧化英雄事迹的文学作品都黯然失色。此刻，独辟段落讲述拿破仑三世的故事，我激情澎湃。从前，这种情感没有这么明显。无论我的读者属于哪种党派，都应理解我的立场。不得不承认，拿破仑三世的性格比其他任何人的性格——不管是何种性格——都更值得研究、分析、解读。他就像芸芸众生中的普通一员，性格憨厚而又虚伪，天真而又愚蠢，虔诚而又多疑。

我把现代文学作品中惯用的英雄人物形象与拿破仑三世放在一起比较不是没有道理的。不错，拿破仑三世是一位充满浪漫气息的英雄人物，不做作，有血有肉。他无法逾越尘世的各种利益纠结、世事的瞬息万变以及正常人的逻辑思维。

拿破仑三世的人生态度、不合常理的统治理念，不应使我们震惊。

尽管他没有意识到，但一生中他一直被动地扮演着不幸的“主角”；抛开他的冷漠、谨慎、细致入微的洞察力，使命使他迈步向前，直面人生中的世事变迁和起起落落，就像连载故事中的主角一般。无论他神秘莫测还是激情四射，都注定要与大众同呼吸、共命运。

认清拿破仑三世的人生态度及其独特的统治手段，你就会发现一切都不奇怪了。难道他和法兰西第二帝国的出现不是始料未及，而是命中注定吗？难道路易·拿破仑亲王不是传奇与现实的结合吗？难道他不是被不可抗拒的使命推到历史的风口浪尖上的吗？维克多·雨果写诗歌赞美他。阿道夫·梯也尔[①]著书讴歌他叔父[②]的辉煌。人们至今仍情不自禁地反复哼唱皮埃尔-让·德·贝朗热颂扬拿破仑一世的歌谣，以此来怀念随着拿破仑一世被流放圣赫勒拿岛而一夜之间化为乌有的美好过去。如今，人们的希望再次被点燃，拿破仑一世的精神在巴黎荣军院回荡。路易·拿破仑亲王受到一股非他所愿的力量驱使，在历史使命的感召下，想象着那个亦真亦幻的宝座，梦想着有一天能成为真正的皇帝，而这段传奇中的主人公，亦神亦人，冥冥中注定他是皇位的合法继承人，用维克多·雨果的话说：“注定延续叔父的荣耀”，再续阿道夫·梯也尔的历史著作以及皮埃尔-让·德·贝朗热的歌谣中被颂扬的拿破仑精神。命运注定如此，他是宿命的产物，只能听从命运的召唤，别无选择。

作为一名海员的儿子，路易·拿破仑亲王成年之际被带到波涛滚滚的海上。耳边萦绕着法兰西第一帝国痛苦的呻吟，这种呻吟就像回声一般，久久不能散去。拿破仑家族神话般的影响力与耀眼的光环使他思绪万千，但他表面上却镇定自若。他谋划着拿破仑一世时代的再次到来，

① 阿道夫·梯也尔（Adolphe Thiers，1797—1887），法国政治家、历史学家、法兰西第三共和国总统（1871—1873）。

② 拿破仑·波拿巴（Napoléon Bonaparte，1769—1821），登基后称“拿破仑一世”。拿破仑三世的父亲是他弟弟。

路易·拿破仑亲王

拿破仑一世被流放圣赫勒拿岛

拿破仑一世在巴黎荣军院看望受伤的士兵

希望他是拿破仑一世的化身。这是他的理想之一，但他既没有亲历奥斯特里茨战役[①]、滑铁卢战役，也没有亲历圣赫勒拿岛。命运却注定他与奇斯尔赫斯特[②]有“不解之缘”。奇斯尔赫斯特可能使人暴尸于荒凉的岩石上，但也有可能是最好的逃离之所或再次踏上光荣征程的新起点。在法兰西新旧王朝更迭之际，命运使他选择了奇斯尔赫斯特，但他却没有再次踏上新征程。

拿破仑三世的真实写照才刚刚开始，以上只是速写。从来没有哪个人能像他一样做到完美的表里如一，也没有哪个人能像他一样将自己的一言一行表现得如此出神入化。他当时的真实想法与抱负我们现在无从得知。撇开世俗的说辞——诸如他没有智慧或愚蠢的谎言，以及由此而招致的不得不遭受的屈辱，一个真实的拿破仑三世顿时跃然纸上。在是否离开奇斯尔赫斯特、重回法国光复波拿巴王朝一事上，他曾犹豫不决。这种优柔寡断的性格似乎是他生不逢时、颠沛流离的童年时期的麻木不仁所造就的。当时，拿破仑三世龙体欠佳，给人以惰政的错觉。夜以继日的操劳似乎使他心力交瘁，尽管他强打精神，但于事无补，身体仍然每况愈下。在公众场合及官方活动中，他竭力掩盖这种状况，但每每事与愿违。作为帝王尊严的捍卫者，面对朝臣和谋官求职者的忠诚与敬意，他庄严、冷漠。然而，尽管深知如何扮演帝王这一“角色”，他却难免疲于应对各种情形。他本应拥有属于自己的时光去遐想——回忆他的过去，展望一无所知的未来。只有在远离尘世的是是非非时，他才欣喜万分。

---

① 奥斯特里茨战役（Battle of Austerlitz）是拿破仑战争中最重要且具有决定意义的战役之一。拿破仑大军在奥地利帝国奥斯特里茨村附近大败沙皇亚历山大一世和神圣罗马帝国皇帝弗朗西斯二世的联军，因此这次战役也称“三皇之战”。这次战役打垮第三次反法联盟，迫使奥地利签订了《普雷斯堡条约》。奥斯特里茨战役与坎尼战役、高加米拉战役齐名，是军事史上的奇迹。

② 奇斯尔赫斯特（Chiselhurst）位于英格兰伦敦东南郊区。被德国释放后，拿破仑三世来到这里度过了余生。

此时，他俨然一位贤者。摆脱精神与身体上的“枷锁”后，他是一位十足的贵族。

然而，深居皇宫的人却鲜知拿破仑三世真实的一面！尽管通过世人皆知的片段去了解他显得有趣，但不全面。我们不妨透过他性格中不为人知的一面，从他神秘的私生活中真正了解他。随着欧仁妮皇后政治野心的膨胀与虚情假意的递增，拿破仑三世的心肠变得越来越硬，行为也越来越冷漠。政见不合的大臣们让他忧心忡忡，但把政事上的烦恼抛诸脑后时，他总是平易近人、和蔼可亲，渴望别人快乐，给他们带来好运，就像一位家长，总是孜孜不倦地为他爱的人和爱他的人着想。他喜欢在杜伊勒里宫溜达。所见之人他都要致以亲切的问候。他一遍遍不厌其烦地检查他收藏的每件艺术品——它们是懂艺术的人为他精挑细选的——就像参观博物馆时一样。他常常走出自己的办公室，嘴里叼着烟，出其不意地出现在皇后的寝室里。皇后和宫女们围成一团，闲聊散闷。他一边吸着烟，一边接着她们的话茬儿闲聊几句，有时会被她们逗得哈哈大笑。然后，他又悄无声息地迈着习惯性的、规则的、左摇右晃的步伐离开了，正如进来时一样。有时，他只带一名朋友或一名副官，亲自驾驶一辆四轮敞篷马车，在仅有一名随从陪同的情况下微服出宫。然而，他更喜欢徒步穿越杜伊勒里宫的排房，信步塞纳河岸。在密友的陪同下，通常是勒皮克将军或弗勒里将军，他会徒步走几个小时的路，途中一言不发，时而凝视着河岸，时而注视着公园中欢快而又无忧无虑嬉戏的孩子们。其实，他的身边也有这样一个孩子。然而，这个孩子却不能像他们一样，因为他的娱乐受到官方礼仪的严格限制。这个孩子就是皇帝的儿子。皇帝深深地爱着他，就像深深地爱着上帝一样。为了爱子，在帝国倒塌之际皇帝选择了继续活下去；为了挽救爱子的性命，他曾两度差点儿了却此生。对强加在儿子身上的枷锁，拿破仑三世甚是烦恼。他何尝不想让自己的儿子能像其他的孩子一样享受童年的乐趣呢！他多么希

奥斯特里茨战役

滑铁卢战役

望儿子能和他们一样天真快乐、无拘无束，但宫廷礼仪却不容许，只能与宫廷里和他一样可怜的孩子经历那里特有的“童年”。

然而，一天下午，拿破仑三世梦想成真！他牵着儿子的手，把儿子带到杜伊勒里宫旁边的公园里嬉闹的孩子中间，这些孩子的父母亲坐在不远处的大树下面，看他们玩耍。当有人认出皇太子时，周围的人简直不敢相信自己的眼睛。人们闹哄哄地朝他们围过来，想一看究竟。镇定自若的皇帝对他们付诸一笑，向人群欠了欠身，然后把儿子推向嬉闹的孩子们。“去吧，”他说，“去和他们一块儿玩。”害羞的小太子先是犹豫了一下，突如其来的自由使他有点儿纠结——这可是第一次与“人”接触啊！“去吧，路路，”皇帝不断地鼓励道，“去和他们玩吧。很快，你就会发现他们多么友好。他们会慢慢接受你的。”那天，皇太子的确与平民的孩子们一起玩耍了，而他的父亲就在一旁静静地看着他玩，内心充满喜悦，让人备感亲切。

回到杜伊勒里宫时，拿破仑三世释然开怀，那种发自内心的真情实感只有在有心人的脸上才能流露出来。用晚膳时，他兴致勃勃地给大家讲了这段小插曲。然而，没等他讲完，皇后脸色大变，粗鲁地打断了他的故事。

“简直荒唐至极！”皇后愤怒地说道，“您为什么要让路易与那些他永远不该认识的、没教养的孩子一起玩呢？”

看着其他正在用膳的人，拿破仑三世表情痛苦。“不是所有的孩子，”他竭力压制住心中的怒火反驳道，“不是所有在公园中玩耍的孩子都没教养。”

他欲言又止，先前洋溢在脸上的喜悦顿时凝固了。在这样的场合以及诸如此类的许多场合，年轻气盛的皇后总是出言不逊，咄咄逼人，浑然不知丈夫内心真实的想法，冷不丁便让丈夫颜面扫地。

我想我在其他著作中提到过皇后对皇太子冷淡无情的事。在皇太子成长的过程中，这位母后总是严厉地、几近苛刻地要求他的一言一行。从她身上他一点儿也体会不到一个孩子本应得到的来自母亲的、神圣的爱。然而，相比皇后，皇帝只能把对儿子的爱埋在心底。因此，一味地强调皇帝对儿子的挚爱之情或以此来衬托皇后对儿子的冷漠无情，是没多大意义的。简而言之，这会使进一步了解拿破仑三世性格中与生俱来的仁慈变得无据可考。或许他对其他人也是如此。他不仅对孩子和蔼可亲，而且对其他人，甚至是敌人，同样和蔼可亲。对此，我只举一例，足以说明他这种鲜明的性格。

当是否该免除菲利斯·奥尔西尼①死刑的诉求被呈给拿破仑三世时，

菲利斯·奥尔西尼

① 菲利斯·奥尔西尼（Felice Orsini，1819—1858），意大利烧炭党领袖、革命分子。他认为拿破仑三世严重阻碍了意大利的民族统一进程。于是，他谋划行刺拿破仑三世。1858 年 1 月 14 日，他和其他两位革命分子在拿破仑三世与欧仁妮皇后前往剧院的途中往他们的座驾下投掷了几颗炸弹，爆炸造成严重伤亡，但皇帝与皇后侥幸脱险。——原注

大臣们一致认为这种大事应由内阁商议后定夺。于是，内阁随即召开会议。在会上，拿破仑三世据理力争，主张行使他的赦免权，而议员们坚决维持原判。一场异常激烈的争论就此爆发。会议持续了整整一晚上，但争论仍未平息，陷入了僵局。意识到僵化的局势即将带来一场政治危机时，他极不情愿而又悲伤地选择了妥协。

该事件只是拿破仑三世不为人知一面的一个真实写照，权且不论他是否是一位政治家。这种基调或许有失公允，但在我讲述与他有关的任何事件时，我没法做到回避他的真性情。

与欧仁妮皇后流露出的苍白无力的情感相比，拿破仑三世赤诚待人，十分珍视友谊。欧仁妮皇后也曾想让自己变得随和、平易近人，但这种尝试不久便失败了。拿破仑三世的性格与欧仁妮皇后恰好相反，他不急于表达自己的情感，但一旦动起情来，便坚定不移，除非出现特殊情况。

勾心斗角、相互算计充斥着宫廷。在这个精英云集的地方，不管是男性，还是女性，跻身宫廷便意味着飞黄腾达，将会得到无限荣耀。然而，精英之间难免意见相左，也不排除只为寻欢作乐而持悲观立场的资产阶级。在这样一个团体里，算计、竞争甚至敌对再正常不过了，同时也不可避免。因此，相互算计倒也显得公平。人们都对前途置若罔闻，于是不正之风兴起。人人利欲熏心，整天沉浸在寻欢作乐中。

面对宫廷中泛滥的不正之风，拿破仑三世虽然嘴上没说什么，但暗地里时刻关注着人们的一举一动。谁是谁非他心知肚明。因此，当有人厚着脸皮向他要这要那时，他总是显得很不耐烦。尽管他的朋友难免有时也卷入是非的旋涡，但他对朋友的信任却丝毫未减。事后，他和朋友谈及此事时，他们总是一笑了之。

“不要自我辩护，”一天，他对一位因对手的忌妒而遭到诽谤的朋友说，“尽管有人对你风言风语，但我对你的信任一如既往。”

正因为他说的那些暖心的话，他赢得了臣民们的爱戴。说句公道话，

欧仁妮皇后

拿破仑三世

即便在帝国崩溃之后，这些人仍对他不离不弃，誓死效忠。然而，有些权臣不堪忍受一再的攻击，在忍无可忍的情况下，毅然决然地选择退出国民议会，离开杜伊勒里宫。

然而，权贵之间的相互算计并未因此而停止。久居宫廷的大臣、贵族以及其他精英仍然见风使舵，竭尽所能地排挤、算计那些不被皇帝宠幸的人。这些受到欧仁妮皇后支持、保护的贵族和佞臣目中无人、薄情寡义。因政见不合，他们费尽心思挖苦、辱骂那些具有特殊天赋的精英，如作家、科学家、艺术家甚至政治家。拿破仑三世看在眼里，记在心里。大臣们视杜伊勒里宫为某种形式的战利品，堂而皇之地搜刮、抢劫。任何一位新跻身于此的人都被视为眼中钉，禁止越雷池一步，除非他能出其右，或深得皇帝宠幸。

说到“抢劫”，这个词分量有点儿重。拿破仑三世的私人房间被分为几个等大的区域，部分是用于会客的，部分是家臣的。拿破仑三世视金钱如粪土是众所周知的，与大臣们对金钱的贪恋形成鲜明对比。然而，要想从欧仁妮皇后那里“抢劫”任何战利品，几乎是不可能的。欧仁妮皇后精打细算是出了名的，佩帕①详细地记录了后宫的每笔花销。因此，没人能从欧仁妮皇后的开销中捞到一点儿好处，除非欧仁妮皇后恩赐。既然抢劫欧仁妮皇后无门，他们便把目光投向皇帝，对皇帝的东西几乎是想拿就拿。皇帝对这些抢劫行为熟视无睹。他惧怕无休止的争论，也疲于施以无尽的慈悲。他不是唯一一位意识到这种情况存在的人，勒皮克将军是为数不多敢于面谏皇帝此等丑闻的人之一。

“陛下，您被抢劫了，”一天，勒皮克将军说，“如果您不下令终止这种挥霍之风，杜伊勒里宫不久将不属于您了。”

皇帝很伤心地摇了摇头，没有回答。

“彻查此事或许有点儿困难，”勒皮克将军接着说，“您身边最忠

① 据考证，佩帕应是欧仁妮皇后的管家。

诚、正直的三个人将受到牵连。”

考虑到将军这句话的严重性，事实再清楚不过了。事实上，他身边最亲近的人，那些宣誓永远效忠他、随时准备好为他献出生命的人也在公然抢劫他。他们似乎没觉得这是对皇恩的亵渎，竟然把对皇恩的亵渎与对皇帝真正的爱混为一谈！这确实自相矛盾，是在拿感情做赌注。然而，我坚信，即便这些人从皇帝身上捞不到一点儿好处，他们对皇帝的忠诚还是毋庸置疑的。皇宫本就是这样，或许在杜伊勒里宫这个特定的圈子里，是与非的评判标准与外部世界是有差别的。

杜伊勒里宫不仅有一套独立的道德标准，也有其独特的宗教文化。欧仁妮皇后的西班牙情结很重。即使在看别人玩哑剧字谜游戏时，她也忘不了低声祈祷。她成功地把具有西班牙风格的礼拜仪式带到了后宫。宫中的男士大致可以分为两类，一类是虔诚的信徒，一类是趁做弥撒的机会偷偷溜进情人闺房的花花公子。看到心仪的梦中情人出现在自己面前时，女子顷刻之间变得轻佻无度，公然与情人在忏悔室里玩起了亵渎神灵的勾当。

接下来，我要讲个关于杜伊勒里宫中的宗教仪式的故事，仅供读者参考。

欧仁妮皇后的母亲蒙蒂若夫人①是一位非常虔诚的信徒。每次见到女儿时，总忘不了问问皇帝灵魂净化的事情。

“他对慈悲的上帝态度如何？”她经常会这样问，“他心中有圣母吗？他对上帝和圣母的态度如何？他做功课时认真吗？”

欧仁妮皇后总是这样回答：“皇帝与善良的上帝、圣母相处融洽。他例行弥撒、忏悔，对教堂总是很慷慨。”

的确是这样。拿破仑三世是一位虔诚的信徒，他对宗教信仰的狂热

① 即玛丽亚·马纽埃拉·基尔巴特里克（María Manuela Kirkpatrick，1794—1879），法兰西第二帝国皇后欧仁妮的母亲。

杜伊勒里宫

到了令人匪夷所思的地步。然而，只有当宗教教义与国家利益一致时，他才表现得很虔诚；他的这种宗教倾向俨然影响了整个国家对教堂的态度。为此，他竭力避免与皇后争执，更不愿看见岳母因宗教仪式问题对他唏嘘不已。他并非真正的虔诚，但表面上却不得不这样，在妻子的调解下，他开始拥护罗马教皇。他开始关注主教，并逐渐赢得了主教助理的好感。谈到这种拿腔作势的虔诚时——事实上，不得不这样做——拿破仑三世曾给几位挚友讲过一个有趣的故事。当时，御书房里只有他们几个人。御书房是皇帝唯一一个私人场所。只有在那里，他才可以无拘无束、我行我素，我们才能看到一个真实的皇帝。

故事是这样的。在皇帝与皇后参加一次乡间宗教庆典时，皇后要求皇帝向上帝真诚地忏悔，认为此举可以拉近他与神职人员之间的距离。带头悔过，皇帝责无旁贷，但不巧的是，主教与神父——通常情况下负责听取忏悔——都不在场。他不得不硬着头皮向主教助理忏悔。拿破仑三世顽皮的秉性在他故作无辜的脸上一览无余。他幽默而又不失睿智地开始忏悔，但始终无法严肃起来。为使主教助理赦免自己的罪过，拿破仑三世竭力克制自己，不使场面失去控制。可怜的主教助理因领受的这个异常任务开始变得坐立不安。在忏悔室坐下时，他心里忐忑不安。当拿破仑三世开始忏悔时，你能想象到当时主教助理的表情吗？拿破仑三世已经想好该怎么做了。他打算给自己胡乱编造些罪名，以此来搪塞主教助理。每当拿破仑三世开始忏悔时，主教助理就急匆匆地连续咳嗽几声，示意他不要继续下去了。因为主教助理惧怕拿破仑三世坦白他的深重罪孽。拿破仑三世已注意到主教助理的滑稽伎俩。随着越来越紧促的咳嗽声，拿破仑三世停下了。

“我仁慈的主教助理，你感冒很严重，”他说，“在你咳嗽未减缓之前，我将暂停忏悔。我罪孽深重，想让你继续听我忏悔。”

咳嗽声戛然而止，但主教助理显得更加迷惑不解。

“陛下，”他说，“如果您愿意，我立即为您赦免。您的忏悔深深地打动了我。”

拿破仑三世坚持要彻底忏悔，而对面的主教助理则认为皇帝可以得到赦免了。

“贵为皇帝，”他机智地说道，“在我看来，其他任何人都不能与您相提并论。因此， 我恳请您，陛下，请允许我给您开个小灶。”

被主教助理的机智弄得半惊半喜的拿破仑三世没继续纠缠下去。离开忏悔室时，他给主教助理留下了一笔不菲的资助费。

蒙蒂若夫人喜欢在宗教事务上指手画脚，经常自哀自叹。拿破仑三世对此诚惶诚恐。他不是因为这种哀叹而怕岳母。当初，要说有谁能够在拿破仑三世与他中意的未来妻子的婚姻问题上横插一杠的话，这个人非蒙蒂若夫人莫属。他了解皇后的过去，知道她的为人，也清楚她有时不分善恶，并刻意美化自己。他真心不希望年轻的妻子与她的母亲太过亲密。蒙蒂若夫人在巴黎时，每天都要去见女儿。回到西班牙后，她动不动就给女儿写信。

迎娶欧仁妮时，拿破仑三世已心无旁骛地把自己的身家性命与宝座寄托在这个女人身上。因为一些特殊的事件，他曾怀疑过自己的决定，尽管该念头不久便被这个年轻姑娘的威严打消了，但还是给他留下了疑问，就像所有的男人对自己的未婚妻都持有疑问一样。将怀疑埋在心底或许是他最好的选择。

欧仁妮向拿破仑三世坦白她曾爱过其他人，这是的的确确的事。她曾随母亲去过许多时尚的温泉疗养地，在巴黎、马德里以外国人为主的奢靡交际圈里生活过。在这些地方，欧仁妮与那些爱慕她美貌的男士频繁幽会。因母亲的纵容与怂恿，她曾撕毁了几份婚约。拿破仑三世对她的感情史耿耿于怀。可见蒙蒂若夫人在触及道德底线时几乎是毫不犹豫的。

毫无疑问，蒙蒂若夫人的性格有点儿古怪，但她一直这样。她就是这样一位女性，带着一点儿现代都市女人的俗气，以女儿的姿色为荣，到处物色中意的女婿。这种类型的女人如今在地中海的沙滩上处处可见。当时，法属比利牛斯山脉地区因法兰西第二帝国的兴起而被视为不二的度假胜地，那里也成了蒙蒂若夫人的首选地。

坐拥十万法郎年金的她每年夏天都会去海滨度假，通常是比亚里茨，秋季、冬季则选择在巴黎度过。由于几位权贵朋友，如曾任驻普鲁士公使的罗什朗贝尔侯爵，为她敞开了大门，她领着女儿，经常出没于各种“沙龙”。她是法兰西喜剧院、巴黎歌剧院的常客。在位于旺多姆广场的公馆内，她经常接见名流。云集“沙龙”的政客们无一例外地垂涎那位年轻姑娘的姿色，而年轻的姑娘以她惯用的伎俩使每位政客都徘徊在希望的边缘。在这种情况下，蒙蒂若夫人倒也坦率、真诚。只要能给女儿物色到一个合适的郎君，流言蜚语甚至诽谤对她来说在所不惜。虽然女儿的婚事该有个“了断”了，但现在看来却遥遥无期。年轻的姑娘假装单纯，对每个人都笑脸相迎，然而，当被锁定的目标离开自己的视野时，她就会原形毕露，像珠宝商掂量手中的黄金有多重一样，反复衡量目标的价值，如目标分量不够，没有万贯家产，不能为自己的雄心壮志增砖添瓦，不合母亲的心意的话，她就会毫不客气地信手一扬，将他晾在一边。这位母亲对女儿可真是慈爱有加。尽管她以特有的方式疼着爱女，我们仍不禁感到震惊，因为这有违法国人的传统。有违常理的疼爱方式要么说明她真的很疼爱女儿，要么另有所图，而我们不得不怀疑它的真实性。

如果这段可能的婚姻无利可图，即便对方身份显赫，亲王也好，大臣也罢，蒙蒂若夫人绝不心慈手软。在这场婚姻追逐赛中，她只以女儿的切身利益为重，毫不计较个人得失。她的道德情操与人们嗤之以鼻的某些卖笑者的母亲如出一辙，只不过她既不贪婪，也不自私。

风景优美的亚里茨

法兰西喜剧院

巴黎歌剧院

读者们或许还记得蒙蒂若夫人写给朋友罗什朗贝尔侯爵的那封信吧。信是在欧仁妮小姐与拿破仑三世的婚事定下来之后写的。这是一封谈心信，信中言辞切切，饱含真情。被这突如其来的喜事冲昏头脑的蒙蒂若夫人当时只有一个念想：她会从女儿的这段美好姻缘中得到什么，却没料到过度的喜悦可能会产生的后果。

当女儿成为皇后后，蒙蒂若夫人的地位随即发生了变化。然而，她却不得不遵守严格的宫廷礼仪。在内心深处，她或许渴望昔日的无拘无束。从此，她郁郁寡欢，以泪洗面，四处窥探，盘根问底，满腹牢骚，给拿破仑三世与欧仁妮皇后带来了无尽的麻烦。为得到自己喜欢的奇珍异宝，她挥金如土。她的每笔花销在杜伊勒里宫无人不知，无人不晓，就连她给女儿写的一封封恳求信也传遍了杜伊勒里宫。如果她的行为不受约束的话，她将会拖垮杜伊勒里宫，但拿破仑三世却说她的行为并没什么异常。简而言之，蒙蒂若夫人绝非善类，但也不是罪不可恕。拿破仑三世受过她的影响，但绝不是事事言听计从。命运愚弄了她，而她却浑然不知。在皇帝的家庭生活中，她只不过是一位拥有漂亮千金的平民母亲，仅此而已。一位贵族某一天看上了她女儿，并与她女儿结为伉俪，但他却不漏声色地把岳母藏了起来。这只是上流社会家庭生活中的一个普通故事，而这个故事的主人公是拿破仑三世。

在从前的著作中，我讲过很多趣闻逸事，并如实地叙述了拿破仑三世真实的家庭生活。以一个外人的眼光看待皇帝的家庭生活时，它和谐而又令人满意。然而，从皇帝与皇后名噪一时的分居期间相互来往的充满感情纠葛的信件中一探究竟时，我们会发现他们的结合其实是不幸福的。一方面，他们如火如荼地爱着彼此，而另一方面，赤裸裸的利益冲突使他们争论不休、相互算计，但他们谁也不愿离开对方，他们就是在这种情况下仓促成婚的。这种结合注定了不可避免的宿命。狂欢之后的冷静思考使他顿生厌恶，失望之情油然而生，一切恰似幻觉。他能感受到的只是在他做出多次牺牲甚至蠢事后得到的物质上的短暂快乐，而这种快乐是最肤浅、最稍纵即逝的。他深感妻子与他分属两个精神世界。她对他的所爱所感要么一无所知，要么置若罔闻。他心中充满了辛酸。面对丈夫刻意的冷落，这位妻子尽管没真心爱过他，却毫不介意丈夫的款款深情、软磨硬泡与阿谀奉承。为了抚平受伤的虚荣心，她变得桀骜不驯，喜怒无常，惶恐不安，进而疑神疑鬼。这就是拿破仑三世传奇式的爱情，这也是欧仁妮皇后传奇式的爱情。

然而，他们也有过三年无忧无虑的幸福生活，这要从他们的结婚之日，即 1853 年 1 月 30 日算起，直到 1856 年 3 月 16 日皇太子出生。自此之后，两人之间的亲密荡然无存。拿破仑三世抛弃了妻子，寄情于投怀送抱者。

当时，这位年轻的妻子或许还是有可能重新赢得丈夫的宠幸的。她在恋爱期间留给皇帝的好感，从那些由普罗斯佩・梅里美[①]口述，以她的名义写给皇帝的，使皇帝陶醉的情书中可见一斑。尽管当时她已权倾朝野，但对如何经营婚后生活却一无所知。因生性冷漠、薄情，她能展现给别人的只有虚情假意。就这样，她无力左右丈夫对她的爱，而她的丈夫在经历了当初的激情与盲目的奢望后，猛然发现自己付出的远比得到的多，他对此确信无疑。妻子不再令他满足，他无情地离开了她，就像情夫抛弃一位不再受宠的情妇一样，留下形单影只的她独自面对残酷的单相思。

如果皇后能对婚姻的认识再深一点点，他们的家庭生活指定会少许多孤寂。她或许有办法让心地单纯的丈夫回心转意，即便不能回到当初，但无疑会缓解两人之间持续发酵的冷战。然而，她有头无脑。在不断膨胀的自尊心的驱使下，她喋喋不休地埋怨，甚至数落皇帝。皇帝为此烦

① 普罗斯佩・梅里美（Prosper Mérimée，1803—1870），法国浪漫主义作家、中篇小说之父、考古学家、历史学家，为法国建筑的保护做出了重要贡献。

欧仁妮皇后与皇太子

恼不已。慢慢地，他离家越来越远。他们之间的冲突此起彼伏，生性温和的拿破仑三世竭力避免与妻子正面交锋。每当看到怒火中烧、不依不饶的她时，他总是借机溜掉。无休无止的争吵使他不安，他开始讨厌自己的家。然而，只要他在皇宫里，皇后不费吹灰之力就会找到他，然后继续缠着他。即便是在御书房——唯一可以让他缓一口气的地方，他也不是绝对安全。这样的事时有发生，他正埋头研习或会客时，书房的门会被悄悄推开。透过门缝，可以清楚地看到皇后的面容，她板着脸，神情焦虑，好像在探寻着什么。如果来客碰巧是一位女士，等会客结束后，一场狂风暴雨般的责骂之灾在所难免。在接下来的几天里，他都要看皇后的脸色。

拿破仑三世生性好色，并深得女人欢心。然而，我们有一万个理由相信：要是拿破仑三世能在自己的家中得到他想要的爱情与温存，他就不会到处猎艳了。分居或离婚也许就能一了百了，但这些途径——我已在其他地方做过说明——是不适合拿破仑三世的。他重获自由的如意算盘落空了。他内心浮躁，既无法重拾幸福，也无法静心履行帝王的职责。

欧仁妮皇后对拿破仑三世的政治决策及私生活影响甚大。我们甚至觉得皇后在家中给拿破仑三世情绪上造成的不安或多或少影响了他的决策，削弱了他的意志。皇后倒显得无所不能。这种影响为帝国之后制定的让人嗤之以鼻的内外政策埋下了伏笔，进一步凸显了作为权力核心的拿破仑三世的软弱无能。结果，政客们渐行渐远，百姓离心离德。事实上，这种影响间接导致了 1870 年的战争[①]。这无疑是对法兰西第二帝国的“心理”解读——“心理”并不总是个浪漫的词。

为避免招致不必要的批评，同时为澄清我写这部著作的初衷，我已明确示意，我无心撰写第二帝国“史”——如果仅从“历史”一词所赋

① 指普法战争。

予的字面意思来理解的话。通过描述特定的人、事以及相互交织的关系，我想给大家再现那个活生生的时代。有人执意曲解我的观点，但也有人赞同我。我不急于强调目的，也不急于表明立场，只希望能避免无谓的争论与批评。

我讲述拿破仑三世私生活的基调一直没有变，今后也不会变。

人们熟知拿破仑三世在杜伊勒里宫的私生活并不怎么称心如意，很少有什么事情能让他开怀大笑；人们也知道拿破仑三世皇帝身边有几位睿智而又贴心的朋友，这些人千方百计地为皇帝排忧解难。

当时，宫廷盛行玩哑谜猜字游戏，看“活报剧”。臣民们获悉后感到十分惊诧，严厉批评这种不正之风。杜伊勒里宫的“常客们”顿时警觉起来。接着，一项不成文的规定应运而生，那就是所有发行的报纸都应尽量不刊载与皇帝、皇后有关的任何私事，甚至规定任何刊载有关皇室生活的外国报纸在流入本国之前应被没收。读者朋友们或许不会忘记这样一件事：皇后和大臣们当时都怒不可遏。为此，她还专门写了一封信，大谈特谈枫丹白露宫流行的一种哑剧字谜游戏，以此来发泄愤懑之情。

这里有一份颇有意思的私人笔录。笔录的内容既反映了宫廷对舆论的普遍恐惧，也不失偏颇地反映了宫廷对臣民的态度，并尽可能详实地再现了权贵们高高在上但事无巨细的精神世界。该笔录的作者说：

为保全皇后陛下的面子，所有在圣克卢宫以外地方发行刊载猎奇新闻的报纸都应受到禁止。这些报纸也会详尽报道贡比涅即将发生的每件大事。《蜡笔头报》在召开编辑事务会议后决定宫廷秘事不应公诸于世。理由如下：要是能读到拿破仑一世时期的《箴言报》，你最多能看到如“皇帝猎艳了”的简单报道。这给我们开了个好头。

这为愤愤不平的敌对分子继续他们的卑劣勾当提供了千载难逢的好机会，他们善于抓住可利用的一切机会破坏、瓦解、颠覆甚至毁灭帝国。法兰西人似乎有这样一个共识：好色的君主不会是出色的统治者。农夫们挤在谷仓内，对宫廷的“奇闻趣事”——这样的故事不计其数——评头论足，以此来打发漫长的冬夜。拿破仑一世对此心知肚明——《箴言报》言简意赅地报道“皇帝猎艳了”不过是说实话罢了。很多时候，即便是这样的报道也不会见诸报端。忧心忡忡的臣民对任何风吹草动都极其敏感，因为他们担心自己的利益受损，进而加重他们的负担。

我们认为，任何有关皇后日常梳妆打扮之类的报道都有失妥当。不需我们添油加醋、推波助澜，她已然“中枪”。

然而，这并非全部。法兰西人天生热爱猎奇，一旦有目标，无论是否亲眼目睹，猎奇心油然而生。尽管这有点儿奇怪，但却是事实。我们不妨想象一下，一旦百姓知道皇帝和皇后不顾他们的死活，恶意使成千上万的无辜民众蒙受灾难等诸如此类的消息，在包括我们在内的三千六百万法兰西人中传开，结果将会是什么样子——只能滋生更多的嫉妒，进而为接踵而至的诽谤提供线索。

《蜡笔头报》不得不承认，报道是被一些鲁莽的傻瓜有意提供给那些四处探寻、伺机报“一箭之仇”的狡猾狐狸的。事实上，宫墙之内也暗藏着许多敌人。

《蜡笔头报》恳请禁止记者进入贡比涅，并认为这是个不错的建议。从此，世人将无从得知宫廷的任何“奇闻趣事”了。

这些用铅笔写的文字出自一名匿名作者，像是普罗斯佩·梅里美的

拿破仑三世与欧仁妮皇后在枫丹白露宫接见外使

笔迹，极有可能是他写给欧仁妮的忠告——提醒她在将来的婚姻生活中这些事情是不可避免的。当然，我们不能无谓地夸大这些事情的重要性，但我认为，对那些像我一样试图从心理层面剖析法兰西第二帝国特征的人来说，它们无疑是有用的。至于后人如何看待这段历史，我无从得知。我希望，在从那些曾使我常常百思不得其解的纷繁杂芜的史料甚至意外事件中了解法兰西第二帝国那段奇特的历史时，后人比我少一份困惑、多一份理解。

在杜伊勒里宫，在皇帝和皇后[①]的周围，还有什么事不使人困惑，还有什么是建立在理性基础上的呢？

在前面的段落中，我们已经看到杜伊勒里宫对任何一件有可能使其暴露于公众视野中的事情是多么惊恐万状，那些独揽大权、掌握国家命运的权贵对任何一件有可能削弱他们权力、有损他们声望的事情多么心惊胆战！然而，令人奇怪的是，君臣们一方面因他们的日常娱乐与生活细节见诸报端而愤愤不平，另一方面却自觉不自觉、反复无常地继续充当着当时最时尚的轻歌剧中的角色。“撒旦”雅克·奥芬巴赫[②]创作的轻歌剧不仅深受大众喜爱——演员们在舞台上怪诞的表演使他们大受鼓舞，备感自豪——也深受帝王将相、王公大臣、达官显贵以及军界要人的青睐。他们的双眼被愚蠢的虚荣心蒙蔽，对民众的嘲笑声置若罔闻，全然不知他们就是布姆将军和大公夫人取笑的对象，因为他们就是现实版的布姆将军和大公夫人。法兰西第二帝国带来的表面上的辉煌使他们不可一世，无心正视潜在的对手，而这些对手要么深藏不露，要么阳奉阴违。但百姓们却不买这个账，他们对剧中的角色指名道姓。为更透彻

① 他们的结合本身是对一切理性的挑战。——原注

② 雅克·奥芬巴赫（Jacques Offenbach，1819—1880），德籍法国作曲家、大提琴演奏家、乐队指挥。他因 19 世纪 50—70 年代创作的近百部轻歌剧和未完成的歌剧《霍夫曼的故事》而闻名于世。

地了解法兰西第二帝国的历史，我给大家提一条微妙的建议，请往下看。

我突然饶有兴趣地想起了雅克·奥芬巴赫。像一位老练的放映机操作手一样，他把一束强光投向人们的心里，激发了人们心中的光。光带着强烈的仇恨，无情地蔑视一切甜美的幻想。“拙劣”的作品使他如日中天。他那长长的、恶魔般的身影在已分崩离析的人群中来回游荡，卷起一阵阵令人躁动不安的旋风。他就像一位巫师，一边主持着神秘的纵欲仪式，一边担任充斥着嘲笑、荒唐、奢靡以及轻浮、赤裸情色交易的管弦乐队的指挥，演奏的序曲仿佛通往地狱之门的召唤，高潮部分是嘈杂的喧嚣，最后在一片寂静与空旷中结束。

我清晰地记得他去世不久后的某一年我站在他灵柩旁时的情景。“那具尸体，”我身边的一位男士说道，“是我们这个时代的第一具社会主义者的尸体。没错，是他把帝国带向了坟墓——法兰西第二帝国本应千秋万代。”

他说的没错。雅克·奥芬巴赫的贡献在于，他本人就是那张落入法兰西第二帝国死敌之手的王牌。因为他的存在，法兰西第二帝国的威望一落千丈。在佯装给布姆将军和狂躁不安的阿基里斯的袖口系上镀金饰带，将上尉军帽上的羽饰取下来插到下士弗里茨帽子上的过程中，雅克·奥芬巴赫悄然公演了一幕革命剧。在振聋发聩的喧嚣中，法兰西第二帝国一步步走向瓦解，而摆放在剧院舞台上的脚灯在罗什福尔《灯笼》强烈的火焰中闪闪发光。他时而仰天大笑，就像那些被他的诙谐、风趣的言行逗得捧腹大笑的人一样；时而愕然失色，就像全身心投入到四对舞[①]或波莱罗舞[②]而被重乐器击打声吓得不知所措一样。

他为皇帝、国王、亲王、元帅及各级官员们准备了一份留作将来吞

① 四对舞（Quadrille），是18世纪晚期至19世纪流行于欧洲的宫廷舞。表演时，每四对男女舞伴围成一个方形。因此，四对舞也叫“四对方舞”。

② 波莱罗舞（Bolero），一种慢节奏的拉丁舞曲及相对应的舞蹈。

雅克·奥芬巴赫

正在跳波莱罗舞的少女

四对舞

食的辣乎乎、酸溜溜的特大份色拉。当立法院“五人团”的反帝国浪潮波及百姓时，举国上下一片哗然。不甘示弱的奥芬巴赫随即挥起手中的指挥棒，狠狠地敲打着君主们的脑袋。

他是莫里哀[①]再生，奉命演奏吱吱作响的小提琴。在这些传播革命思想的歌剧演员面前，他不止一次撕下伪善的面具，发出歇斯底里的嘲笑声。伴随着掌声与赞许，他不止一次拿起铃铛，用力摇晃。铃音在被他愚弄的人的耳边不停地回荡。

这个世纪因滋生了一代疑神疑鬼、贪图享乐的人而受到诟病。该定论还应包括施耐德小姐[②]精彩的一幕，她手握父亲的利剑，闪电般刺向王侯将相与平民百姓。施耐德小姐手中挥舞的这把剑锋利无比，剑剑击中目标，留下散落一地的旧思想。

当然，我们不能一味夸大雅克・奥芬巴赫排山倒海似的摧毁力以及势不可挡的民主精神。尽管随着音乐的跌宕起伏，他颠覆了一些世俗的偏见，粉碎了一些愚蠢的幻想，但因此不去追究他对法兰西第二帝国犯下的累累罪行就显得太孩子气了。雅克・奥芬巴赫开创了一个以嘲讽为时尚的新纪元，使整整一代人沉浸在怀疑与放肆的死亡舞曲中不能自拔。那些认为他的笛声与鼓声随着他的离世而终止的想法是极其愚蠢的。他的名字永远和法兰西第二帝国交织在一起。在他那铿锵有力的最后一击下，法兰西第二帝国轰然倒塌。他是法兰西第二帝国精神世界的奇葩写照。他是茫茫大雪中的一片雪花，当一片片雪花积累到一定厚度时，便随着地动天摇的雪崩一路向下，裹挟着拿破仑三世及他的帝国直奔命运的深渊。为不失公允，为不抹杀同他一道充当帝国蛀虫之辈的“丰功伟

① 莫里哀（Molière，1622—1673），原名让 – 巴蒂斯特・波克兰（Jean-Baptiste Poquelin），法国剧作家、演员、诗人。他是法国最伟大的文学家之一，也是世界文学史上最杰出的作家之一。

② 施耐德小姐是第一位将奥芬巴赫的革命思想付诸实践的人。——原注

绩”，在这里提他显得非常有必要。在腐蚀拿破仑三世一生时而风平浪静、时而惊涛骇浪的茫茫沧海中，他是那不可或缺的一滴。

拿破仑三世与常人不同——不管他们是帝王将相，还是平民百姓，他宅心仁厚，和蔼可亲。如果刻意去抹灭他常常带给人们欢声笑语的事实，一味紧抓着他的小辫子不放，显然会使人嗤之以鼻。人非圣贤，孰能无过？职业道德家也并非无过，只是比信徒神圣了一点儿而已。然而，我无意伙同他们对拿破仑三世的私生活说三道四，也不苟同他们因任何风吹草动而对皇帝的抱怨。除了拿破仑三世不同时期找的两三个情妇外，这些越轨行为都没有对杜伊勒里宫的决策产生任何直接影响。这些女人只不过是拿破仑三世一生中的匆匆过客，就像划过夜空的流星，虽然璀璨迷人，但瞬间就消失在漫漫黑夜中。

过去流行一个令人如痴如醉的习俗——热恋中的情侣们会把玫瑰花瓣撒在彼此的头发上。尽管我不会以这种方式来表达对拿破仑三世的倾慕之情，但会包容他的一切，包括他的软弱。但愿后人不要因为他的软弱而心生怨气，而要以法兰西人一笑泯恩仇的豁达正视他性格中软弱的一面。

第2章
远征墨西哥、与教廷的斗争以及创造贵族的提议

在他任法兰西第二共和国总统[①]期间，巴黎上流社会对路易·拿破仑·波拿巴亲王的态度路人皆知。作为这个世纪最伟大姓氏的后人、传奇历史的继承人，他没有摆脱被人嘲笑和不断怀疑的厄运。人们对他没有信心，事实上很少认真考虑过他。他成为总统纯属偶然，在没有更合适人选的情况下，人们不得不暂时承认他的合法性，只想让他填补这个空缺而已。人们的这种态度令人生疑。更可疑的是，1848 年人们接受了他候选人代表的身份。荒谬的气氛似乎已经笼罩了这位候选人。在一篇文章中，作者以调侃的语气提到了他在斯特拉斯堡[②]和布洛涅[③]的两次暴动，甚至还提到了他的囚禁与逃亡。从此，嘲笑始终与他如影随形。

① 路易·拿破仑·波拿巴于 1848 年 12 月到 1851 年 12 月期间担任法兰西第二共和国总统，大权在握，为后来第二帝国建立奠定了政治基础。

② 1836 年 10 月 29 日，路易·拿破仑·波拿巴在斯特拉斯堡发动军队暴动，意欲推翻“七月王朝”。暴动失败后，路易·拿破仑·波拿巴逃离法国，开始了长达四年的流亡生活，先后流亡于瑞士、英国、巴西和美国。

③ 1840 年 8 月 6 日，路易·拿破仑·波拿巴企图在布洛涅再次发动暴动，但还没开始就被边防军逮捕。最后，路易·拿破仑·波拿巴被判处终身监禁，被囚禁在索姆省的哈姆要塞。

19 世纪的斯特拉斯堡

路易·拿破仑·波拿巴亲王在斯特拉斯堡发起暴动

上层社会的政治精英层，包括那些无名之辈、波西米亚人[①]以及不义之徒，纷纷排挤他。那些因其显赫的姓氏而心存些许期望的普通民众也不指望能从他那儿得到什么，对他言辞切切的演说无动于衷，对他即将开启的新时代心灰意冷。

1848年时的路易・拿破仑・波拿巴亲王是孤独的，而且这种孤独是绝对的孤独。当时，他的身边除了几个陌生人、几名工人和小商贩外，再无他人。如果不算军队——随时听从他指挥的军队，那么这种说法的真实性令人惊愕不已。从伦敦返回巴黎参加第一次选举时，亲王的选举委员会只有两名鞋匠、一名煤贩子、一名理发师和一名家具商。换作其他人，必定会坐在敞篷车里，所到之处，人们欢呼雀跃，在人群中高高举起手。而他却处处遭遇冷场，即便波拿巴主义的追随者，甚至波拿巴家族的贵胄们，对他的归来也不闻不问。他们似乎已经忘记了他的存在，小心翼翼地躲藏在某个角落，认定一无是处的他只不过是自讨苦吃。于是，孤零零的他独自前行。

路易・拿破仑・波拿巴亲王既没朋友，也没钱。但亲王身边有一位有权有势且极聪明的人。他对亲王照顾有加，愿誓死相随，并为亲王付出一切。此人就是佩尔西尼公爵[②]；后来，亲王登基称帝后，念及旧情，视他为知己。值得一提的是，这种友谊是发自内心的，或许你会说，他理应得到皇帝的眷顾。

路易・拿破仑・波拿巴亲王返回巴黎后，我们目睹了他的选举委员会受尽冷落的场面。当时，他们只能栖身于过道尽头的一间漆黑、狭小的办公室，在那里谋划竞选事宜；尽管极其简陋，但它却为候选人的成

① 指那些希望过着非传统生活风格的艺术家、作家与任何对传统不抱持幻想的人，这个群体在当时的社会影响很大。

② 让－吉尔伯特・维克多・菲林（Jean Gilbert Victor Fialin，1808—1872），法国政治家，受封为公爵。

功提供了必要的保障。

选举开始之前，詹姆斯·马耶尔·德·罗特席尔德[①]先生曾扬言拒绝向路易·拿破仑·波拿巴提供任何竞选资金。于是，落魄的选举委员会成员不得不四处奔波，分厘必争，好让亲王的名字出现在巴黎大街小巷的墙上。他们频繁深入巴黎郊区，向那里的人们发表演说，一副不达目的——赢得更多支持，使他们把决定国家命运的一票投给亲王——决不罢休的架势。委员们深知此次选举意味着什么；他们早已酝酿一场连

德裔法国银行家詹姆斯·马耶尔·德·罗特席尔德

① 詹姆斯·马耶尔·德·罗特席尔德（James Mayer de Rothschild，1792—1868），罗特希尔德男爵，出生名雅各布·马耶尔·罗特希尔德，德裔法国银行家，罗特希尔德家族法国分支的创始人。

自己也无法估量的阴谋。在传奇帝国余温[①]的煽动下，他们首先赢得了女同胞们的芳心。值得一提的是，或许正是这些女同胞——法兰西人民的女同胞——最终将亲王推向了胜利。

这次传奇般的胜利就像一出被肆意模仿的陈旧闹剧一般，无疑撩起了人们的好奇之心。工人的妻子们想起拿破仑一世爱子早逝时的痛楚，受到亲王誓死夺回王冠的决心的极大触动，于是就以极大的热忱拥护他参选。这种热忱是女性、普通民众以及养尊处优的人们特有的易受非理性情绪所支配的性格的体现。她们与丈夫一道支持他的事业。她们和多年前的姐妹们一样，几乎做好了将她们的一生托付给英雄[②]的准备。

普通女性大众对他——她们粗俗地称他为“男人”——的影响是巨大的。然而，这种称呼并非没有一点儿诗情画意。

选举前一天，整个巴黎，事实上，整个法国都对路易·拿破仑·波拿巴参加竞选冷嘲热讽。他俨然成了人们的笑柄，人们对他当选不抱任何希望。然而，投票结果却使他们不知所措。亲王以超过八万张选票的绝对多数当选为总统候选人。事实胜于偏见。偏见曾经甚嚣尘上，如今事实使它卑躬屈膝。那些一度持极左观点的人现在却不得不面对现实了。从那天起，亲王便成了不可忽视的力量。也是从那时起，亲王极度蔑视——尽管他掩盖了这种蔑视——不同党派的领袖及上流社会。他只有一个目标，那就是赢得劳苦大众的支持，要走进工人和农民的心里，要获得军队的同情——在关键时刻可帮助他保卫胜利的果实。

初试成功后，他备受鼓舞。现在，他可以迈着大胆的步伐前进了。1848 年 9 月 7 日，他决定参加补缺选举。随后他不仅在巴黎当选，还在

① 原文 Imperial Epic，直译为“帝国史诗”，言外之意是指人们对法兰西第一帝国时期的美好向往。

② 拿破仑一世。

人们对路易·拿破仑·波拿巴参加总统竞选表现出极大的热情

几个区大获全胜。对亲王来说，这次当选无疑是人民对他的再次认可。

此后，尽管路易·拿破仑·波拿巴亲王已入围法兰西第二共和国总统候选人，但他始终是孤零零的。直至1851年12月2日后，朝臣及谋官求职者们才开始聚集在他的周围。队伍越来越庞大，他宅心仁厚，不计前嫌——无论是私利熏心者，还是胆小如鼠者。他和历史长卷中的任何一位亲王一样，宽恕了——如果不曾对他造成伤害——那些曾冷眼旁观，如今却突然调头的归附者。

这里有一段路易·拿破仑·波拿巴参加竞选时的小插曲。就在竞选结束后的第二天，有人将查理·德·莫尔尼[①]推荐给亲王，说他的保皇主义、自由主义倾向是新政府最需要的。然而，亲王一听到他的名字就怒发冲冠，气冲冲地将他的名字从朋友名单中划掉了。查理·德·莫尔尼对亲王来说再熟悉不过。他精明能干，年富力强，又对亲王鼎力相助，只是他们之间的血缘关系使亲王恼羞成怒，非常尴尬。亲王一直对这位同母异父的弟弟有失体面、太招人耳目的饰章耿耿于怀，这个特权显然得到了奥坦斯家族的一个分支的默认。然而，两人最终还是握手言和。接下来发生的事想必大家都熟悉吧。12月2日[②]之前，路易·拿破仑·波拿巴亲王尽管一直厌恶查理·德·莫尔尼，但登基称帝后却对这位同母异父的弟弟听之任之。

尽管亲王当时对身居要职的各党派领袖的支持只抱以微弱的希望，尽管他嘱咐同党要完全依靠民众和军队，但他却大胆地向一些来自其他地区的权威人士抛出了橄榄枝。

① 查理·德·莫尔尼（Charles de Morny，1811—1865），奥坦斯王后与弗拉奥将军的私生子，拿破仑三世同母异父的弟弟。

② 1851年12月2日。时任法兰西第二共和国总统的路易·拿破仑·波拿巴亲王发起了一场成功的政变，解散了国民议会，从而为1852年建立法兰西第二帝国扫清了最重要的障碍。

路易·拿破仑·波拿巴同母异父的弟弟查理·德·莫尔尼

爱丽舍宫[①]活跃的政治氛围曾一度给他造成幻觉。他认为这种活跃的局面是人们对他的魅力的回应。那些对他鞍前马后的人并非只是满足一下好奇心或假装友好。他们心怀崇高理想，并心甘情愿为他效犬马之劳。但不久他的虚荣心就被揭穿了。当最终意识到没有什么办法使虚伪的敌意——像先前一样暂时得到平息——远离他时，他决定采取行动。他使用了冒险家和江湖骗子们惯有的伎俩。他说："那些愿意追随我的人必须忠于我！"到1851年时，反对派变得更肆无忌惮、更目中无人、更坚不可摧了。一开始他们就认为亲王的总统任期不会很久，而现在更是迫不及待地想结束他的任期。他们机关算尽，但亲王的卸任似乎遥遥无期。反对的呼声日益高涨、强硬。亲王这次不再犹豫。评估了形势之后，他随即制订了行动方案。他不想一味地妥协了。他召来朋友，在他们的帮助下，彻底铲除了那些对他恨之入骨的异党。

如何看待1851年12月2日政变，人们众说纷纭。赞赏也好，谴责也罢，在此我不做任何评论。然而，随着时间的推移，尽管人们对这次政变的功过是非仍然莫衷一是，但我始终认为，不管在哪个世纪，诱发社会变革的起因都是相通的。我毫不犹豫地一遍遍提出重复的问题：1851年12月2日政变是犯罪吗？

我不会忽视，也不会刻意隐瞒这样一个事实：1851年12月2日，国家的法律确实遭到了践踏。但有哪次历史或社会变革是在不打破传统法律束缚的情况下取得成功的呢？在政治中，犯罪的确切含义又是什么呢？

政变令人唏嘘，是因为自此国家的命运便掌握在一个人的手中，同

① 爱丽舍宫（Elysée Palace），建成于1722年，原为路易·亨利·德·拉·图尔·多韦涅的私人宅第。1848年初次被用作法国总统官邸。路易·拿破仑·波拿巴称帝后，爱丽舍宫即成为皇家宫殿。自1873年起，爱丽舍宫被正式确定为法国总统官邸。

1851 年 12 月 2 日政变，支持路易・拿破仑・波拿巴亲王的骑兵进入巴黎

时迫使国家盲目地依靠军事力量，而在难以调和的权力面前，军队一味盲目地屈从，最终葬送了帝国的前途。我们不妨仅从人的立场来看看这次政变。如果从思辨的角度分析，我们会发现此次政变具备革命的一切要素，而革命唯有在经过严密计算、合乎逻辑的暴动中才能完成。从自由和社会进步的角度看，12 月 2 日毫无疑问是历史的倒退。要是政变是在进步与自由思想的激发下发生的，那么它就不会充满血腥了。然而，你如果这么想，就大错特错了。必要时诉诸武力施加影响不失为有效的方法之一。

人们谈论着即将到来的新时代，认为它应该是一个公平、公正、博爱的时代。我和那些受苦受难却心怀慈悲、相信新时代的人都认为，我们比想象的更接近新时代。这是一个使世界破除桎梏、免遭压迫的时代，是一个引领历史、直奔自由的时代。然而，与某些热心、乐于奉献且有先见之明的人所期望的不同的是，这场即将到来的革新，我们大可放心地断言，不会比之前任何一次革新进展得更顺利，而且会伴以报复与无休止的仇恨，但似乎只有这样，我们才可以得到想要的幸福。

我认为以上推测同样适用于 1851 年 12 月 2 日政变。我重申一下，这场政变是一场开启新纪元的社会革新。这个推测一针见血、鞭辟入里地阐述了事物的本质。后来，拿破仑三世重建自由帝国时输得一塌糊涂。他失败了，是因为 1869 年和 1870 年的时局不具备社会变革的必要动力，是因为他踌躇不前、未将他的措施付诸实践，是因为他缺乏实现理想的勇气。

1870 年 1 月 2 日，他处在同样的困境之中，他还能像 1851 年 12 月 2 日那样斗志昂扬、义无反顾地大干一场吗？要知道，当时是普选把他推向了帝位，那可是最后一根救命稻草啊。如今，他能否再次成功还得靠这根救命稻草。

1851 年，路易·拿破仑·波拿巴亲王平息了自由派的反对呼声。

1870 年，以埃米勒·奥利维耶先生[①] 为代表的内阁本应该粉碎帝国的反对者们，从而使帝国能够在冷静的氛围中去实施它的抱负，并保证行动的一致性。诚然，拿破仑政府的立国之本可能会因为权力的不合理分配而招致灭顶之灾，但正如生活琐事一般，政治是由逻辑支配的。在逻辑推演过程中，我们隐约看到一个正在兴起的时代，却全然不知其所经历的狂风暴雨与风平浪静。

要研究拿破仑三世的政治决策，就必须考虑两个截然不同的因素。其一是对内政策，其二是外交政策。

拿破仑三世的对内政策以专制著称。不可否认的是，尽管他不断遭人算计，尽管各部大臣们及其对手对他的权力垂涎三尺——鲁兰先生对此做过详尽的描述，但只要他在位一天，他就能让自己的意愿付诸实践，就能让整个国家言听计从。在歌颂帝国功德的编年史中，帝国的省长们事实上以颂扬见长，就像这一时期的爱情编年史中颂扬女性的桥段一样。第二帝国时期的男性公职人员个个遵纪守法，执法严明。他们对法律的尊崇不亚于对情妇的热心。行政部门之间的联系非常紧密。妇女们无论属于哪个阶层，在拿破仑三世的私生活中都扮演着至关重要的“角色”，也对其政府施加过不容置疑的影响。

各省政府不管产生的影响多小，都可以看成杜伊勒里宫的缩影。省长夫人在其官邸举办沙龙。那些要么美艳动人、要么聪慧过人、要么生性轻佻的女座上宾在公共集会日频繁受邀前往巴黎。哪位女性如果能受宠被邀前往杜伊勒里宫，就会成为别人嫉妒的对象。

让维耶·德·拉莫特先生是第二帝国时的这样一类省长，他受的指

① 埃米勒·奥利维耶（Émile Ollivier，1825—1913），法国政治家、演说家、作家、法兰西学院院士，反对拿破仑三世专制，在第二帝国从专制帝国转变为自由帝国的过程中发挥了重要作用。

埃米勒·奥利维耶

让维耶·德·拉莫特先生在鲁昂巡回法院演说

责最多，但却是同辈人中最受欢迎的。让维耶·德·拉莫特先生对纳税人极不公平，他把有名的“暗娼阶层”①成员纳入他的政府班子，并经常与下级官员们争论不休。然而，每当巡回演说时，他却熟知如何与民众进行有效沟通。他钻进他们的小屋，一会儿问问母牛的健康状况，一会儿问问卖掉鸡蛋和奶油能给他们带来多少收入，还会刻意关心一下他们妻子的身体情况，最后不会忘了夸夸他们的孩子，而民众们为了回报皇帝使者的“深情”，在公选时会将选票毫无保留地投给官方候选人。

当然，并非所有的省长都使用同一套路。有些不为大众所熟悉的、不太接地气的省长在维护自我声誉方面却做得很成功。让维耶·德·拉莫特先生只不过是帝国的代理人，替它行使权力罢了。他受命操纵下层社会，并保证辖区内的人们安分工作。为了能赢得大众的不断支持，拿破仑三世极力向外界展示一个团结一致的政府。因此，即便有个别心怀敌意的人跳出来反对它时，他也是睁一只眼闭一只眼。

需要说明的是，在省长们尽心尽力为拿破仑三世效力时，朝廷里的大臣们却是另一副面孔，他们争相讨好皇帝，只为个人荣辱成败，全然不顾帝国的福祉。他们是大部分官员的真实写照——似乎人人无所事事。这种态度极易让人萌发篡位的想法。极度膨胀的私欲蒙蔽了他们的双眼，他们却浑然不知正是他们把帝国一步步推向了毁灭的边缘。

他们中最隐蔽、造成危害最大的人非欧仁·鲁埃②先生莫属。一方面，他给皇帝设好局，时不时地加以诱导，让他钻入圈套；另一方面他

① 暗娼阶层（demi-monde）是指以享乐主义为追求目标的一群人构成的阶层。为达到目的，他们不顾名声，招摇过市，其行为往往令人嗤之以鼻。这种叫法流行于19世纪后期至20世纪初期的欧洲，是与追求财富和跻身统治阶层相对应的一种享乐行为，包括酗酒、吸毒、赌博、过度消费（尤指盲目追求时尚、扩大仆役阵容、修建豪宅等行为）。暗娼阶层原特指具有以上习气的妇女阶层，后来演变为高级妓女或从事卖淫者的代名词。在现代社会，这种叫法则被认为是一种过时的说法。

② 欧仁·鲁埃（Eugène Rouher，1814—1884），法兰西第二帝国时期的政治家。

又深得皇后的赏识与支持。拿破仑三世有理由后悔当初授予他的这位顾问“副皇帝”的头衔。人们如果具备基本的公平意识，就会发现欧仁·鲁埃——我将在下一章讨论他——才是葬送帝国前途、使帝国蒙受灾难的罪魁祸首，而 1869 到 1870 年时的自由主义者只不过是他的替罪羊。

尽管以上陈述针对帝国的弊病，但不可否认的是，拿破仑三世时期政治自由化及社会进步方面取得的成就是巨大的，而这些成就正好是在拿破仑三世的执政理念框架下取得的。

在革命思想的熏陶下，革命的火种已深深植根于拿破仑三世的心田。拿破仑三世拒绝代议制，但这绝非等同独裁。从执政第一天起，他就赞同宪法授予他的特权①可授权于专司税收、法律的投票选举团来修改。诸如第二帝国的权力代理人都是杜伊勒里宫忠实的追随者、有权反对明显的立法独立倾向的官方候选人之类的说法不是完全正确的。没错，官方候选人给予皇帝实现其愿望的必要支持，但以此公然推测拿破仑三世滥用特权却有失公允，更不要去否认他为了消除自我职权与选举团之间的隔阂而倡导纯粹自由主义时谨慎做出的努力。这点可以通过他派遣大臣前往波旁宫②全权处理政务、接受大臣分权制以及从议会中抽调贴身大臣等决策来验证。他并没有与人民的意愿背道而驰，并没有迫使人民的代表放弃人民的事业。

拿破仑三世是否拥有智慧？迄今为止，这仍无定论。不过，事无巨细的他总是小心翼翼，甚至不赋予参议院国家安全风险评估的权力。一个由绝大多数渴望大权在握的议员组成的参议院很难与皇室始终持同样的政见。拿破仑三世深知舆论的力量。如有必要，舆论可以肆意歪曲你的本意，譬如从喜好阿谀奉承或甘愿效忠于维护其利益、向其发放俸禄

① 创制权、通商条约签署权及宣战权。——原注

② 波旁宫是法国国民议会所在地，位于法国巴黎塞纳河南岸。

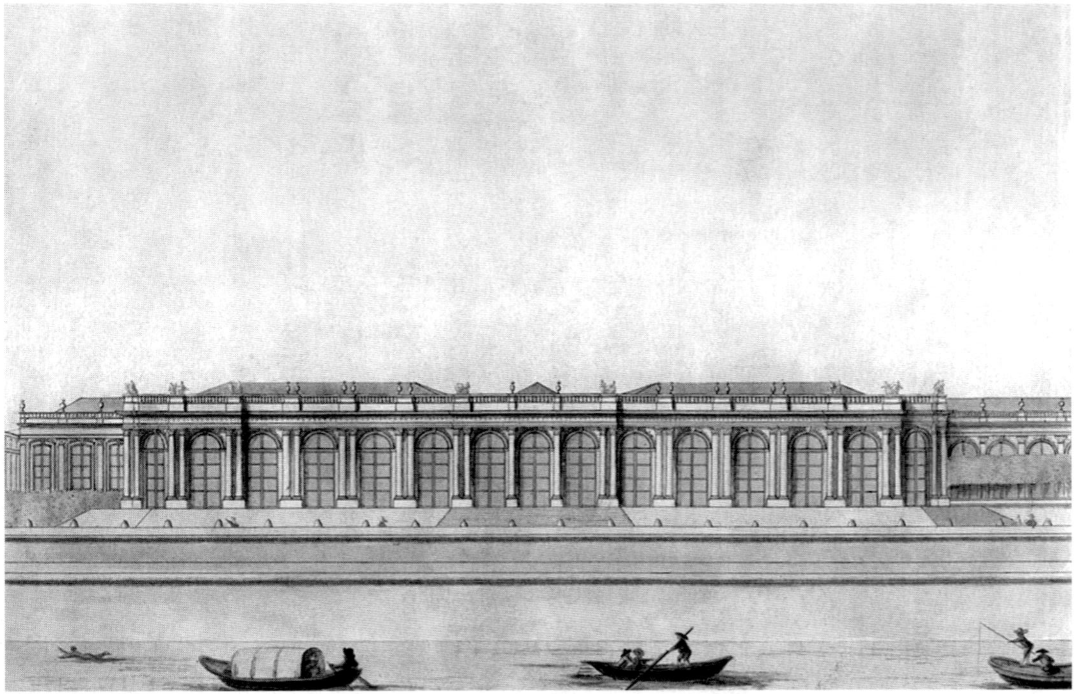

波旁宫

的政府人员口中传出的一句话。因此，为了避免舆论的抨击，留给后人更大的评论空间，他组建了由原上诉法院顾问、从各部顾问中随即抽选的几名陪审员为法官的最高法院。

相比他的大臣们，拿破仑三世更率真、更有胆识。由于本能地惧怕书籍、报纸等大众媒体的舆论力量，他再次授予言论自由权。随着改革的持续推进，他宣布公共集会合法化，促进合作，废除前朝制定的刑法，并使工人摆脱工会的束缚。

拿破仑三世心系劳苦大众，始终关心他们的疾苦。他颁布法令维护工人的利益，如雇主与雇员产生纠纷时，雇主的陈词将被作为量刑定罪的有效依据。因此，他履行了比革命更有效的承诺——法律面前人人平等。他谴责一切旨在约束工会权力的法律条文，为劳动人民的各种协会——不管是商业性质，还是民用性质——提供庇护。他为共济会提供法律保障，并设立了养老基金。

尽管如此，还是没有人愿意去认可一位独裁者、一位唯我独尊的人为此所做的一切努力。如果读者在了解了这屡遭非议的政策之后还记得先前我曾提到过他是一个多面性格的人的话，就会不约而同地发现：他性格中最真实的一面就是用之不竭的真正的善良，若作为国家元首，他会被给予公正的评判。这样一来，人们就不会认为我是感情用事了。

若要详尽地讨论并分析拿破仑三世所推行的政策，我们就得用专门的著作来详尽阐述了。现在我只想描绘它的轮廓。

在展现欧仁妮皇后涉足政务，简单地再现拿破仑三世所面临的政治与外交世界时，我已在第一章中勾勒出她对内与对外政策中最离奇同时最重要的部分特点。我的原始材料来自经常出入杜伊勒里宫的大臣及大使未公开发表的信件。我特意从杜伊勒里宫对外国及对某些权力代理人的态度入手。我提到过欧仁妮皇后迷恋权力，也强调过她因此而遭到皇帝严厉批评的事。

在人们争相讨好他、尽情地歌颂他的丰功伟绩之际，拿破仑三世没有忘记欧洲其他国家在他成功发动政变后的敌视、蔑视以及欲言又止的恶劣态度。他也不可能忘记各国假惺惺、高高在上的做法。他本想着各国政府派驻巴黎的使节能够自尊自爱，安分守己，不该以相熟为借口践踏外交礼节。然而，他身边几乎每个人都对他的提醒置若罔闻。他们仿佛失去了理智，不假思索地置身于侵蚀帝国根基的万千大军中。看着扬尘而来的侵蚀大军，拿破仑三世悲痛欲绝。他曾尝试着力挽狂澜，但为时已晚，因为他被卷入了洪流。他的统治理念决定了他的结局。

在对外政策上，难道拿破仑三世不是在追求一个我们所熟知的梦想——国家统一的梦想吗？难道他不明白推行该政策时的犹豫不决可能会给帝国大厦——这座大厦是通过专制手段于 12 月 2 日那天拔地而起的——带来致命的一击吗？他对此想都没有想过，更谈不上为此而采取任何防止大厦坍塌的措施了。这种威胁一直贯穿法兰西第二帝国的始终。要是他的注意力不被私生活所分散，要是他能摆脱自私自利的昏庸宫廷的干扰，或许他能洞若观火，及时清除威胁帝国安全的邪恶力量。这样一来，他就能更有效地治国理政了。

他高瞻远瞩，早就制定了宏伟的目标，但面对现实，他一筹莫展。危机始终伴随着他。他是新思想的领跑者。他的思想充满憧憬，值得一搏，只是法国时局还不能适应如此激烈的变革。因此，变革只能中断，或许只有在将来才能实现吧。

维护国家统一势必引发暴乱，但只有国家统一了，各阶级才能获得真正的解放。这就是拿破仑三世的思想。他的这种超越阶级束缚、关注社会进步的伟大思想恰好是革命志士们如今所追求的。

拿破仑三世的欧洲政策，尤其是针对意大利和普鲁士的外交政策，给它们提供了与法兰西第二帝国周旋的余地。意大利人和普鲁士人频繁设局使皇帝深陷圈套。他们口蜜腹剑，各有所图。因此，我们更应因皇帝的大公无私、高情远致而肃然起敬。他心系苍生，常怀悲悯。他生性率真，任凭命运无情摧残。

拿破仑三世乌托邦式的社会主义理想成就了普鲁士。相比意大利的患得患失，普鲁士倒显得通情达理，在国际问题上明显倾向法国，甚至频繁抛出橄榄枝，表达结盟的意愿。然而，拿破仑三世不赞同与其结盟。因为结盟的本质就是合谋征服，而拿破仑三世并非天生好战，他只有在迫不得已或时局威胁帝国时才被动出击。但现实却容不得仁慈，结果他被倒打一耙。在关键时刻，整个欧洲都开始与他作对，并冠以他“战争狂”“暴君”的恶名。

比亚里茨会谈后，普鲁士兴冲冲地发表声明，用俾斯麦伯爵的话说就是“和皇帝什么事也做不了”。从那时起，普鲁士开始暗中窥探拿破仑三世，并伺机放手一击，就像猫玩弄老鼠一样。既然已做好开战准备，普鲁士便伺机与杜伊勒里宫摊牌。觉得时机已成熟时，俾斯麦伯爵就单独约见法国驻柏林大使贝内代蒂伯爵①，促使法国拟定一份重要的妥协公文。文件由俾斯麦伯爵口述，贝内代蒂伯爵代笔。盛情难却的贝内代蒂伯爵在普鲁士首相的引诱下写下了该公文。主要内容是普鲁士愿以法国占领比利时为条件换取本国政府行动的自由。正是这份碎片化公文，这个不攻自破的“谎言”，为柏林政府悍然发动战争提供了让全欧洲人信以为真的口实。

法国人并不知道这份公文会在比利时引发怎样的危机。比利时的反应很激烈，立即站在了法国的对立面，至今仍敌视我们的国家。不久前，当我去布鲁塞尔时，我能明显感觉到敌意丝毫不减当年。比利时更愿意相信法国曾意欲诉诸武力吞并它的事实。我们的邻居确实是因为本能地

① 贝内代蒂伯爵（Count Benedetti，1817—1900），法国外交家，煽动 1870 年法普战争的核心人物之一。

普鲁士宰相俾斯麦

法国驻柏林大使贝内代蒂伯爵

惧怕德国而不敢公然拍手称快，认为我们的处境完全是咎由自取，我们的失败使他们松了一口气。

我们自然会问：如果拿破仑三世厌恶战争，那他为什么要对俄开战[①]？为什么操纵意大利对抗奥地利？为什么远征墨西哥？为什么要与普鲁士对抗？

对俄战争中，拿破仑三世有一个不可告人的动机。这个动机是以国际政治格局为幌子，其实质是促成与英国结盟。另外，拿破仑三世不喜欢俄国。极具讽刺意味的是，他似乎忘记了英国人是何等残酷对待他的伯父拿破仑一世的，反倒仇恨俄国人。这种仇恨远非曾经使法军蒙羞的著名大撤退[②]能比。他常常不失时机地流露对俄国的厌恶之情。然而，从我公开的私人信件中可以看出他对英国也没什么好感，至少他从没忘记滑铁卢或圣赫勒拿岛。他一再强调，他重视英国，与英国亲善，完全是国家利益所需，尽管这种说法仍遭人怀疑。除了已经分析过的个人恩怨外，我们还需补充一点，那就是拿破仑三世认为法国应与英国加强贸易往来。这无疑是他决定靠近英国、漠视欧洲其他盟国的真正原因。拿破仑三世具有社会主义与人文主义倾向，但这并不能抵消他对俄国独裁统治、农奴制的抨击。然而，如果我们姑且接受以上说法，那我们该怎样解释他对充斥着虚伪的自由主义、助纣为虐的法律、冠冕堂皇的殖民

---

① 克里米亚战争。是指 1853 年 10 月至 1856 年 2 月期间发生的一场军事冲突。交战双方为由法兰西第二帝国、奥斯曼帝国、英国和撒丁王国组成的四国同盟和俄国，俄国战败。

② 1812 年 6 月 24 日，拿破仑一世率六十万大军渡过涅曼河，对俄不宣而战。拿破仑一世企图迫使沙皇亚历山大一世终止与英国的陆上贸易，进而达到使英国臣服法国的目的。战争初期，拿破仑大军所向披靡，俄军节节败退。但随着战线的逐渐拉长、俄军“焦土战术”的实施以及俄国严冬的到来，法军补给严重不足。10 月 19 日，拿破仑一世下令撤离莫斯科。此时，俄军乘胜追击，在随后发生的几场战役中，法军死伤严重。拿破仑一世在俄国的失败直接导致了法兰西第一帝国的瓦解。

主义的英国的偏爱？

拿破仑三世神秘莫测，犹如一个无法解开的“谜团”。他将是历史上的一道哲学难题。

我们不能过分强调此事：在拿破仑三世心中，与奥地利开战其实是为了兑现一个承诺——帮助意大利自由派实现国家统一。当时，意大利是一个四分五裂的邦国。为了履行他的承诺，也为了使法国抽身，他想出了一个一劳永逸解决意大利问题的方案，即严厉制裁奥地利。只有这样，才能使意大利摆脱奥地利的束缚，才能使意大利实现真正意义上的独立与统一。这也算是他朦胧的理想之一吧。因此，这场战争更像是在满足他个人的愿望，同时使他兑现了一桩承诺。他当时是这样想的吗？我们不得而知。或许他认为他这样做就是为了将来有一天意大利能够为己所用，就权当是意大利对自己曾经付出的回报吧。但万一意大利不买这个账呢？要是它恩将仇报，那岂不是搬起石头砸自己的脚吗？或许他就是这么想的，他确实梦想建立一个拉丁联邦，一个真正意义上强大的拉丁联邦，邦与邦之间互助互利，惺惺相惜，在关键时刻能筑起一道坚实的屏障共同抵御狂妄叫嚣的北方联邦①。

理查·冯·梅特涅②在信中明确谈到了远征墨西哥，把远征墨西哥描述成一段美妙的“浪漫史”、一则迷人的童话，同时是一部欧仁妮皇后针对意大利的复仇记。其实，这场战争是欧仁妮皇后在一位朋友——梅特涅侯爵夫人③再三催促下发动的。她们瞒着拿破仑三世制订了详尽的计划，然后才向他汇报。等拿破仑三世回过神来时，一切为时已晚。他意识到自己已经无法逃脱干系，何况皇后打着他的名号。为了在宫廷

① 北德意志联邦。

② 理查·冯·梅特涅（Richard von Metternich，1829—1895），奥地利外交家，19 世纪奥地利著名外交家克莱门斯·冯·梅特涅之子。

③ 梅特涅的孙女、奥地利驻法国公使夫人波利娜·德·梅特涅侯爵夫人。

对俄战争即克里米亚战争。这幅图描绘了克里米亚战争中俄军在库雷克德尔击败土耳其人

大撤退指的是拿破仑三世的伯父拿破仑一世远征俄国失败后的撤退行动。图为拿破仑撤过贝尔齐纳河

中息事宁人，为了避免引发不可收拾的局面，他只得默许。

拿破仑三世并未因此而被牵着鼻子走。他曾极力阻止这场战争，但于事无补。皇帝与皇后就此事召开多次会议，会议每次都持续很长时间，并且充满激烈的争辩，但结果总是令皇帝痛心。在一次言辞激烈的争辩后，皇帝不愿再纠缠下去，选择了听天由命。

拿破仑三世质问他的妻子道："我为何要与墨西哥开战？如果只是为了追债这等小事，我何必大动干戈，使我的国家和士兵卷入一场既师出无名又无利可图的战争呢？我被人算计了，我被人耍了，而你却甘愿被那些下三滥的新闻媒体人当枪使！"

那天，他们争吵过后，皇后就把这事告诉查理·德·莫尔尼了。因此，查理·德·莫尔尼知道了皇帝坚决反对远征墨西哥，而他的"加州梦想"也将面临致命的威胁。形势刻不容缓，他随即前往觐见拿破仑三世。他故作镇静，压着心火，不慌不忙，一步步诱使皇帝让步，并套取皇帝不再反对远征的承诺。

查理·德·莫尔尼是这次远征的大赢家，他将获得一大笔财富。这笔财富之于他，正如巴黎之于亨利国王[①]，于情于理都值得他冒险争取。他据理力争，慷慨陈词，力压皇帝的反对呼声。事实上，巴黎与维也纳早已秣兵厉马，剑拔弩张，如果此时贸然阻止，那么结果只有一个：局势将会更复杂。

这种事件的过程与结果我们已知悉，将最终得到解释并给出更合理的评判——作为最高权力的行使者，他的权欲与反复无常直接决定着未来，牵动着国家的安危。拿破仑三世既大权在握，又胸有成竹，但可惜

① 亨利四世（Henry Ⅳ，1553—1610），也称"贤明王亨利"，纳瓦尔王国国王（1572—1589）、法兰西国王（1589—1610）、波旁家族的第一位君主。1610年，他被天主教狂热信徒弗朗索瓦·拉瓦莱克刺杀。

的是，他对皇后知无不言。在追求情人方面，男人或许更钟情逢场作戏，爱与不爱就是瞬间之事。因此，尽管他具有许多令人羡慕的优秀品质，但他却疏于控制自己的情绪，极易冲动。或许正是这种本能的以自我为中心使他成为万人之上的皇帝。

名言“朕即国家”或许自有其道理和逻辑，饱含着独傲穹宇的恢弘气势，但它却是专制主义的代名词。试想这样的话在一个刚摆脱专制君主统治、根基仍不稳固的国家说出时，人们何其反感！在一个人皆不惜抛头颅，奋勇追求平等、自由、博爱并甘愿为之奋斗终生的自由国家，说出这样的话确实骇人听闻，甚至十恶不赦。

简述了法兰西第二帝国时期的对外战争以及那些不为人知、最终导致 1870 年法普战争爆发的事件后，我本可以转入另一个话题。从某种程度上讲，在此展开叙述与这场战争有关的事件并分析其起因没有什么不合适。然而，本章主要是对拿破仑三世个人的研究，所以我不细述 1870 年战争，因为我已另辟一章专门探讨与这场战争密切相关的问题。请读者允许我继续我的“画作”，还原一个栩栩如生的拿破仑三世。

关于拿破仑三世的宗教倾向问题，我记得曾给大家讲过一个有趣的故事。我曾说：为了赢得教皇的支持，为了展示对法国教士的特别关心，在欧仁妮皇后的恳求下，皇帝做出了某种妥协。我强调一下，拿破仑三世内心并非真正虔诚，在现实中，他对神职人员不冷不热。他担心教会力量会影响政局，而教士们也会不失时机地在皇帝与国家面前彰显一下自己的存在。他们有时言辞激烈，针锋相对。他们是得到欧仁妮皇后的默许才公然对抗皇帝的。为此，拿破仑三世倒乐意选准时机敲打敲打他们，看看到底谁才是这个国家的“主人”。

欧仁妮皇后的宗教倾向助长了主教的嚣张气焰，以至于他不把皇帝放在眼里。拿破仑三世的妥协使他们变本加厉，逐渐觉得自己神圣不可侵犯。随着神圣外表掩盖下的私欲日益膨胀，他们竟对拿破仑三世指手画脚，不仅要求拿破仑三世给教会拨款，而且胃口越来越大。

教士在法兰西第二帝国所扮演的角色是令人诧异的。尽管拿破仑三世以损害法国利益为代价支持教皇，尽管他在位期间对主教、道貌岸然的神父睁一只眼闭一只眼，但他们对皇帝的反感却丝毫未减。他的大度没有得到任何回报。这种大度的后果是危险的，曾几次使国家蒙难，并最终在我们和意大利中间竖起了一道不可逾越的屏障。

有时，当主教们前往巴黎觐见拿破仑三世或者拿破仑三世驾临天主教堂时，大部分主教面子上对拿破仑三世还是毕恭毕敬的。有时，他们就会撕掉伪装的面具，开始玩弄起“死磕”皇帝的伎俩；每当此时，他们总是上跳下窜、毒辣狡诈，并竭尽刻薄之能事。他们与皇帝之间的对抗一刻也不曾停歇过。

皮耶和迪庞卢两位蒙席[①]就是他们中的代表，并且公然与皇权对抗。断断续续的冲突最终导致国家混乱不堪。拿破仑三世当时本应血腥镇压，然而，当拿破仑三世刚要公开谴责他们的不法行为，并准备将几位傲气十足的高级神职人员绳之以法时，欧仁妮皇后便从宫廷中广布的忠于正统天主教派的密使与探子口中获悉了皇帝的意图。接着，斥责声、哭闹声以及威胁声不绝于耳，杜伊勒里宫顿时鸡犬不宁。这是一位女人的最泼辣的反抗，一位神经质的女人失去理性时的发泄。

欧仁妮皇后压根儿就没把帝国的安危、丈夫的前途以及法国的利益放在心上。她飞扬跋扈，野心勃勃，而且小题大做。她刚愎自用，一意孤行，全然不顾国家的真正需求与政府机构的安全。她一会儿风尘仆仆地为别人牵线搭桥，成全婚姻，一会儿又正襟危坐，任人唯亲，成就了一批主教。然而，她的判断并不总是明智的。明知拿破仑三世内心反感

① 原文“Mrgs”为“Monsignor”的缩写，是对天主教会做出杰出贡献的神职人员的尊称，对应汉语称呼为“蒙席、大人或阁下”。

教会，她却我行我素，笼络高级神职人员，并与皇帝分庭抗礼。在这些高级神职人员中，鲍尔先生值得一提。这个性格怪异的人是西班牙女王伊莎贝拉二世[①]的密使。来到法国后，他被欧仁妮皇后任命为宫廷道德家，成为她个人小教堂中的座上宾，获赐世界各国通用[②]的“蒙席”头衔。

鲍尔先生确实荒诞不经。作为一名受过洗礼、可能已经改宗的犹太人，在成为杜伊勒里宫布道主持（这或许是冥冥中注定的）之前，他的足迹就已遍布欧洲。他突然以伊莎贝拉女王二世密使的身份出现在拿破仑三世面前。因突如其来的殊荣而名声大噪的鲍尔先生实在与众不同，据说在他摇身一变成为神父之前，他尝试了各种职业：画家、商业旅行者、摄影师以及修士。尽管他背景复杂，但生性浪漫的欧仁妮皇后却丝毫不介意。不管是出于自愿还是盛情难却，这位高级神职人员发现自己已在杜伊勒里宫站稳了脚跟，并因此而得宠了一段时间。1866年，他到达巴黎。三年后，在苏伊士运河开航之际，他跟随年轻的皇后出席了神圣的剪彩仪式，并做了祈祷。就像其他很多人一样，他在1870年战争期间从未露过面。据说，战争结束后，他想重操旧业，在巴黎设坛布道，但大主教禁止他继续染指国事。于是，他消失了，更确切地讲，他离开了宗教界。他恢复了平民身份。为了抚慰受伤的心，他频繁出没于歌剧院和舞厅。

然而，杜伊勒里宫也不乏独善其身、克己奉公的神父，尽管他们与大臣们多有往来，但却能做到安分守己。皇室从教会中吸纳了一些甘愿效忠朝廷的优秀教士，如曾为拿破仑一世效劳的南希主教；还有波尔多的多内蒙席，他老谋深算，多次被朝廷征召。接下来，我讲一个关于他的有趣故事。

① 西班牙女王伊莎贝拉二世（1830—1904）。

② 原文为“Passe-Partout”，法语，意为“万能的东西”“到处都适用的东西”。

西班牙女王伊莎贝拉二世

欧仁妮皇后，绘于 19 世纪 50 年代

故事是这样的：有一次，红衣主教多内因工作很迟才下班，当他起身准备离开杜伊勒里宫时，正好和几位身穿低胸连衣裙前去参加晚会的女士迎头相遇。拿破仑三世一再挽留他，但穷尽说辞，还是于事无补。红衣主教指着围在皇后身边的女士问："陛下您没看见那些'肩膀'刺到我的眼睛了吗？"

拿破仑三世笑了笑，然后答道："对不起，阁下，那您更应该感觉到我们'胸'中的暖意呀。"

红衣主教被这突如其来、答非所问的幽默给逗笑了。接着，他心甘情愿地多待了一会儿。其实拿破仑三世很少与教士这般亲密。他与主教之间似乎永远横着一道不可逾越的鸿沟，互不信任。

庇护九世①因拿破仑三世公开拒绝支持教廷对罗马涅地区②的领土要求而怀恨在心。他鼓动法国教士对抗拿破仑三世。教士们的一言一行都透露着敌意。最终，庇护九世与拿破仑三世无法握手言和。

每逢立法选举，教士的反抗情绪尤其激烈。那么，当我们看到在主教的煽动下，即便是最偏远地方的教区的神父也参与竞选活动，公开支持反对自由党的政府候选人的场景时，便见怪不怪了。在离巴黎最近的外省，那里的人们素以支持每届政府的政敌而闻名。这些地方的教士的态度也更坚决，更咄咄逼人。

一面消极厌世，一面又妄自尊大，拿破仑三世的这种性格使他在是否与教皇决裂这件事上摇摆不定。忘恩负义的罗马教廷使他痛苦不堪，

① 教皇庇护九世（Pius Ⅸ，1792—1878），天主教会首脑（1846—1878）。他是天主教会历史上统治时间最长的当选教皇，在位时间接近三十二年。他于1869—1870年间主持召开第一届梵蒂冈大公会议，大会颁布了"教皇无谬论"。因部分教皇国代表缺席，大会提前闭会。

② 罗马涅地区（Romagna），意大利历史地区，大致相当于今意大利艾米利亚－罗马涅区的东南部地区，这里曾是教皇国的一部分。——原注

悲愤难当。他曾不止一次想与其一刀两断，从而摆脱这无尽的精神枷锁。然而，每到关键时刻，他总是举棋不定。为报复罗马与主教，他决定积极响应那场当时动摇法国支持高卢派教会决心的运动——一场由乔治斯·达尔博伊蒙席[①]领导的运动，像从前的情况一样，他最后也卷入了充满仇恨与憎恶的汹涌旋涡中。

拿破仑三世常因出手大方、爱开玩笑而屡遭算计。作为政治家，他却缺乏基本的常识：教廷是不会向任何世俗权力低头的，除非武力相逼。他理应懂得：没有人甘愿冲破重重阻挠把教廷纳入现代社会体制中来。

教廷的要求遭到拒绝，教士的反抗遭到镇压，于是，整整二十年间，教廷与第二帝国一直处于敌对状态；整整二十年，军队时刻待命，随时准备开战。为尽快结束混乱状态，举荐一位既通晓政治又深孚众望的教皇迫在眉睫，他一出现，主教们就不会兴风作浪了。第二帝国赋予教士应有的权力——这是上限，并强迫他们在效忠书上画押。然而，果真这样做的话，第二帝国迎接的不会是歌舞升平、国泰民安，而是熊熊燃烧的怒火与咬牙切齿的仇恨。

第二帝国历史上最荒诞的莫过于贵族阶层的头衔问题。跟伯父拿破仑一世一样，拿破仑三世也主张消灭旧贵族阶级，重新分封贵族，这样一来，新封的贵族会因皇恩浩荡而誓死效忠。

事实上，拿破仑三世因其古怪的性格以及社会主义倾向而颇受争议，他不怎么看重贵族，不像伯父那样锲而不舍，只想借贵族头衔来增加他身边人的名望。必要时，他还可以适当赋予他们特权，从而赢得支持。在他看来，贵族就是政府的门面，可以给政府注入活力，还可以彰显帝

① 乔治斯·达尔博伊（Georges Darboy，1813—1871），法国天主教神父，后来相继晋升为南希主教、巴黎大主教。他是被巴黎公社绑架的一批显要人物之一。1871 年 5 月，他被巴黎公社判处死刑。不久，巴黎公社惨遭镇压。

罗马教皇庇护九世

巴黎大主教乔治斯·达尔博伊

国的庄重。基于以上原因，他重新制订法律，要为帝国的贵族制度提供保障。他命掌玺大臣拟一份圣旨，目的是打击那些反叛的世袭贵族，内容包括头衔变动、真假甄别及司法审批程序，以便合理处理冒名顶替行为。圣旨拟好后，拿破仑三世想听听帝国最杰出的几个人的意见。接下来，我要与大家分享几个最有意思的片段。

拿破仑三世召见了欧仁·鲁埃、查理·德·莫尔尼、佩尔西尼公爵和 W 伯爵。读完圣旨后，他停了下来，像以往召开会议时一样，等待大臣们发表意见。随后，四人进行了激烈的讨论，像炸了锅。

欧仁·鲁埃摒弃一贯的随和，摇晃着脑袋，嘴里胡乱蹦出一些莫名其妙的词[①]来搪塞拿破仑三世。

欧仁·鲁埃先生是世袭贵族，很少关心此事。为了不扫拿破仑三世的兴，他没怎么反对，但内心深处却没把拿破仑三世的提议当回事，承认贵族阶层是第二帝国不可或缺的，只是许多怀揣自由主义梦想的有志之士却因为没有这个“标签”而被拒之门外。理清思路后，他发表了以下意见：“我认为，贵族时代已风光不再。如果把现代社会的明天继续寄托在对贵族历史的缅怀中，将是极不明智的。我想，只受到一个特权阶层支持的国家是没有未来的。只有奉行人人平等的原则，国家才能重新回到人民的怀抱。同时我相信这个道理——人总是要有点儿盼头的，比如极光，其若即若离的状态就是最理想的状态。普通民众无法无天，因此必须让他们绝对臣服于权威，绝对不能让权力落入他们手中。这样一来，他们就会俯首帖耳。要创造一个忠于帝国的贵族阶层，即新增一个社会阶层，需加强民众与统治者之间的联系。在这个方面，官员们目前还做得不够好。这个新创造的阶层将会有效减缓各阶层之间的矛盾，

① 原文为“monosyllables”，意为“单音节”或“单音节词”，暗指欧仁·鲁埃并不想对拿破仑三世的提议做出任何评论，只想顺着他的意思附和他。

从而使人们心平气和、客观公正地看待一切政治突发事件。只有这样，政府的声望才能大大提高，暴乱也会随之远去。因此，我极力赞同皇帝的提议。”

查理•德•莫尔尼几乎没说什么，因为他早已笃信拿破仑三世的思想。他接下来说的几句话妙趣横生，连他本人也暗自叫好，他的讲话再次彰显了他一贯故作高雅、满腹狐疑的本质。

“成为贵族，”为一语惊人，他故意停顿了一下，就像要找一个既准确无误又无人不晓的词来形容一位风尘仆仆的女子一般，“成为贵族

查理・德・莫尔尼，绘于 19 世纪 50 年代

就意味着少一份麻烦，多一份乐趣。创造您的贵族去吧！那些即将被封为贵族的平民百姓不会因为被冠以贵族的头衔而失去他们愚昧的本质；如果碰巧有人不那么愚钝且能不辱使命，那就最好不过了，而我们恩威并济的效果也就达到了。帝国并非一定需要贵族。圣日耳曼区[①]就是一个很好的例子，它一直要求取消贵族制，但有时也以本区遗留的贵族制而洋洋自得……如今，很多贵族，”稍作停顿后，他补充道，“唉！落魄到只剩下头衔了。如果非要创造贵族，那我们必须保证那些因此而获此殊荣的人不再潦倒到只靠头衔来标记自己的贵族身份。”

欧仁·鲁埃、查理·德·莫尔尼轮番发言时，佩尔西尼公爵显得焦躁不安。终于轮到他时，他兴致盎然地发表了自己的看法。和欧仁·鲁埃一样，佩尔西尼公爵也喜欢独断专行，但比欧仁·鲁埃坦率、大度。一想到这些龌龊的交易，他就气不打一处来。他行事光明磊落，为人宽宏大度。他虽然以天下为公、心系苍生，但处事极端、残忍，为达到目的，不惜诉诸武力，公开、公平一决高低。他认为劳动人民就应安分守己，他希望他们都能安居乐业、丰衣足食。因此，他认为欧仁·鲁埃的说辞不过是自欺欺人罢了。欧仁·鲁埃极力粉饰劳动人民的卑微，却欲盖弥彰。满腹狐疑的查理·德·莫尔尼使他生厌。只有他自己一枝独秀，心地单纯，正大光明。贵族实际上就是被贴上官方标签、获赐荣华富贵、比其他人显得高高在上，除此之外，在他眼中，与别人无异。

众所周知，佩尔西尼公爵言辞犀利，说话掷地有声，他继续义正辞严地回应欧仁·鲁埃、查理·德·莫尔尼的发言。他声嘶力竭地吼道：“贵族制荒唐至极。在政府机构中，贵族一直是摆设。国家因贵族的自负与荒唐而负重前行，而贵族对帝国毫无用处。公爵、男爵等贵族充其

① 圣日耳曼昂莱（Saint-Germain-en-Laye），是法国中北部地区法兰西岛大区伊夫林省的一座市镇。位于巴黎西郊，离巴黎市中心约十九千米。

量就是残留的文化痞子。鲁埃，你就是个骗子。你说贵族会给帝国增光添彩，我看你是成心蒙骗皇帝。而莫尔尼的袖珍演说不足一提。莫尔尼总是满口胡言，可能是骗惯女人了吧，油头粉面，矫揉造作，没有一句正经话。这些拙劣的伎俩骗得了女人，却骗不了政治。我坚决反对贵族制，世袭的贵族也好，新生的贵族也罢，如果您能听从我的拙见，那您将名垂青史；如果您一意孤行，最后怨声四起、国家动荡，您不得不亲自披挂上阵平息暴乱时，可别指望我会同情您……看远一点儿吧。”他顺势将手在空中一划，然后补充道：“前车之鉴，后车之师。让大家团结起来吧，让您的圣光普照人们渴望的心田，决不能让愚蠢、卑鄙的小人得逞。”

欧仁·鲁埃始终心平气和，对佩尔西尼公爵的长篇大论洗耳恭听，而查理·德·莫尔尼却神情紧张，不停地抚摸着下巴。拿破仑三世虽然因其提议招致强烈的反对而焦躁不安，但却依然坚信该提议是高明的。他忍不住插话，大臣们顿时安静了下来。

“我们的讨论毫无意义，”拿破仑三世气定神闲地说，“我觉得你们误解我的意思了。我并不想模仿伯父创造贵族，进而在我与人民之间设一道壁垒，阻止他们追求应有的权利。我的本意是为了奖励那些帮助过我的人，让他们享受应得的荣誉。”

佩尔西尼公爵说：“如果是那样的话，陛下，贵族就没有存在的必要了。”

“哎呀！佩尔西尼公爵，”拿破仑三世说，“理性点儿，别太固执，你本没有那么坏，对吧？”

刚才还咄咄逼人的佩尔西尼公爵笑了笑，再没有人比他更了解拿破仑三世了，既然皇帝心意已决，即使强求也于事无补。就像一只狂吠的狗，一旦主人厉声喝止，它便会恭顺地趴在地上，摇起乞求的尾巴。佩尔西尼安静了下来，顿时变得温顺、乖巧，他流露出伤心透顶的神情，

一幅讽刺欧仁·鲁埃的漫画。欧仁·鲁埃被画成了鹦鹉身人头的怪物，讽刺他巧舌如簧，贪婪无度

拿破仑三世的心腹佩尔西尼公爵

但什么也再没说。

W 伯爵觉得实在没必要反对皇帝的提议，认为争论没有意义，所以毫无保留地表示赞同。

就这样，一项旨在创造新贵族的法案应运而生了，它是第二帝国另一项“模仿”拿破仑一世的法案。

命运总爱捉弄人。在参与制订这项法案的四人中，只有欧仁·鲁埃一人没有爵位，但他却是四人中最有权力的。

在拿破仑三世的政治生涯中，他常常心存幻想，冥冥之中总觉得有个声音在召唤他，而这个声音有时近在耳际，有时却远在天边。他只听从命运的安排，把一生的荣辱得失都交给命运之神了。他足智多谋、胸怀韬略，却往往壮志难酬，就像一个人无法用外语准确表达自己的想法一样。他心地善良，但也会使别人痛哭流涕。他深爱着他的臣民，但却使他们身陷囹圄。在神话故事中，我们经常会读到这样的描述：在一轮若隐若现的鬼火的指引下，夜行者误入歧途，最后坠入万丈深渊。拿破仑三世有着一颗童真的心，他调皮地追逐着那轮鬼火。他是一个神秘莫测的梦想家，却反受其害。他笃信感召，越发执迷不悟，仿佛命该如此。如果将来有一天拿破仑三世能有幸成为某一戏剧的人物原型，那他将会是那个永不停歇而又四处游荡的幽灵的化身。

第3章
拿破仑·热罗姆与欧仁妮皇后的政治斗争

众所周知，前威斯特伐利亚王国[①]国王热罗姆·波拿巴之子、法兰西共和国总统路易·波拿巴堂弟拿破仑·热罗姆强烈反对12月2日政变。他的政治独立性差点导致他与后来成为拿破仑三世的堂兄决裂。自从拿破仑·热罗姆公开发表自由主义观点后，堂兄弟二人就互相敌视，关系疏远了。但他们总归要握手言和。路易·波拿巴登基后，尽管对堂弟仍心存芥蒂，但还是热情召见了他。从此，两人如影随形，谁也不曾离开过谁。尽管有人状告拿破仑·热罗姆多么荒诞不经、十恶不赦，尽管欧仁妮皇后表面上对他礼遇，实际上笑里藏刀，但拿破仑三世依然如故，非常包容，甚至公开表明他与堂弟的情谊深厚。

为维护国家利益，拿破仑三世不得不公开否决拿破仑·热罗姆的意见或责备他的行为；然而，当两人面对面时，他却恳求堂弟谅解。他放低姿态，就是不想伤害堂弟。他一贯的易怒、好斗或许使他极易树敌，但他只是将两人的分歧局限在政见上，而不是情感上。这里有一则有趣的故事，可以佐证拿破仑三世与堂弟何等亲密，同时表明两人在公众眼中的关系只是他们设置的“障眼法”。

① 德意志西北部的历史地区，热罗姆·波拿巴曾任国王（1807—1813）。

一天傍晚，拿破仑·热罗姆在杜伊勒里宫做客。那天白天，他大放厥词，极尽煽动之能事。很快，拿破仑三世就知晓了。现在，他把拿破仑·热罗姆拉到一边，当场教训起来。

拿破仑三世说："我听说今天你的老毛病又犯了？"

拿破仑·热罗姆接过话茬，笑着说道："您看我有他们说的那么革命吗？"

拿破仑三世咕哝道："'革命'一词传达的含义可大可小。不，你不是一位革命者，你顶多是轻率了点儿。你身上有我的影子。"短暂的停顿后，他补充道："我糟糕的堂弟，你总是给我捅娄子——大娄子。我的大臣们因我对你的偏袒而郁郁寡欢。私下里我们所见略同，但我希望我们能够达成默契，让外人觉得我们势不两立。你比我自由，你可以畅所欲言，并且不必担心由此可能引起的恐慌。"

拿破仑·热罗姆确实有这个优势，但拿破仑三世却没有。拿破仑·热罗姆偶尔可以撇开官方的限制在平民百姓中播撒自由的种子。没错，拿破仑三世和拿破仑·热罗姆私下感情甚好。

拿破仑·热罗姆对堂兄天生的菩萨心肠心知肚明，也知道堂兄聪颖过人。他经常和拿破仑三世背着大臣们共商国是，拿破仑三世也乐于高谈阔论。要是拿破仑三世的态度更坚决，换句话说，更专制，或许他就能实现他的宏伟计划了。当大臣们对拿破仑·热罗姆极度不满，或当欧仁妮皇后公开敌视他时，拿破仑三世与拿破仑·热罗姆总是彼此克制，以防感情破裂。

我已提到过欧仁妮皇后非常厌恶拿破仑·热罗姆。自从我专门描写这种厌恶的内容出版后，那些别有用心、假公济私的作家们不惜罗列所谓的事实以图推翻我的论点，并告诉大家在整个第二帝国期间，拿破仑·热罗姆与欧仁妮始终是一对水火不容的冤家。没错，他们确实不和，但把拿破仑·热罗姆刻画成一个蛊惑人心的恶棍，把皇后描述成一个蛇

拿破仑三世的堂弟拿破仑·热罗姆

蝎心肠的女人却有失偏颇。只有缺乏基本判断力的人才会相信有违事实的真相，才会相信这段被扭曲的历史。

尽管拿破仑·热罗姆反感欧仁妮皇后，时而对她怒气冲冲，时而觉得她楚楚可怜，但迫于现实压力，他更会选择与她处好关系。尽管他与欧仁妮皇后的关系谈不上融洽，但至少得容忍她的冷漠。要是欧仁妮皇后能对他友好点儿，或许他们就会相安无事。但这只是痴人说梦，因为拿破仑·热罗姆的所作所为无法使欧仁妮皇后对他心生一点儿好感。

从前，作为拿破仑三世的顾问，拿破仑·热罗姆强烈反对他与欧仁妮的婚事。欧仁妮皇后至今对此耿耿于怀，不愉快的记忆使她无法与拿破仑·热罗姆重归于好。

听到拿破仑三世对蒙蒂若小姐展开猛烈攻势的消息时，不仅老国王热罗姆[①]坚决反对这门亲事，拿破仑·热罗姆也心急如焚地跑到拿破仑三世身边，力劝他终止这场既不明智又危险重重的婚事。拿破仑·热罗姆深知蒙蒂若夫人和她女儿的为人，认为她们只不过是到处碰运气的投机贵族罢了。他觉得是时候该让拿破仑三世意识到他是何等作践自己——竟然要和一位周游于各温泉疗养胜地的美女结婚！尽管拿破仑·热罗姆因其鲁莽的政治倾向而遭人诟病，但在关键问题上他却洞若观火。在堂兄在位期间，他不止一次指出第二帝国存在的各种弊病，并提出了相应的治理措施。

拿破仑三世订婚时，拿破仑·热罗姆有种预感——某种危险正在悄悄地靠近。他随即把自己的想法如实地告诉了拿破仑三世。一想起两人将来的婚事，拿破仑·热罗姆就绝望透顶。事不宜迟，该向拿破仑三世

① 即热罗姆·拿破仑·波拿巴（Jérôme-Napoléon Bonaparte，1784—1860），拿破仑一世的幼弟，威斯特伐利亚王国国王热罗姆一世。1816年被封为蒙特福特亲王。1848年他的侄儿路易·拿破仑·波拿巴当选法兰西第二共和国总统后在政府中历任数职。1850年至1852年任法兰西第二共和国上议院议长。

老国王热罗姆，即威斯特伐利亚王国国王热罗姆·波拿巴

少女时期的蒙蒂若小姐

说明其中的利害了。他立刻前去面见拿破仑三世，顾不得君臣之礼，开门见山直接以“你”称呼拿破仑三世，并跟他讲起道理来。

“你再认真考虑一下与蒙蒂若小姐的婚事。我承认她漂亮，很招人爱。如果你确实喜欢她，就去爱她吧，但不要和她结婚，不要让她成为皇后。法国人会怎么说？全欧洲人会怎么说？你们的结合不会给你带来幸福，法国也会深受其害。我恳求你悔了这桩婚约。你被蒙蒂若小姐迷得神魂颠倒，这很正常，因为她倾国倾城。让她做你的情妇吧。你可以花一大笔钱来结束这场闹剧，但别再纠缠下去。”

拿破仑三世不仅没有理会堂弟的苦口婆心，而且对许多朋友的谏言也置之不理，他们也看出他与蒙蒂若小姐的结合不仅是拿破仑三世家庭的悲哀，也会给国家带来政治上的麻烦。像对其他人一样，拿破仑三世对堂弟的谏言付诸一笑。他已经被一位会给所到之处带来霉运的邪恶小仙女的魔力征服，拜倒在她的石榴裙下，如饥似渴而又欲罢不能。

荣升皇后后，蒙蒂若小姐不思悔改，仍斤斤计较过往之事。她对拿破仑·热罗姆一直怀恨在心，即使帝国的倒塌、她的流放甚至丈夫或儿子的死[①]都不曾浇灭她仇恨的火苗。

尽管这种仇恨对帝国的未来产生过致命的影响，尽管在拿破仑三世统治期间出现的很多灾难中都有它的影子，尽管它使人们对已化作尘土的拿破仑三世仍愤愤不平，并使人们相信皇太子的凄惨下场与此有关，即便如此，我想知道，我们就能理所当然、毫无人性地把这一切都归罪于她吗？难道一切错误的根源只因蒙蒂若小姐是法国的皇后吗？只因她的美貌吗？只因她熟谙如何俘获男人的心吗？只因她迷人的笑容，就像外表艳丽、实则奇毒无比的鲜花一般，只是为了撩起男人们的欲望，而

① 1789 年 6 月 1 日，拿破仑三世与欧仁妮皇后的独生子拿破仑·欧仁·路易·让·约瑟夫·波拿巴在祖鲁战争中战死。

没能让他们进一步得逞，结果空欢喜一场吗？

那个人们言辞凿凿、传言拿破仑·热罗姆故意陷害欧仁妮皇后的虚构故事并非空穴来风，有几种说法可以作为佐证，而我的目的是要揭穿它们的虚构性。

故事是这样的：拿破仑·热罗姆希望拿破仑三世永远不要结婚，这样的话他就会因拿破仑三世没有子嗣而成为合法的皇位继承人。希望化为泡影后，他四处扬言，公开表达对欧仁妮皇后的怨恨之情。故事继续讲道，在贡比涅宫[①]一次欢迎欧仁妮皇后的晚宴上，他当着众宾客的面直接拒绝了拿破仑三世提议让他第一个给皇后敬酒的请求。

这个故事显然漏洞百出。拿破仑·热罗姆反对拿破仑三世与蒙蒂若小姐结婚，只是出于对女方社会地位的考虑，以及对这种政治联姻是否会给当事人带来真正的幸福的担忧。拿破仑·热罗姆坚信，贵为一国之君，拿破仑三世的婚姻有很大的选择，可以选择和欧洲其他国家的王室联姻。即便在法国，也有好多可供他选择的良家妙龄美女。无论他选择谁，名望都胜过大打折扣的蒙蒂若小姐；论美貌，从哪方面将都可以碾压她。与她们相比，蒙蒂若小姐就相形见绌了。

敬酒风波纯属杜撰，我有信件佐证。为求证该风波的真伪，我曾求助于杜伊勒里宫当时最有影响力、最受人尊崇的一位官员，他回信否认了关于拿破仑·热罗姆故意招惹蒙蒂若小姐的说法。

事实上，拿破仑·热罗姆从没在欧仁妮皇后的庆生会上拒绝向她祝酒。没错，他从不掩饰自己的真情实感，因为他本性率真，从不遮遮掩掩。他讨厌说一套做一套，他就是这样的性情中人。现实使他痛心。他知道，在杜伊勒里宫，除了拿破仑三世和为数不多的两三个朋友外，人人都讨

① 贡比涅宫（Château de Compiègne）是法王路易十五修建的皇宫，后经拿破仑一世修葺一新。它是法国皇室的三个常驻地之一，其他两个是凡尔赛宫、枫丹白露宫。

贡比涅宫

厌他，他的一言一行都遭人误解。因此，他不喜欢这样的环境也在情理之中。看着别人对堂弟说三道四，拿破仑三世苦闷不堪，但却无能为力。他对堂弟的偏爱常在宫中招致别人的数落，并被嗤之以鼻。

至于拿破仑·热罗姆本人想迎娶蒙蒂若小姐的流言更是荒唐至极，没有任何可信度。宫中从来没有这样的流言。要说拿破仑·热罗姆像其他很多人一样曾垂涎蒙蒂若小姐的美色，这倒说得过去，但他绝没有想过与她相爱，更不会幻想跟她结婚。

撇开任何个人恩怨，欧仁妮皇后之所以讨厌拿破仑·热罗姆，是因为她发觉拿破仑·热罗姆聪明过人，拿破仑三世不及他，从而担心拿破仑·热罗姆会左右拿破仑三世。

拿破仑三世驾崩后，她拒绝接纳拿破仑·热罗姆做儿子的家庭教师，拒绝他为儿子传道授业。然而，要是她当时接纳了拿破仑·热罗姆，毫无疑问，他将不失为一位忠心耿耿的导师，指不定还能减轻她的痛苦呢。当有人荐举让拿破仑·热罗姆主管她儿子的学业时，她的反驳之词竟然是“他会给可怜的孩子带来不幸！”哎！难道不是她的固执、难以释怀的仇恨造就了拿破仑·热罗姆的不幸吗？难道不是这种仇恨实际上葬送了帝国的前程吗？

事实证明，这位官员的说法是可信的。我强调一下，坚持这种说法的人是杜伊勒里宫当时身份最显赫的权贵之一，也是拿破仑三世最贴心的朋友之一。在第二帝国时期，他亲眼目睹了欧仁妮皇后无休无止的争吵是怎样一步一步毁掉拿破仑三世的一生的。

拿破仑三世驾崩后，根据欧仁妮皇后的懿旨，拿破仑·热罗姆应离开皇室。儿子的死使她愈发粗鲁无礼，她竟在儿子的葬礼上对拿破仑·热罗姆下了逐客令，要求他在葬礼结束后立即离开奇斯尔赫斯特。拿破仑·热罗姆希望能当面宽慰欧仁妮皇后几句，但被这个孑身一人的女人拒绝了。他终于意识到这位母亲已无药可救，即便在当着死去的儿子的面时，也不忘怨东怨西。他仁至义尽，恋无可恋，毅然离开了那个容不下他的地方。现在他终于解开了已被堂兄带入陵墓、不让他做帝国合法继承人的秘密，随即放弃了做继承人的权利。

“杜伊勒里宫容不下我，”他对那些因他突然撤出而惊诧不已的人说，“我在这儿的使命就此结束。”

那天发生在凡尔赛宫的一幕至今我还记忆犹新。当时，国民议会在凡尔赛宫召开会议。论及公众礼拜事宜时，拿破仑·热罗姆代表民众发言。提及拿破仑三世对罗马的政策，他指着欧仁妮皇后吼道，如果他有权发言，并获准揭露第二帝国末期的秘密的话，他将给国民议会一个满意的答复，因为他知道拿破仑三世为什么要奉行那样的政策，那是因为皇后一直左右着拿破仑三世的决策，从而导致拿破仑三世最终制定了那些致命的、不可挽回的政策。

或许拿破仑·热罗姆那天实在是忍无可忍，才把心中积累的怨气一下子发泄出来。这么多年来，欧仁妮皇后一直拿他当出气筒，处处与他作对。此刻，他终于萌生了复仇的想法，这是他平生第一次当着议员的面揭露皇后丑陋的嘴脸，让大家明白了第二帝国的衰落、拿破仑三世的惨败，皇后难辞其咎。我不清楚拿破仑·热罗姆在留给后人的文稿中有没有明确提到至今人们还拐弯抹角谈及的那些指控，但我相信它们可以澄清后人对他的看法。如果这些文稿真的存在，他的后人肯定会毫不犹豫地马上销毁。虽然他已离开，但欧仁妮皇后的仇恨仍如幽灵般笼罩着他。欧仁妮皇后无情地夺走了他的儿子维克多①，而维克多本应在他生命的最后时刻陪在他身边，让他静静地离开这个世界。皇后就连维克多也不肯放过，因为她仍做着帝国复辟的美梦②。

① 维克多（Victor Napoléon，1862—1926），法兰西第二帝国皇位的继承人（1879—1926），被追随者称为“拿破仑五世”。

② 帝国复辟的美梦是指欧仁妮皇后打着维克多的旗号，意图复辟帝国。

凡尔赛宫

拿破仑·热罗姆犹如恺撒再生。尽管他一生过失连连，但丝毫不影响他的历史地位。和曾经的恺撒一样，他聪明过人，刚正不阿。他身材高大魁梧，有运动员般强健的体魄。他端庄大气，当他以习惯性的步态走在街道上时，周围的一切都因他而黯然失色。他身体微微前倾，但步履安详。当他从人们面前走过时，腰间的摆饰随着富有节奏感的步伐起伏，人们仿佛再次看到了某位身披紫袍、沈腰潘鬓的罗马皇帝为观看即将上演的血腥决斗仪式径直朝竞技场上的看台走去的样子。

相比他的外貌，他的性格并非三言两语就能描述清楚。尽管他见解独到，总能一语中的，但他性情急躁，不善于权衡利弊，结果导致失误不断，不仅毁了名声，而且给自己实现夙愿制造了道道障碍。他向往民主，但又独断专行。他前一秒钟还在推崇普世自由主义，一转眼又以独裁者的形象自居。他这种多变的性格让他最亲密的朋友也无所适从。他就像困于大海中间的领航员，一边风平浪静，而另一边却波涛滚滚，但无论他怎么努力，他都无法靠岸，好像厄运故意从中作梗似的。

他的多变性格在家庭生活中也体现得淋漓尽致。这位自诩为民主主义者的亲王仗着自己高高在上的社会地位，向拜访他的来客抖足了威风。他在府中建立了一套严格的礼仪制度，结果有人说杜伊勒里宫的宫廷氛围远没有王宫[①]浓厚。

拿破仑·热罗姆一生做过很多错事，有些甚至是终生大错，但瑕不掩瑜，他依然是 19 世纪最出色的人之一。

和拿破仑三世一样，拿破仑·热罗姆能言善辩，善于诱导别人反驳自己的观点，然后据理力争，口若悬河，以绝对优势碾压对方，并从中获得乐趣。有时，他会故作萌态，以女性特有的阴柔完胜对方，并使他们心悦诚服地赞同自己的观点。有时不知何故，他不再滔滔不绝，也不再风度翩翩，刚刚给人留下的亲王形象顿时消失得无影无踪。此时的他就变得恃才傲物，目空一切，好不容易纳入自己麾下的示好者被他的孤傲推到了对立面。

他藐视政客，却不得不与他们朝夕相处；他悲天悯人，为了劳苦大众，大声疾呼，奔走相告。接二连三的不幸使他的生活多了一份淡淡的忧伤，仕途也因此险象环生。久而久之，他万念俱灰，终日郁郁寡欢。他思想崇高，但举止有失优雅；他志存高远，但做事尚欠稳妥，即便如此，他那崇高的理想——熠熠生辉的崇高理想——是拿破仑一世伟大思想的再现。

他近乎固执甚至鲁莽的行为方式，不管是发自内心还是矫揉造作，都疏远了那些曾试图向他示好的人。虽然他们并非他的亲信，但在堂兄弟二人的情感出现问题之际，他们却身先士卒，甘愿充当他与拿破仑三世之间的调停人，主动央求拿破仑三世支持他的事业。他表面粗鲁无礼，

① 王宫（Palais-Royal）始建于 1629 年，初为红衣主教黎士留住所，继而为奥尔良家族诸亲王官邸，并非国王的宫殿。

但实非刻意为之；他天生叛逆，却童心未泯，厌恶颓废的生活态度、虚伪的生活方式、狭隘的人生理想。他曾干过坏事，也曾嘲笑、辱骂过别人，每当想起这些，他都羞愧难当。当朋友当着他的面指出他不得体或有失公允的行为并告诉他该怎么做更可取时，他总是一副兴致勃勃、洗耳恭听的样子，然后诚恳地承认自己的鲁莽、冒失，全然没有往日高高在上、唇枪舌剑的神情，而是温顺地接受建议，并立即付诸行动。

拿破仑·热罗姆心直口快，他本人也因此而乐此不疲，但他的直爽往往被周遭环境所湮没。接下来，我讲个故事，让读者领略一下拿破仑·热罗姆性格中善良的一面。

一天，在贡比涅宫，阿道夫·比约[①]受拿破仑三世委托，与欧仁·鲁埃和马涅一起在两院议会上为杜伊勒里宫拟订的政策做辩护。阿道夫·比约碰巧从拿破仑·热罗姆身边经过，就向当时正和一位朋友聊天的亲王深深鞠了一躬。众所周知，阿道夫·比约是王宫的常客。据说，阿道夫·比约深得老国王热罗姆喜欢。阿道夫·比约也非常尊敬拿破仑·热罗姆。他鞠完躬后，拿破仑·热罗姆一脸茫然，没有理睬对方的敬意。这让刚才和他聊天的女士大吃一惊，她直截了当地问拿破仑·热罗姆为什么要那样做。这看似无关紧要的举动有可能导致严重的后果。

她问道："殿下，您没看见比约先生给您鞠躬吗？"

拿破仑·热罗姆回答道："我看见了，但我想我和他之间没任何友谊可言，因此没必要给他回礼。"

"殿下，难道您忘了比约先生是您真正的朋友，是一位不可多得的人才，深得令尊爱惜吗？"

"我会选择性地遗忘一切或记住一切。比约昨天在国民议会上发言了，他的演说苍白无力，废话连篇，毫无独到见解。"整篇演说只涉及

① 阿道夫·比约（Adolphe Billault，1805—1863），法国律师、政治家，拿破仑三世政府中的重要人物。

杜伊勒里宫的代言人阿道夫・比约

罗马问题，而罗马问题恰好是拿破仑·热罗姆最热心的问题之一。“他的演说没有意义，我顿时对他失去了信心。不管是谁，只要在政治立场上与皇后沆瀣一气，他就不是我的朋友。”

她说：“哎呀！殿下，您太偏激了。我们应该相信比约先生那样做是情非得已的，只是为了讨好皇后罢了，但他爱戴的人是您啊！即使这样，您也应该理解，作为杜伊勒里宫精挑细选的代言人，在罗马问题上他不能唱反调。您觉得管弦乐队中的乐师能把乐队的表演变成个人独奏吗？把您的怨恨暂且搁置一边，跟他握手言和吧。他会因您真诚的歉意而感动万分，将会比以往任何时候更忠于您。殿下，您身边本来就没几个朋友，不能再失去那些顶着压力向您表达忠心的人了！”

拿破仑·热罗姆认真地听着，沉思片刻后，站了起来，表情痛苦。

他说：“你说的对，比约先生身不由己，我应该向他道歉。”

真情的流露使他显得与众不同。

拿破仑·热罗姆找到比约先生，向他道歉，说刚才不该那般无礼。

这个故事充分展示了拿破仑·热罗姆爱憎分明、感情用事的性情，让我们对皇室的罗马政策窥见一斑，表明了罗马问题背后相互关联的几股势力明争暗斗、冲突不断的复杂局面。与拿破仑·热罗姆理论的那位女士熟谙政治，她是第二帝国时期政坛上数一数二的风云人物。

前面我已提到，拿破仑三世与拿破仑·热罗姆亲密无间、形影不离。那些诽谤两人互为仇敌、随时准备攻击对方的传言没有一个是真实的。堂兄在位期间，拿破仑·热罗姆一直遭到欧仁妮皇后的仇视。久而久之，欧仁妮皇后的亲信也对拿破仑·热罗姆不怀好意，并公开与他为敌。要是拿破仑三世有足够的魄力或绝对的权威，从而化解拿破仑·热罗姆与其政敌之间的矛盾，那么拿破仑·热罗姆极可能成为他的得力臂膀。拿破仑三世或许能制止拿破仑·热罗姆做蠢事，使他的才智为帝国所用。如果两人之间没有分歧，政见统一，并能得到大众的认可与尊重，那么帝国的根基将坚不可摧，帝国的事业将一片光明。拿破仑•热罗姆遭人诟病的原因是他公开反对拿破仑三世的宏伟蓝图，政治上与拿破仑三世水火不容。然而，我觉得在此有必要提醒一下读者。关于拿破仑•热罗姆公开反对拿破仑三世的那些演说疑点重重，值得读者去甄别。

拿破仑•热罗姆——我只是想澄清上文的说法——从没在拿破仑三世审定、许可之前公开发表任何言论。在公开发表言论之前，拿破仑•热罗姆总是先给拿破仑三世递呈一份手写的演讲稿，而拿破仑三世总是以最快的时间审阅完后交还。不赞同演讲稿中某些表述时，拿破仑三世就建议堂弟“某某处应略作改动”。拿破仑三世只是以建议的口吻提出不同意见，没有任何命令的语气。他也从没指责过拿破仑•热罗姆居心不良或图谋不轨。

拿破仑•热罗姆一直顺着拿破仑三世的意愿校订演讲稿。然而，某次当堂弟发表演讲时，拿破仑三世突然惊讶地发现他的文风骤变，言辞咄咄逼人。演讲稿中多出了一些与原稿格格不入的内容。演讲稿可是他与堂弟一起拟的！这该如何解释？原来，从他与拿破仑三世拟定演讲稿到拿破仑•热罗姆发表讲话这段时间——这个事实值得注意、考虑——在欧仁妮皇后的策划下，阴谋、丑闻等杂七杂八的烦心事一拥而上，如果这些事恰好刺激到生性易怒而又叛逆的拿破仑•热罗姆，那么拿破仑•热罗姆会做出极其不明智而又得不到任何好处的事情。尽管他对拿破仑三世忠心耿耿，但仍免不了遭人算计的下场；尽管他甘愿臣服拿破仑三世，却还是摆脱不了被迫害的悲惨命运，就像竞技场上被人拿着刺棒驱赶的猛兽一样，明知自己别无选择，却依然渴望自己的生活不被打搅。

当拿破仑•热罗姆在科西嘉发表著名的演讲时，内阁与杜伊勒里宫雷霆大发的场面至今令人记忆犹新。就是这篇当时遭到《通报》严厉批评的令人费解的演讲竟被某些不怀好意的人拿来说事，企图以此作为流放拿破仑·热罗姆的借口。实际上，这篇演说稿发表之前是经过拿破仑三世审阅的。拿破仑三世只字未改，也未做任何评论。

拿破仑三世对他最亲密、最喜欢的一位朋友说："他们的目的是向我施压，使我与堂弟反目成仇，让我把他赶出杜伊勒里宫，往他的伤口上撒盐，给他新增一条'罪状'，使他从我的世界中消失，将他从皇室中除名。我永远不会让他们的阴谋得逞。我永远不会把我的堂弟视为敌人。尽管他在背后给我添堵，不赞同我的政治方针，但与我面对面时，他又很顺从。他是我的朋友，我知道他没有敷衍我。他对我流露出的感情也是真诚的。当别人严厉的指责、无情的蔑视使他忍无可忍时，他会暴跳如雷，咬牙切齿，进行反击。当然，他这样做不是针对我，他反击的目标是我身边的那些人，有男士，也有女士。我理解他心中的怒火。假如我是他，我还真不知道我会怎么做。当仁慈遭遇无情的践踏与羞辱时，即便心地再宽仁，也难做到无动于衷。他打心眼里爱我，有这点就够了，我别无所求。我有必要对他冷眼相看、落井下石吗？"

拿破仑·热罗姆心直口快，拿破仑三世为此感到欣慰，对他的评价也很中肯。拿破仑·热罗姆对狂妄不可一世的人不屑一顾。感情上他从一而终；待人上，他推心置腹，即使是敌人，也以诚相待；面对困难他无所畏惧，自带一种明知山有虎偏向虎山行的磅礴气势。他身上的任何美德都足以影响国家的命运。

然而，拿破仑·热罗姆既不受宫廷的欢迎，也不受政界的欢迎，更不受大众的欢迎。不管他多么才华横溢、聪明过人，也不管他多么光明磊落，都没法抵消流言蜚语的侵蚀，也无法使他自己摆脱无休无止的恶意诽谤的侵扰。尽管他为人刚正不阿、智慧超群，但他却摆脱不了被谎言愚弄的宿命。

虽然他熟识政府运行机制，但却无法将自己的抱负以法律的形式体现出来。为了人民的利益，他鞠躬尽瘁、殚精竭虑，结果却被他们视为笑柄。相比其他亲王，他显得更有威严；相比其他贵族，他显得更有气派。尽管如此，上流社会依然对他不屑一顾。他是一位民主主义者，但民主派从没把他当回事。简而言之，他不受人待见，常遭人忌，又被人退避三分——惧怕被当面嘲弄、奚落，因为论智商，论气势，无人能与他匹敌。他怀揣远大梦想，具有如恺撒般的雄才大略，但邪恶之神早已盯上了他，他的梦想注定会夭折。

第二帝国时期的拿破仑·热罗姆就是一个愤世嫉俗、不满现状、有明显宗派倾向的人。他与拿破仑三世不仅情投意合，而且在很多问题上所见略同。尽管他是自由主义者，甚至有时思想偏激，但与拿破仑三世隐隐约约的社会主义思潮不冲突。拿破仑三世非常赞同拿破仑·热罗姆的大一统学说。德意志的统一丝毫没引起拿破仑·热罗姆的警觉，他竟然希望法国能理解德意志的统一事业，为法国没能与俾斯麦在比亚里茨达成相互谅解、支持其实现政治抱负的协议而扼腕叹息。

拿破仑·热罗姆悲天悯人，与拿破仑三世相惺相惜，但就是因为他易怒、易受他人操控、不合宫廷礼仪的坏脾气而蒙蔽了别人的双眼，于是别人看不到他的好。没错，拿破仑·热罗姆有点儿孩子气，放荡不羁，做事轻率，因此常授人以柄。命运仿佛注定他无法大展宏图，总是让他在不该沉默的时候沉默，该勇敢时却软弱。然而，值得一提的是，拿破仑·热罗姆每次离开杜伊勒里宫回到宏伟壮观的王宫（Palais-Royal）时，态度就会骤然大变，开始仇视一切。不管是他支持的政治顾问，还是消遣时他身边的朋友，每次都是高高兴兴地开始，最后却不欢而散。

拿破仑·热罗姆的议政厅[①]成员都是第二帝国的反对者。他们中有政客、记者、作家，都是杜伊勒里宫的敌人，每天变着花样给欧仁妮皇后通风报信，给拿破仑三世的官方活动与家庭生活带来极大的不便，使拿破仑三世忍无可忍。

① 拿破仑·热罗姆有自己独立的议政厅。——原注

王宫

然而，拿破仑三世却从来没有真正担心过拿破仑·热罗姆身边的朋友。

“不会，不会，”当有人提醒他这些人是危险人物时，他会习惯性地说，“不会，不会；他们只是一群没有主见的胆小鬼。稍微动动脑筋即可对付他们。参议院中几个醒目的席位就能摆平一切。”

拿破仑·热罗姆的幕僚行为怪异，处处与杜伊勒里宫作对，但他却没有因此与拿破仑三世分庭抗礼，没有培植自己的势力来满足自我膨胀的虚荣心，没有充分利用自己的影响力从而在仕途上平步青云，也没有为了私利而与堂兄唱对台戏。相反，他内心恐惧廷臣，怕打经济方面的交道。接下来我给大家讲个故事，展现一下他在打经济方面的交道时的小心翼翼以及掌管他人钱财时惴惴不安的样子。

1870 年战争结束后，拿破仑·热罗姆想创办一份报纸作为自己的喉舌。一位富有的朋友——同时是他的狂热崇拜者——非常赞同他的想法，却发觉拿破仑·热罗姆实施该计划有困难，因为拿破仑·热罗姆没钱以顺利完成计划，于是就和他商议，最后同意无条件借给他创办报纸所需的全部经费，并且没有还款期限。拿破仑·热罗姆喜出望外，爽快地答应了朋友的慷慨资助，立即着手将实施计划。但拿到钱后没过多久，他就变得躁动不安了。

一天，拿破仑·热罗姆对一位困惑不解的朋友说：“您可能已经听说 X 先生资助我很早以前就想创办的报纸的事了吧。我因这笔慷慨的借款而心神不定。我将要投资的这笔钱不是我的。它或许可以使我获得红利，但也有可能使我赔得精光。万一血本无归，我可无力偿还借款。因此，我还是不用这笔钱为好。这笔钱确实困扰我，使我揪心，我要把它归还。我会再三斟酌，如果确有必要创办这份报纸，我会卖掉普朗然[①]附近的

① 普朗然（Prangins）是今瑞士沃州尼翁区的一个自治市，位于日内瓦湖畔。

部分地产。我不愿让人指着鼻子说我投机取巧。”

拿破仑·热罗姆言出必行，把钱退还给了 X 先生。他卖掉了部分地产，筹足了办报纸所需的经费。于是，他就不欠任何人的情了。

此举生动地体现了拿破仑·热罗姆的高尚情操，值得称赞，可帮助我们进一步认识他。尽管他的为人备受争议，尽管他常遭人算计，但他高尚的品德值得我们尊敬。我知道大众永远不会认可拿破仑·热罗姆性格中行侠仗义的一面，因为他们对那些司空见惯的、平淡无奇的事迹很少感兴趣。相反，他们对恶贯满盈的坏人的任何风吹草动却乐此不疲，把他们当作神一样的人物，对遭遇不幸的好人却不闻不问，甚至落井下石。我能想象到这种人读到这些文字时的惊愕表情。我们已经习惯把拿破仑·热罗姆定义为一位丑陋怪异的人，所有关于他的故事都是荒诞不经、索然无味的。

关于拿破仑·热罗姆的记忆，如今我们的脑海中只剩下漫画家们、不入流的文人们塑造的那个荒唐的“外号”了。每当提起他的外号，人们就会忍不住嘲笑他的为人。这个外号彻底毁灭了他的希望，也使他的威信大打折扣。他总是以一位悲剧演员的角色出现在公众视野中，而公众给予他的并不是同情，而是嘲笑。

在人们眼中，拿破仑·热罗姆就是一个嗜酒如命、追求低俗的人，而与他一同赴晚宴的作家、艺术家等精英却被冠以高尚的名头，他们从事的是人皆仰慕、光彩夺目的社交活动，散发着文艺复兴时期的气息。在人们眼中，他胸无大志。实际上，在世风日下、不学无术的帝国中，他身先士卒，自觉充当保护艺术、文化遗产的急先锋，发扬真、善、美，并以身作则。他是继拿破仑一世之后另一个恺撒大帝。他的身上散发着伯父特有的威严。然而，人们没能从他身上看到这点，更没有把他当作心目中的“恺撒大帝”——我没有在该称谓中添加任何修饰词。恺撒大帝这个模糊的比拟使他成为人们的笑柄，似乎它早已是中国鬼故事中幽灵的化身。

1870 年战争爆发时，拿破仑·热罗姆正在北欧旅行。听到消息后，他绝望透顶。获悉双方已剑拔弩张、随时准备开火时，他返回祖国，行色匆匆地赶往圣克卢宫，结果却扑了个空。拿破仑三世、欧仁妮皇后早已不在此处理朝政。

拿破仑·热罗姆最终见到了拿破仑三世，接下来发生的一幕至今仍让人难以忘记。之前，没人知道当时具体发生了什么。请听我娓娓道来。

见到拿破仑三世时，拿破仑·热罗姆异常激动。

拿破仑·热罗姆声嘶力竭地吼道："我们已经宣战，是吗？我们根本没有做好战争的准备！我们拿什么去面对战争？我们的对手是一个强大的国家，要打赢它，我们没有任何胜算。与这样一个国家开战，我们只会惨败。"

拿破仑三世有气无力地说："你说的没错，这就是我们即将面临的战争。"

"要是有人能及时告知我，或许还有转机，"拿破仑·热罗姆说，"这都是皇后一手造成的。皇后以及她那些阴险狡诈的亲信使我们卷入了这场浩劫。陛下，我早给您说过，这个女人是您的克星，她会毁掉帝国。帝国已被她的精心算计祸害得千疮百孔了。"

拿破仑三世缓缓站起身，正对着拿破仑·热罗姆，脸色苍白。他提高嗓门，大声喊道："拿破仑啊！拿破仑！"

"请原谅我的鲁莽。难道您没看见皇后和她身边的那些人，那些在她的指使与她沆瀣一气、仇视政府、企图独揽大权的人？您没看见他们因战争而神采奕奕，全然不顾战争的输赢，只希望借助战争能终结您当下的政权、复辟 12 月 2 日前的共和制吗？"

拿破仑三世的语气变得温和，说："你的话欠妥。你是杞人忧天。唉！或许我跟你有同感。你本性使然，你驾驭不了真情实感。你对皇后有偏见。她坚信我们能够获胜。我们也要怀有信心和希望。”

拿破仑三世停顿了一下，然后上前紧紧握住拿破仑·热罗姆的手，补充道：“事已至此，悔之晚矣！我们已经向普鲁士宣战，现在还能收回成命吗？”

拿破仑·热罗姆反驳道：“我们还能怎样！我们不能坐以待毙！赶紧考虑后路吧！我们已经输了。”

说完，拿破仑·热罗姆就离开了拿破仑三世，留下孤零零的他思绪万千。

第二天，拿破仑·热罗姆将与拿破仑三世的谈话内容讲给了某侯爵夫人，正是她把这个故事转述给我的。

就在同一天，拿破仑·热罗姆几乎以同样的心情向某夫人阐述了自己的看法。

“我们输定了，”他说，“我们单独与普鲁士作战，没有一个盟友，我们不能指望意大利或奥地利会伸出援助之手。意大利还没有做好准备。我的岳父维克多·埃玛纽埃尔二世[①]不可能在一两个月的时间内完成军队的集结。我们有什么理由指望奥地利会帮助我们呢？萨多瓦战役[②]爆发后我们给它伸过援助之手吗？梅特涅公爵不是亲口告诉我们奥地利保持中立吗？皇后和她的党羽早就知道事情会是这样！但我有一事不解，埃米勒·奥利维耶怎么就这么轻易上了别人的当？他那么热爱这个国家。他聪敏过人，做事稳妥、谨慎，现在怎么就像傻子一样被耍了呢？您现在知道我们身边有身在曹营心在汉的伪君子了吧？至于他是谁，不久将会真相大白。但即便我们找出那个人，也不能挽回惨败的结局。”

① 指维克多·埃马纽埃尔二世（1820—1878），先后做过撒丁国王（1849—1861）、意大利国王（1861—1878），是意大利人心中的“祖国之父”。

② 1866 年 7 月 3 日，萨多瓦（Sadowa）战役爆发，这是普奥战争中的决定性战役，奥地利战败，德意志统一的一大障碍被扫除了。

维克多·埃玛纽埃尔二世

关于 1870 年的战争，仅凭寥寥数笔的描述不足以还原真相。在下一章中，我会详尽解读拿破仑·热罗姆这些话的真正含义，也会谈及拿破仑三世因陷入圈套而遭算计的来龙去脉。这些阴谋使拿破仑三世与普王威廉一世陷入敌视，使拿破仑三世与 1 月 2 日内阁[①]之间的矛盾越陷越深，最后无法调和。

第二帝国垮台、拿破仑三世驾崩几年后，皇太子也战死了。其间，拿破仑·热罗姆一直觊觎王位，静静地等待机会的到来。前文我已提到，在奇斯尔赫斯特被逐出皇室、告别政坛后，拿破仑·热罗姆[②]全身心投入到儿子的教育事业中，频繁地往返于巴黎的安坦林荫大道上的寓所与他内弟——意大利国王翁贝托[③]一世的王宫。

皇太子死后，拿破仑·热罗姆不得不面对这样一个现实：欧仁妮皇后对他的仇恨丝毫未减，她的亲信、忠于她的法国部分省与地区仍密谋将他排挤出波拿巴派。识破阴谋后，他展开攻势，主动前往这些地方，告诉那里的人们他才是真正的领袖，尽管他没有告诉他们他这么做的真正企图。

坎坷不平的政治仕途使他一直没能组建起真正属于自己的党派。在与对手的较量中，一个固若金汤、团结一致的党派至关重要。然而，当选议员后，他发现自己在议会中已被孤立。

我还记得他那时的样子。在孤立无助的岁月中，他就像一头猫在昏暗角落避难的野兽，不敢主动出击，只能静静地守候送上门来的猎物，

① 1870 年 1 月 2 日，拿破仑三世命埃米勒·奥利维耶担任第二帝国首个责任内阁的司法大臣。责任内阁是法国外部环境恶化、国内自由化呼声空前高涨的情况下的产物。埃米勒·奥利维耶素以坚决反对君主制而闻名，他主张实行自由主义改革，通过和平的手段把君主专制改造成君主立宪政体。

② 他与国内忠于他的朋友还保持着联系。——原注

③ 翁贝托一世（King Humbert of Italy，1844—1900），维克多·埃马纽埃尔二世（1820—1878）之子，拿破仑·热罗姆的内弟。

翁贝托一世

如果不走运，等待它的将是死亡。他的座位在议会大厅右侧靠近入口的最后一排。他几乎从不在座位上安稳地坐着，而是不停地在议会大厅与休息室之间走来走去，因为他只对当天讨论的重要议题感兴趣。

之前，我曾提到他参加教规辩论的事。我估计那是他在议会上的唯一一次发言。他那天的所作所为让人百思不得其解。

当他走上讲坛时，全会场的人无不因他庞大、健硕的身躯而惊愕。议员们交头接耳，相互嘀咕，议论纷纷。他扯开嗓门喊道："听着，听着！"大厅里顿时鸦雀无声。

显然，拿破仑·热罗姆并没有为他们的虚情假意而买单。这些虚情假意要么表示赞同，要么羞辱他。他以与朋友聊天的语气当着议员们的面陈述了自己的观点。无论是他的态度，还是手势，都显得非常友好、亲切。

拿破仑·热罗姆把两根大拇指斜插在裤口袋里，其余手指放在外面，滔滔不绝地讲了好几个小时，一会儿猛烈抨击天主教党派，一会儿又支持世俗社会有权摆脱宗教的束缚。激进派报以雷鸣般的掌声，保守派却怒发冲冠，不时地发出一阵阵嘘声。而即便是保守派人士也会时不时地遏制住心中的怒气，竖起双耳，认真聆听他精彩的演讲，偷偷流露出对他的钦佩之情，也许是钦佩他的口才吧。他的论述极尽了演讲的艺术。那天有幸聆听他演讲的人无不被他横溢的才华折服。

他为人处世光明磊落，但却容易感情用事，每每谈及自己感兴趣的事时，他总是语气高亢有力，情绪激愤昂扬。他讲话字正腔圆，句句铿锵有力，字字掷地有声，惊得反对派们个个目瞪口呆。他挥舞着双手，不停地耸动宽大、结实的肩膀，全然不屑于他们的反驳与干扰。演说结束后，他缓缓走下讲坛，在共和派的一片喝彩声中径直朝他的座位走去。群情激愤的保守派人士再也抑制不住怒火，大喊着从座位上一拥而起，把拿破仑·热罗姆堵在扇形第一排座位中间，威胁、恐吓之声不绝于耳。

接下来发生的一幕我见所未见，令我永生难忘。

突然一拥而上的人群挡住了他的去路，拿破仑·热罗姆只好退回到讲坛下面，站稳脚跟后，摆出一副随时准备反击的架势。他庞大的身躯因愤怒而剧烈颤抖着，眼中冒出两道怒火，鼻孔大张着，牙齿咬得咯咯作响。有几个议员已经挥舞着拳头朝他脸上重重地砸过来。不断涌动的人群眼看就要挤到他身上了。他用力地抖了抖强健的肩膀，向前迈出步子，使劲推开迎面而来的人群，三步并作两步奔向自己的座位。坐稳之后，他双臂交叉放在胸前，口中喘着粗气，宛若铁匠铺熔炉中喷出的强劲气流，用藐视的眼神瞪着刚才冒犯他的人。他面露笑容，活脱脱一位“恺撒大帝”。他似乎在告诉法国的代表们，他或许会为人民的利益而鞠躬尽瘁，但前提是人民要爱戴他。

签署宗教集会法令时，拿破仑·热罗姆已经失去议员的资格。因为在议会中没有发言权，所以他写了一封名噪一时的信，信中公开提倡应采取合法措施反制天主教协会。这封信激起的政治旋涡与争议无人不知无人不晓。

我碰巧在那段时间计划采访拿破仑·热罗姆，他把地点安排在安坦林荫大道。当时，我同时为好几家保守派报纸撰稿。我们一起讨论了与宗教相关的问题。

拿破仑·热罗姆希望巴黎能有几家报纸支持自己的立场，能为他的事业助一臂之力。我直截了当地告诉他合作没有任何可能，不为别的，就为他前不久写的那封信。我说话时他听得很认真。我说完时，他卷了一支烟，然后在客厅里踱来踱去，好一会儿才停下。

“先生，”他终于开口说道，“先生，我的信被曲解了。信中没提到任何诋毁宗教的内容，也没提到任何反对自由的内容。我只是呼吁在法律面前人人能平等。我如果有决定权和执行权，就会立即推行这样的法案。您说不管是保守派阵营的报纸还是温和派阵营的报纸，它们都会因为那封有我署名的公开信而拒绝支持我。有那么几家报纸立场一向坚定，我颇感欣慰。这几家报纸的读者中有很多人是波拿巴主义者、保皇主义者以及虔诚的共和党人。如果这几家报纸能为我说几句好话就好了；相反，如果它们胆敢告诉读者我丝毫不关心教区的宗教事务，没人会相信它们。这样一来，它们的订阅者就会流失，它们就会破产。这种结果会令人伤心。然而，如果让我再写一封信，我的立场还是那样，与第一封信中的立场一样。温和派深知我目前的处境。他们知道我不得人心，处处遭人算计，也知道我崇尚自由主义，遵守宗教戒律。不料他们自顾不暇，看似团结，实则一盘散沙，急需一位掌舵人。我向他们毛遂自荐过，他们拒绝了我，担心我是一只披着羊皮的狼，意欲图谋不轨。然而，对他们垂涎三尺、虎视眈眈的另有其人，绝不是我。当那个人以狰狞的面孔出现在他们面前时，他们就会想起我的好，但为时晚矣。”

我只能坚守我的立场，所以只好把话题引向其他方面。拿破仑·热罗姆谈笑风生，一会儿大谈时局，一会儿又对当下的政坛人物评头论足。其中有个细节尤其令我印象深刻，在此我简要地描述一下。

拿破仑·热罗姆说：“莱昂·甘必大[①]本质上是个心慈手软的家伙，无心惹事。他不是心狠手辣的政客。他多愁善感，似乎所有肥胖的男人都是这样。他将权倾朝野，会升到内阁总理的职位。但到那时，他就会成为一头被爱情冲昏头脑的狮子[②]；他会温顺地任凭别人剁掉自己的利

① 莱昂·甘必大（1838—1882），法兰西第二帝国末期和法兰西第三共和国初期著名的共和派政治家。曾担任国防政府成员（1870—1871）、内阁总理和外交部长（1881—1882）。他反对第二帝国。在普法战争第二阶段，他是抗击普鲁士的组织者。他为粉碎王朝复辟阴谋、巩固第三共和国做出了重要贡献。

② 出自伊索寓言。一头狮子为了娶到自己喜欢的姑娘而拔掉牙齿、剁掉利爪，最后却被姑娘的父亲扫地出门。寓意没有主见，听信别人，结果被原来惧怕自己的人击败。

共和党人莱昂・甘必大

爪，拔掉牙齿。哦，他会吃一堑长一智的。至于朱尔·费里[①]先生，他是另一类人。他就像外科医生般冷酷无情，任凭病人百般哀求，绝不会心慈手软，而是毅然决然地操起手术刀，干净利落地切向病人的肌肉。他是个天生的管理者。宪法第七条就是他一手缔造的，第七条的细则也是他起草的，但他的最终抱负却没有实现。他的陨落是灾难，还是万幸呢？如果他的政治抱负实现了，法国将会是什么样子？我不得而知。不管朝哪个方向，他都会选择极端。他永远不会允许自己听任别人的摆布。他就像一头瘦骨嶙峋却凶猛无比的公牛。”

稍作停顿后，拿破仑·热罗姆补充了一句。这句话我已在《拿破仑三世的宫廷》一书第一章中引用过。

他说：“我对卡尼尔·德·卡萨尼亚克[②]先生持保留意见。他是教皇值得信赖的急先锋。”

拿破仑·热罗姆一生中最后的几次政治行动之一就是在巴黎的大街小巷张贴自己的宣言，因而遭遇了几周的牢狱之灾，当时他被关押在巴黎古监狱[③]。

在这次不幸的遭遇之后，他隐居府中，整日郁郁寡欢，逐渐淡出公众的视野。后来，他的大儿子维克多与他断绝关系，这使他原本已平静的生活排浪迭起。除政客外，为人之父者纷纷鸣不平，对他深表同情。

拿破仑·热罗姆的一位挚友向我讲述了父子两人在决裂前的真实对话。在此我只字未改地重述一遍。

---

① 朱尔·费里（Jules Ferry，1832—1893），法国政治家。曾在法兰西第三共和国初期担任巴黎市长（1870）和法国总理（1880—1881，1883—1885）。因殖民地所需费用太大而引起公愤，1885 年被迫下台。最后被一个疯子枪杀。

② 卡尼尔·德·卡萨尼亚克（Granier de Cassagnac，1806—1880），法国著名记者、影响力甚大的政治家。

③ 巴黎古监狱，全称“巴黎裁判所附属监狱”。原是法国皇家豪华寝宫，后改为关押罪犯尤其是政治犯的监狱。

朱尔·费里

卡尼尔·德·卡萨尼亚克

巴黎古监狱

父子两人断绝关系事出有因，但公众只知其一不知其二。这种结局到底是谁之过？父亲还是儿子？

我相信这种情况并非二人所愿。他们双双坠入了旋涡。膨胀的政治野心及贪恋权力的邪念使他们最终成了现实环境的牺牲品。

皇太子曾指定维克多是第二帝国的合法继承人。他战死后不久，波拿巴派内讧四起，随即分化为两派，一派拥戴维克多，而另一派则拥戴拿破仑•热罗姆。

以欧仁•若利布瓦[①]为首的拥维克多派——第二帝国时期曾效忠于欧仁妮皇后——公开叫嚣，坚决反对拿破仑•热罗姆，并在几位狂热分子的帮助下，打着所谓的伟大事业、不辜负死去的皇太子的遗愿的幌子，费尽心思劝说维克多与父亲断绝关系。起初，维克多并不赞同这样做。欧仁•若利布瓦与追随者们一看没戏，转而打起拿破仑•热罗姆的主意，劝说他自动放弃皇位，同意由儿子来继承。毫无悬念，拿破仑•热罗姆不会遂了他们的心愿。

欧仁•若利布瓦与追随者们改变策略，继续从维克多身上寻找突破口，郑重地告诉他决不能和父亲生活在一起。年轻人良心上还是有点儿不安。但接下来的一个诱惑使他失去了理智，他被告知波拿巴家族的未来掌握在他手中，这就意味着可以加速王朝复辟了。他顺从了支持者的意愿，公开表明了自己的立场。

在欧仁•若利布瓦与追随者们用计离间他们父子时，拿破仑•热罗姆还蒙在鼓里。维克多忍无可忍，终于在一天早餐后透露了自己的计划。他低着头，告诉父亲他已经做好此后与父亲分开居住的决定，并要求父亲当面赞同他的请求。拿破仑•热罗姆不明就里，一头雾水。“我不反对你的决定，”他说，“你年轻，我完全理解你的想法，也赞同你的想法。

① 欧仁•若利布瓦（Eugène Jolibois，1819—1896），法国律师、政治家，下夏朗德省波拿巴派议员（1876—1893）。

我帮你打听，保证找一套完全由你自由支配的住所。”

维克多猛地抬起头，说：“谢了，父亲，但那不是我要的‘独立’。我还是把话挑明吧，为了我的事业，我们应该彻底地分开；为此——我就直说了——我租了一套寓所……我需要独立，”他补充道，“我的党派要求我与您分开，我有义务顺从支持者的意愿。”

拿破仑·热罗姆大惊失色，简直不敢相信自己的耳朵！

“你的党派？”他大声说道，“你的党派！你说的是哪个党派？我们的事业是不分家的；我的党派也是你的党派，这到底是怎么回事？”他以慈父般的语气补充道：“你是不是缺钱花？你是不是厌烦了这种单调的生活？我给你多拨些津贴，我绝不会干扰你的生活。”

然而，年轻的维克多铁心与父亲决裂了，绝不会因父亲的亲切关怀而心软。

“谢谢您的好意，父亲，”他重申自己的观点，“我要的不是这个，我说的是我们必须断绝关系。”

“啊，我现在才明白，”拿破仑·热罗姆感叹道，“我明白了，有人希望我们父子反目成仇，他们把你当枪使，让你跳出来和我作对。我们今天的谈话内容是你的幕僚早就设计好的吧。毫无疑问，你被欧仁·若利布瓦收买了。去吧！我不会挽留你。”

拿破仑·热罗姆站起来，离开儿子，走回自己的房间。父子二人从此天各一方，关系彻底决裂。维克多如愿以偿，坐上了党派第一把交椅。

尽管他的父亲在权力竞赛中被无情地甩在了后面，在政治仕途中有过很多失误，但维克多绝无与父亲平起平坐的可能，他永远超越不了父亲的卓越，他的父亲可是这个时代数一数二的大人物。

拿破仑·热罗姆的晚年是在流放中度过的。长期的流放生涯似乎冲淡了他的记忆。镌刻在墓碑上的题名默默地告诉世人它的主人是谁。艺术家与作家肯定不会忘记这位曾经有惠于他们的恩人，更不会忘记这个

拿破仑·热罗姆的儿子维克多·拿破仑

人曾把他们捧在手心，悉心地呵护他们，欣赏他们。政客们不会忘记他身上散发出的政治家气息——他总是独具慧眼，目光长远，不会为了蝇头小利而牢骚满腹。学者们也会因为失去一位知己而黯然伤神，曾经与意气风发的他相处得多么融洽，而现在一切都如东逝的江水一去不复返了。

文人墨客们应记得拿破仑·热罗姆本人也喜欢舞文弄墨吧。为回应伊波利特·泰纳[①]先生的一部作品[②]，拿破仑·热罗姆亲自执笔撰写了一本名为《拿破仑和他的批评者们》的著作。从文学角度看，这是一部杰作。文人墨客们惺惺相惜，拿破仑·热罗姆也以他们为荣。毫无疑问，拿破仑·热罗姆应得到他们的尊重与倾慕。

面对拿破仑·热罗姆的悲惨遭遇，一群落井下石、幸灾乐祸的无知麻木之徒竟然欢呼雀跃、把盏言欢，还为他弥留之际家中的凄凉景象拍手称赞。这戏剧性的一幕是指维克多在拿破仑·热罗姆奄奄一息之际请求父亲的宽恕。拿破仑·热罗姆从枕头上缓缓抬起头，眼睛里噙着泪水，伤心地说道："罢了，罢了！"仿佛口念咒语。在这些人眼中，拿破仑·热罗姆就像一个被魔咒缠身、被一群复仇天使追赶得无处逃遁的灵魂，一个被逐出伊甸园的罪大恶极的人，但奇怪的是伊甸园本身的界限模糊不清。他是天生的王者，但不幸沦为厄运的玩物，机遇每一次都与他失之交臂。他犹如神话故事中的英雄，天资聪颖，却无奈奸佞当道，妖孽惑众，一代豪杰就此陨落。

---

① 伊波利特·泰纳（Hippolyte Taine，1828—1893），法国著名的文艺理论家和史学家，历史文化学派的奠基者和领袖人物，被称为"批评家心目中的拿破仑"。他的艺术哲学对 19 世纪的文艺研究产生了深远的影响。

② 指伊波利特·泰纳的著作《当代法国的起源》第五卷《现代制度》（1870）一书。该书用整整两章的篇幅（第一、二章）从"种族影响说"的视角剖析拿破仑一世性格残暴的根源，批评他的勃勃野心是建立在践踏法国人民的利益基础上的，称他一手缔造的大厦会随着他的倒台而坍塌，这都归因于他的利己主义。

拿破仑·热罗姆的一生一直在与厄运赛跑，厄运毁掉了他的一切。他最终还是没能逃过它的摆布。恶毒的命运之神无情地剥夺了他的一切，哪怕是夕阳西下时洒落苍穹的一点儿余晖，哪怕是灾难来临时笼罩寰宇的一片黑暗。厄运造就了他碌碌无为的悲惨结局，迫使他走上了一条注定没有荣光的道路。命运赋予他传奇英雄般的灵魂、恺撒大帝般的禀赋，但却让他如行尸走肉般跻身于芸芸众生。他是一只被桎梏束缚的雄鹰，时时梦想着翱翔天际，却无奈现实的残酷，常常沦为别人的笑柄。他的真实面目并不为世人所知，世人更希望他是一位混迹于狂欢舞会、头戴假面具的舞郎，一个不幸的、被涂抹得面目全非的“东西”。看到这里，我不禁浑身发抖、泪如泉涌，不因别的，而因汗颜和愤怒。

第 4 章
夏洛特皇后求援及萨多瓦战役

有两位男士给第二帝国蒙上了悲剧的阴影。他们把阴险的目光投向拿破仑三世。说他们背信弃义一点儿都不为过。他们就像戏剧中惯以塑造的狡诈小人一样，将胸中的怒火毫不留情地喷向自己的猎物。这两个人分别是俾斯麦伯爵和加富尔伯爵。有两位女士对拿破仑三世的生活和第二帝国施加过致命的影响，她们仿佛一只双头怪，在特定的历史时期扮演着特有的角色。她们就像来自地狱的两个幽灵，分守在他墓穴的两边，张着长满獠牙的大嘴，吐着长长的舌头，面目狰狞……她们就是欧仁妮皇后和墨西哥帝国皇后夏洛特[①]。正当整个欧洲对拿破仑三世投以期许、温和的目光时，俾斯麦伯爵和加富尔伯爵却盘算着颠覆第二帝国的勾当。正当整个欧洲因拿破仑三世[②]的盛名而卑躬屈膝时，俾斯麦伯爵和加富尔伯爵却看到了希望。大众如果知道他们的密谋，肯定会大惊失色，认为它荒唐至极。我强调一下，他们的密谋就是毁掉第二帝国。

其中一个女人的出现令整个欧洲目瞪口呆。她垂涎拿破仑三世的权力与威严，为了有朝一日能像拿破仑三世那样威武神气，她暗下决心，

① 即玛丽·夏洛特（Carlota of Mexico，1840—1927），奥地利女大公、墨西哥帝国皇帝马克西米利安一世之妻。

② 该名字自诞生之日起，就是叛逆与荣耀的代名词以及人们歌颂胜利时的喝彩词。——原注

要利用自己的特殊地位，不顾一切地向她心中的那个位置一步步爬去。这原本无可厚非，要是因此去指认她的罪状，后果将不堪设想。或许这只是她随意的一个决定，只不过这个决定透露了她邪恶的本质。她手拿丝线，一圈圈缠绕在拿破仑三世的双脚上。这个女人就是欧仁妮皇后。从侧面来讲，罗马冒险①是她实现政治野心的真实体现。在梦寐以求的帝国美梦唾手可得之际，她如梦初醒，恭候她的并不是金碧辉煌的宝座，而是血与泪的洗礼。

第二个女人也来到舞台上。舞台的背景是一个前所未有的伟大世界。她就是夏洛特皇后。她刚刚挣脱造物主之手，在浑然不知生命的意义何在、不知情为何物时就迫不及待地栖身人间，头顶鲜花，神采奕奕地沐浴着阳光。她赤裸着身体，静静地站在那里，根本没有意识到危险正一步步逼近。她已经卷入权力的旋涡，而且成了权力的牺牲品。雷电交加、风驰电掣，而她像厉鬼一般依然挺立在那个宽敞的舞台上。她成了拿破仑三世心中挥之不去的阴影，犹如一个难缠的幽灵。

在对拿破仑三世的政策上，俾斯麦伯爵和加富尔伯爵大不相同。然而，他们的最终目标却相同，那就是获胜。认定拿破仑三世对他们的计划起到了推波助澜的作用是有失偏颇的，但有一点是值得肯定的，那就是他曾秘而不宣地同情过他们的想法。这可以从他一贯的决策理念中看出来。

俾斯麦伯爵视拿破仑三世为自己手中的一枚棋子，一旦失去作用，就会无情地弃掉。不过，他从未向拿破仑三世透露过自己的真实意图。在他眼中，拿破仑三世有点儿像斯芬克斯②。对于能从拿破仑三世那儿

① 罗马冒险指欧仁妮皇后主张意大利应由教皇统治的外交政策。面对意大利民族统一事业的快速发展，信奉天主教的欧仁妮皇后坚决支持教皇，保证他在意大利的统治地位不动摇。先前支持意大利统一的拿破仑三世最后被迫让步，同意派法军前往罗马保证教皇国的利益。1861 年，意大利王国成立。1870 年，法军被赶出意大利，意大利统一。

② 希腊神话中有翼的狮身女怪。喻指神秘莫测的人物。

夏洛特皇后

加富尔伯爵

得到什么，他心里没底。然而，这些风起云涌的事件却让俾斯麦伯爵摸着了拿破仑三世的软肋，使他自己的事业锦上添花。平心而论，这些事件足以让欧洲天翻地覆。

加富尔伯爵采取了一套截然不同的策略。他善于揣摩拿破仑三世的心思，深知拿破仑三世同情民族统一事业。因此，他对拿破仑三世循循善诱，不断赢得他的支持。俾斯麦伯爵态度强硬、手段残忍，善于制造恐怖气氛，说起话来高声大嗓，仿佛一只咆哮的斗牛犬。而加富尔感情细腻，做事柔中带刚。他了解拿破仑三世的为人，经常鼓动他，进而从中获利。我们不妨大胆推测一下，如果不受《法意协约》[①]的束缚，如果果断一点儿，如果不受债务的困扰，拿破仑三世仍然会奋力前行，带领意大利最终赢得领土上的完整、政治上的独立，尽管他这么做会使加富尔恨得咬牙切齿。放眼望去，意大利事业稳中求进，一步步朝着国家与民族统一的大好方向发展，这正是拿破仑三世梦寐以求的，这也是对他积极投身于该事业的巨大回报。然而，他却不得不顾及教皇的世俗权力，因此只能左右逢源，在意大利民族主义分子与教皇之间周旋，谋取法国利益的最大化。如果没有欧仁妮皇后歇斯底里式的干预，如果她的常务顾问能和他同舟共济，如果他不受手握实权的政党的束缚——他没有自己的政党，他就不会处处受制于人，将会最终实现自己的夙愿。

继意大利后，德意志邦联逐步形成。欧洲历史上注定会涌现出诸如加富尔伯爵、俾斯麦伯爵之类的民族主义者，似乎他们的出现有着必然的因果关系。他们都为自己的国家赢得了荣耀，但这份荣耀背后却是法国血淋淋的惨痛教训。他们从拿破仑三世那里各取所需，一人捕获了

① 1815 年，为了协调德语区各邦国间的经济合作，取代 1806 年瓦解的神圣罗马帝国的地位，各邦国代表在维也纳召开会议，宣布成立德意志邦联。邦联由三十九个独立邦国组成。1866 年普奥战争后，邦联解散。1867 年，由普鲁士领导的北德意志邦联成立。1871 年，普鲁士国王威廉一世统一德意志全境，称德意志帝国。

他的心，而另一人俘获了他的神。两人都出访过法国，只是时机不同；两人都曾被奉为上宾，受到杜伊勒里宫的热情款待。一时之间，他们的一举一动在杜伊勒里宫传为佳话，宫廷中掀起了一阵崇拜之风。甚至连欧仁妮皇后的那些身份卑微的专门负责朗读文字材料的人，自从目睹他们的飒爽英姿后，也把他们当作自己心中的白马王子——深深地迷恋上了他们。

那时，杜伊勒里宫就像被施了魔法一般，宫廷上下盲目崇拜一切外来之风。男女大臣们鄙视本土的一切东西。他们无视祖国母亲，对她的喜怒哀乐漠不关心，无心过问百姓疾苦，不把他们对自由的诉求放在心上，反倒对发生在遥远国度的点点滴滴抱以极大的热情与关注，俨然一群头脑简单、目光短浅、吃里扒外的白痴。

加富尔伯爵早在俾斯麦伯爵之前就察觉到了法国人的这个通病。他因此而暗自欢喜，并从中获益。随后，俾斯麦伯爵也从与法国前后几次的接触中意识到了这一点。于是，他信心倍增，最终大获全胜。他与法国的几次接触分别是：比利亚茨会晤，1867 年受邀参加巴黎世界博览会，凡尔赛宫出席威廉一世的加冕仪式①——自此之后，波拿巴家族的另一颗璀璨之星②也陨落天际。

至今，我仍清楚地记得我小时候听过的一个光怪陆离的传奇故事：在一个偏远的乡村，有一个居无定所的幽灵，会在人们毫无预感的情况下突然出现在他们面前；它经常神不知鬼不觉地出没于婚礼、盛宴、家庭聚会和公共集会。他走到哪里，哪里就会变得满目疮痍，目光扫到哪里，哪里便会哀鸿遍野，而人们却束手无策。

① 1871 年 1 月 18 日，普鲁士国王威廉一世在法国凡尔赛宫加冕，这标志着德意志统一的完成和德意志帝国的建立。

② 指拿破仑三世被俘与法兰西第二帝国灭亡。

这个故事曾让我毛骨悚然，每当听到它时，我就会一头扎进讲述者的怀里。这令我不由得想起 1867 年的情景。当时，在一片欢呼声中，人们大声地歌颂帝国，赞扬帝国光辉灿烂的荣耀、至高无上的权力。喜庆冲昏了人们的头脑，空前的盛世掩饰了人们的愚蠢与疯狂，他们围坐在一张巨大无比的餐桌旁，把酒言欢，热闹非凡。此情此景使我又想起了那个故事。正当酒兴情浓时，我记得有个人推开椅子，站起身来，那个人正是俾斯麦伯爵，看到他，我就想起了那个故事中的幽灵，他凶狠的目光扫视着在座的每个人，仿佛死神降临一般。

拿破仑三世在位期间一直全力支持意大利的事业，尽管带着一丝无奈与被动。在后人看来，意大利开创了民族统一大业的先河。从此，民族统一事业犹如决堤之河，势不可挡。除了纠缠不清的意大利问题，还有两大因素对拿破仑三世和他的帝国产生过致命的影响。这两大因素就是墨西哥和萨多瓦。

在本章伊始，我用寥寥数笔的描述刻画了一个不幸的女人。我们可以从这个女人的身上看到墨西哥灾难的影子。回想当时她因丈夫加冕为墨西哥皇帝①离开巴黎前往墨西哥的新家时，她神采奕奕，而当她再次出现在巴黎街头时，就像我刚才提到的那样，她泪眼婆娑、楚楚可怜，和乞讨者无异，这一切都是拜欧仁妮皇后和梅特涅侯爵夫人的荒唐行为②所赐。她伫立在拿破仑三世面前，就像一位了无生机的绝望女神，一座轮廓模糊的雕像。她向拿破仑三世诉说着自己的辛酸往事。从这一刻起，她成了拿破仑三世心中挥之不去的阴影。

在圣克卢宫召开廷议时，这种失态的行为已有了苗头。当时现场的

① 1864 年 4 月，她的丈夫马克西米利安大公加冕为墨西哥皇帝，称“马克西米利安一世”。

② 我可不敢称其为犯罪。——原注

1867 年巴黎世界博览会馆区

墨西哥皇帝马克西米利安一世

梅特涅侯爵夫人

气氛令人发怵，而这个可怜的女人后来成了不幸的牺牲品。

有个桥段比上文提到的那一幕更富戏剧性，这次的主角是夏洛特皇后与拿破仑三世。它发生在圣克卢宫廷议后的某一天。这幕剧极尽悲剧之精华，难以言表。尽管剧情瘆人，但撩动了人们的恻隐之心。

逗留巴黎期间，夏洛特皇后不止一次请求面见拿破仑三世，向他当面澄清她此次出访欧洲的动机，并恳求拿破仑三世能够延续他的支持——他曾承诺支持她的丈夫马克西米利安一世，但后来收回了承诺。

拿破仑三世对夏洛特皇后这次求见的目的心知肚明，但他已决定不再进行墨西哥远征①，坦然面对现实。因此，无论她怎样央求，只要能推掉，他就对年轻的夏洛特皇后避而不见。但逃得了和尚逃不了庙，最终，他应允了夏洛特皇后的请求，答应与她见面。

面对欧仁妮皇后咄咄逼人的气势、梅特涅侯爵夫妇一唱一和的外交攻势，拿破仑三世本人也觉得远征墨西哥能为自己带来至高无上的荣耀，可以让他的皇权在美洲大陆上生根发芽。于是，他对远征充满了信心，觉得一定能够获得成功。他太急于求成了，结果被眼前的虚幻美景蒙蔽，竟没有认真、彻底地思考当下的实际困难。梦醒时，他突然觉察到马克西米利安一世不再受墨西哥人②欢迎、拥戴，简而言之，认清仓促犯下的错误时，他惊慌失措地退回营帐，嘴里念叨着“事已至此③”。从道义上来讲，此次远征或许本来就不占理，但政府行为背后的逻辑往往是无情的，不给你任何机会去考虑道义与情感上的事。

因此，准许夏洛特皇后觐见④时，拿破仑三世早已准备好该如何面

① 指 1862 到 1867 年法国侵略墨西哥的战争。

② 墨西哥人是一个排外性很强的民族。

③ 原文 alea jacta est，古拉丁语，这是恺撒的名言，意为“骰子已被掷下”，寓意“事已至此”“木已成舟”，只能破釜沉舟，殊死一搏。

④ 她为此心急如焚，苦苦煎熬了很久。——原注

对她的理论、泪水与愤怒了。

夏洛特皇后怀着既兴奋又紧张的心情，目光中带着些许怒气。她既盼着拿破仑三世到来，又怕他的到来。在她看来，既然拿破仑三世把自己的丈夫推上了皇位，那他就不应该半途而废。但她还是忍不住担心起来，因为从他的托辞、令她失望的举措以及流露出的遗憾来判断，他已暗示他不再对她的故事感兴趣。就是在这个地方[①]，她曾有过不祥预感，而这次她不得不饮下这杯苦酒了。

当被告知拿破仑三世快到时，她上前迎接拿破仑三世，简单寒暄几句后，便迫不及待地把心中压抑了很久的想法向拿破仑三世和盘托出。

夏洛特皇后说道："陛下，您可能终于被我丈夫的不幸遭遇打动了。您愿意助他一臂之力吗？"

拿破仑三世沉默了片刻，然后极温和地表达了他诚挚的遗憾。

他回答道："我在墨西哥的行动已经终止。我不能出尔反尔。如果我这么做，我的政府及两院会拒绝执行。"

"您是皇帝，陛下。"

"我是皇帝。可只有当我的命令能给法国带来荣耀、符合法国的利益时，它们才会受到尊重，得执到行。"他顿时变得激动起来，"但我不能拥权自重，置我的国家于水深火热之中，不能让我的国家卷入一场无止无休、无利可图的战争。"

"就在不久前，您可不是这么讲的。"

"就在不久前，我还心存希望。"

"啊，您曾有过希望？"

"当时我多么希望马克西米利安能好自为之，能够用我赋予的权力

① 指圣克卢宫的会客厅。

赢得墨西哥人的爱戴。我多么希望他能够洞察民情，想他们之所想，以自己的才智铸就宏图伟业。”

“可现在呢？”

“现在我不报希望了。”

夏洛特皇后颤抖着站起来，挪动着沉重的双脚，在高大的会客厅里走了几步，然后抬起胳膊，把手甩向额头正上方。

“可恶，”她喃喃自语道，“可恶！”

夏洛特皇后再次在离拿破仑三世不远的地方坐下来。

“陛下，人们都说您慈悲，您总会对那些遭遇不幸的人施以援手。现在，我和丈夫就是那些遭遇不幸的人，您就发发慈悲吧！我求您，陛下，支持支持我们吧，我们会由衷地爱您，并为您祈福。”

夏洛特皇后再次站起来，走到拿破仑三世面前，行了一个屈膝礼，准备用她的双唇亲吻拿破仑三世的手。然而，拿破仑三世及时阻止了她，低头含情脉脉地看着这个刚才苦苦哀求的女人。

他亲吻着夏洛特皇后的手指说：“你说你的丈夫身陷困境。要摆脱困境，只有靠他自己了。让他随我的军队回国吧，别再做那个所谓的帝国梦了，那是一个不祥的梦。”

夏洛特皇后突然变得傲慢起来，大声嚷道：“这算什么事，陛下？您让我的丈夫——堂堂的墨西哥皇帝夹着尾巴逃掉？让他颜面扫地，做一个胆小鬼？”

“胜败乃兵家常事。敢于认输的将军既不是胆小鬼，也不失体面。难道马克西米利安的处境不像一位战败的将军吗？让他学学这样的将军吧。巧言只会蒙蔽理智，贻害无穷。你有点儿紧张，你的神经崩得太紧了。我希望你别总这么紧张兮兮的。”

夏洛特皇后再也听不下去了。“绝无可能，”她的情绪越来越激动，她提高嗓门，大声喊道，“马克西米利安绝不会接受这样的提议。他绝

马克西米利安一世与夏洛特皇后

不会灰头土脸地逃掉，绝不会姑息那些试图夺走皇冠的叛贼。是的，有一件事他可能会做，如果迫不得已，他会为了伟大的事业而献出自己宝贵的生命，届时我将与他同存亡。”

拿破仑三世说道：“我希望你冷静地考虑一下我刚才的观点和建议。马克西米利安和你的前程全依仗于你的决定。”

夏洛特皇后呆呆地站在那里，一直没动，她的目光呆滞，脑海中翻滚着一切可能的后果。她无心在意拿破仑三世说了什么，她的嘴唇一动一动的，好像在哼着某个曲调。

“他必死无疑，他必死无疑，我将与他共同面对死亡。他们会把我们合葬在一起；我们将肩并肩共躺同一墓穴，互诉衷肠，忘却人类的残酷无情。后人会为我们唱赞歌，颂扬我们曾经的荣耀。”

拿破仑三世满脸忧伤，但同时变得警觉起来。他想起了夏洛特皇后曾在圣克卢宫遭到攻击时的情景，担心悲剧重演。他轻轻地按着她的胳膊，扶她坐下。她毫无意识，任由拿破仑三世摆布，两眼呆呆地望着拿破仑三世，浑然不知一切。过了片刻，她猛地回过神来。

“啊，您是皇帝，”她终于开口说话了，“您就是那位把我的丈夫扶上皇位的万能的皇帝；而我只不过是一个可怜巴巴的女人，百般央求您，向因受您所赐而最终沦为受害者的人大发慈悲。”

随后，她换了一种极其严厉的语气。“那么，您确定要这么做吗？您让我们自生自灭？”

拿破仑三世突然意识到自己尴尬的境地，回答道：“我已经告诉你我无力帮助马克西米利安。”

夏洛特皇后再次站起身，一动不动，双眼充满悲伤，认真地打量着拿破仑三世。拿破仑三世被她的气场震住了，不好意思地把目光扫向地面。突然，她双膝落地，跪在拿破仑三世面前。这突如其来的一幕让拿破仑三世顿时慌了手脚，还没等他回过神来，夏洛特皇后就已双手合十，在拿破仑三世面前做起祈祷，求拿破仑三世大发慈悲，就像无计可施的人们殷切地祈求上帝一样。

夏洛特皇后深情款款地说道："陛下，马克西米利安在墨西哥遇到了劲敌，他们是一群穷凶极恶的歹徒，毫无怜悯之心。如果不派军增援，他根本抵挡不住，他们会加害于他。我这次远道而来就是为了救他。他急不可待地盼着我回去，我知道他心急如焚，就像已被判处死刑的囚犯扳着指头算自己还能在世上活多久一样。陛下，您也爱过。曾经的美好回忆肯定能再次打开您的心扉，能让您感同身受。我爱着我的丈夫，陛下，他也爱着我。我们是彼此的一切。我恳求您对我们发发慈悲吧！我恳求您不要用他的牺牲来助长一个叛逆民族的嚣张气焰。他以慈悲为怀，不止一次地赦免死囚犯。陛下，我大胆恳求您放过一个善良的人，救马克西米利安一命吧！"

那个不幸女人的祈求终于停了下来，她已精疲力竭。她开始呜咽起来，整个身体颤抖着。她全身心地投入到苦苦哀求中。当她说完最后一句话时，整个人瘫坐在了地上。

拿破仑三世想轻轻地把她扶起来，对她说几句宽心的话。他觉得没必要让这令人心碎的一幕继续下去了，得赶紧结束。

拿破仑三世说："我会竭尽所能确保你和丈夫的安全与幸福。哎！但我不能骗你。在这件事上，我的政府态度已经很明确。法国不再支持马克西米利安做墨西哥的皇帝。"

拿破仑三世一说完，就被眼前的一幕吓慌了神。夏洛特皇后站起来，更确切地讲，是从地上跳起来，僵立在拿破仑三世面前。她大张着嘴巴，俨然一个疯婆子，乍一看恐怖瘆人，又一看楚楚动人。当着他的面，她脱口将心中的失望、愤怒、怨气一泄而出。

"陛下，"她一边抽泣，一边说道，"都说您宅心仁厚，平易近人，那是骗人的！都说您心胸宽广，海纳百川，那是骗人的！都说您至高无上，无所不能，同样是骗人的！您就是一个魔鬼。贵为皇帝，您无权可施；身为统治者，您胸无大志。您就是邪恶的命运之神，拉我们给您垫背。您是万恶之源，您主宰着一切邪恶的力量。然而，恶有恶报，在不久的将来，它会找上您的门。您，还有您的宝座，在您毫无防备时，顷刻就会荡然无存！”

在她狂轰滥炸时，她的情绪一步步走向失控。最后，她彻底失控了。她张开双臂，眼中迸射出熊熊怒火，宛若一头发起攻击的猛兽。

“后退！”她撕心肺裂地连续喊了三声，“后退，后退，陛下！”然后她补了一句，“现在该轮到我对您说我不指望您了。”

面对她的呵斥，拿破仑三世心头一震，徐徐直起身来。一时之间，他怒火中烧，这个女人太放肆了。但当他再次把目光扫向面前绝望透顶的皇后时，他心软了，怒火渐渐消失了，理解她刚刚说的那番言辞激烈的话了。拿破仑三世很少大发雷霆，但一旦发起来，后果不堪设想。而这次他始终克制自己，没插一句话，也没摆出任何手势，任凭夏洛特皇后恶语相向。看着夏洛特皇后哭天抢地的绝望模样，他却爱莫能助。他耷拉着脑袋，心中充满同情，失落地离开了会客厅。

再次返回圣克卢宫时，拿破仑三世径直走向自己的房间，拒绝会见任何客人。

拿破仑三世惧怕这些可恶的预言会变成现实，一想起这个女人的话，就忧心忡忡。幸好现在独自一人，他能冷静地思考未来了。但有谁知道他想的是什么呢？是一张朝他微笑的狰狞面孔，还是一颗划过天际的波拿巴家族之星？

萨多瓦战役前后发生的一系列事件并非个人因素所能左右，它们是政治博弈的结果。

俾斯麦伯爵于 1864 年和 1865 年先后两次就欧洲现状与利益分配问题与拿破仑三世交换意见。双方都希望获得杜伊勒里宫内阁的谅解，但谈判的结果却让他们大跌眼镜，最终没能形成钳制各自邻国的法普联盟。

自 1864 年起，俾斯麦伯爵就打起了拿破仑三世的主意。丹麦战败[①]后，拿破仑三世情绪低落，变得躁动不安。俾斯麦伯爵乘人之危，借机行事，数次给他灌迷魂汤。俾斯麦伯爵满面春风，荣归柏林，心想有了这次教训，法国在短期内再不会干预德意志的统一大业了。

1865 年比利亚茨会晤后，他对拿破仑三世是否会保持中立还没有完全的把握。但这次会晤使他看到了希望：在完成统一大业的进程中，与法国结盟还是有可能的。而拿破仑三世却疑心重重，只是泛泛地评论了一下欧洲各国的前景，并没有和盘托出自己的真实想法。我在某处引述过俾斯麦与瓦莱夫斯基[②]伯爵之间的对话。对话发生在比利亚茨会晤后。这次对话使俾斯麦伯爵彻底打消了与拿破仑三世结盟的想法。在他意识到拿破仑三世不能为己所用时，他立即萌生了清除拿破仑三世这个大障碍的想法。后来，在戈尔茨先生斡旋下，俾斯麦伯爵与拿破仑三世的关系明显好转。

事态紧迫，拿破仑三世急需奥地利与巴黎内阁之间达成谅解，从而确保意大利的独立和完整。这是考验拿破仑三世权威的重要时刻——怎样才能在不发生流血冲突的情况下实现意大利的统一？为了意大利人民的统一大业，他说过的话仍回响在耳际。“为了自由，”他曾振臂高呼，“向亚得里亚海岸进发！”

不管是有意还是无意，维克多·埃马纽埃尔二世在拿破仑三世与梅特涅侯爵中间作梗，阻止两人的谈判深入。在普鲁士的再三请求下，维克

① 即普丹战争。1864 年，普鲁士联合奥地利进攻丹麦，丹麦战败。

② 瓦莱夫斯基（1810—1868），拿破仑一世的私生子，拿破仑三世的堂弟，曾任法兰西第二帝国外交大臣等职。

普丹战争中的丹麦军队

普丹战争中普鲁士军队与丹麦军队交战

多·埃马纽埃尔二世发誓如果维也纳与柏林和谈失败，他将对奥地利宣战。意大利政府的轻率言行泄露了密谈的内容，两国之间的和解随之泡汤。

奥地利虽然一度竭力掩饰自己的真实意图，一再重申通过外交手段和平解决一切争端的立场，但面对狼烟四起的欧洲，它已经感觉到危险正一步步逼近。它以所谓的正当诉求为幌子，不顾其他国家的调停，随即关闭了谈判的大门，使本已复杂的时局变得更加云谲波诡，战争的阴云开始笼罩整个欧洲。

就是在这种背景下，因担心国际时局影响拿破仑三世的决策，俾斯麦伯爵再次以承认法国兼并卢森堡与比利时为诱饵，来换取拿破仑三世在他的民族统一大业进程中的中立立场。然而，值得一提的是，拿破仑三世根本没将此当回事，即使在奥地利与普鲁士两国剑拔弩张、战争一触即发之际，他还是没认真理会。

不赞成诉诸武力的拿破仑三世发现自己夹在两强之间，处境十分尴尬，双方谁也不愿意妥协。面对柏林与维也纳政府之间的分歧，他觉得是时候表明自己的立场了，他明确告诉普鲁士他不希望欧洲再生战事。在不讨论任何权宜之计的情况下，这的确是一个极端的提案。它或许是一场异想天开的游戏，但我们不能据此而颠覆我们脑海中已形成的拿破仑三世的形象——他是通过武装政变登上皇帝宝座的；如果他的最终提案在这种情况下被置之不理，那么他只有一种选择——站在交战国双方的角度去思考双方的利益诉求[①]。

后来发生的事件证明拿破仑三世当初不该犹豫，而应当机立断，与普鲁士公开摊牌。然而，在任何事情没有发生之前，我们永远不能准确

① 言外之意是普鲁士不接受拿破仑三世的调停，普鲁士与奥地利之间的战争已经不可避免。

做出判断，对其进行纸上谈兵式的推理也没有一点儿实际意义。但事已至此，我们当初并不希望它是这样的。

如果奥地利与普鲁士之间的战争实在不可避免，那么战争会导致至少两种可能的结果。不管是哪种，拿破仑三世都有理由为之欢呼雀跃。一种可能的结果是意大利的实力进一步加强，其统一事业便指日可待，而普鲁士与奥地利的力量遭到削弱；另一种可能的结果是欧洲在短时期内再无战事，法国可趁机重整军队，使老谋深算的俾斯麦伯爵无暇顾及法国的蓬勃发展，而如果有机会，俾斯麦伯爵肯定会百般阻挠。

拿破仑三世言辞凿凿，有理有据。人们视他为斡旋高手，尊他为美好前景的奠基人。

1866 年，当奥地利在萨多瓦战败的消息传来时，舆论纷纷把矛头指向拿破仑三世。愤怒的民众失控了，激烈情绪掩盖了拿破仑三世的震惊。他们纷纷替奥地利打抱不平，谴责政府当初不应该对普鲁士抱幻想，也为普鲁士军队在战争中使用的德莱赛步枪[①]的巨大威力而惊愕不已。舆情强烈呼吁拿破仑三世重申他的提案，迫使他继续扮演仲裁者的角色，重新构建欧洲体系。

当时，拿破仑三世身边的几位政客认为普奥两国不会听从皇帝的调停，法国民众也不看好皇帝的斡旋，因为奥普两国之间的敌对已到剑拔弩张的程度[②]。有些人建议他不要学所罗门[③]，去插手已经爆发的普奥战争。有些人建议他阻止普鲁士进一步蚕食德意志全境，让它回到谈判桌上来，如果调停失败，就立即在莱茵河沿岸占据有利地形。还有些人则觉得拿破仑三世作为仲裁者本身就明确表明了法国的态度，但他们还是

① 德莱赛步枪具有射程远、准确率高、射击速度快等优点。

② 指法国人叫嚣对普鲁士宣战。

③ 所罗门（？—公元前 930），以色列国王。相传以色列王国的分裂是因为所罗门未专事耶和华、私自敬奉诸神所致。此处暗指拿破仑三世不要惹是生非。

普鲁士国王威廉一世在宰相俾斯麦和将军毛奇的陪同下来到萨多瓦战场

萨多瓦大战中，普鲁士国王威廉一世与腓特烈王储相遇

希望内阁能够传达法国的立场，作为和平的条件，呼吁普鲁士公开承诺它的胜利不会殃及欧洲，不再引起欧洲的骚乱。至于先前搁置的关于吞并比利时的提议，现在有必要就我们的诉求照会柏林了。

而拿破仑三世仍然做着春秋美梦，天真地认为民族的统一大业本应这样，认为统一的民族将有利于欧洲的稳定与繁荣，因此，他对德意志的统一大业——它将不可避免地使欧洲政局重新洗牌——几乎持默许的态度。因此，法国表明了不反对德意志统一大业的立场，只向柏林照会法国的利益诉求。

照会内容如下：恢复1814年法国与反法联盟成员国签订的《巴黎和约》中规定的边界；占领卢森堡与美因兹，维持萨克森王国的领土完整。拿破仑三世命令驻柏林大使贝内代蒂伯爵向俾斯麦伯爵面呈照会。

贝内代蒂伯爵接到杜伊勒里宫的指示时，才从维也纳回来。贝内代蒂伯爵已经向奥皇弗朗茨·约瑟夫一世就使他蒙羞的停战条件做过解释。情况紧急，贝内代蒂伯爵得立刻递呈照会。在通向维也纳的一个小镇上，贝内代蒂伯爵见到了在国王行辕中歇息的普鲁士首相俾斯麦伯爵。当时，战事已停，普鲁士与奥地利正在寻找谈判的机会，而普鲁士军队摩拳擦掌，焦急地等待着谈判结果，随时做好开进奥地利首都的准备。

贝内代蒂伯爵发现俾斯麦伯爵似乎很看好这次来访。他向俾斯麦伯爵通报了维也纳之行的情况，告诉他奥皇弗朗茨·约瑟夫一世尽管还没完全放弃自己的主张，但已决定在提议框架下停止敌对行动；联邦——德意志北部的几个邦国，不再受奥地利的支配，答应把威尼斯交给法国，然后由法国把它割让给维克多·埃马纽埃尔二世。

俾斯麦伯爵越听越来劲。如果贝内代蒂伯爵与俾斯麦伯爵的谈话就此打住，那么这次会面无论从那个角度来讲都是和谐、友好的。然而，当我们的大使最终向他的谈话对象阐明法国的要求，即为了补偿法国在普奥战争中的绝对中立立场，法国也应该在欧洲支离破碎的乱局中分得一杯羹——吞并前文已提到的国家[①]以及确保法国今后的安全时，俾斯麦伯爵脸上的笑意一下减少了很多。他生性易怒，脾气暴躁，听大使这么一说，马上露出不悦的表情，表达了自己的不满，并告诉大使这种大事他做不了主，要请示威廉一世。不过，转眼之间，他重拾了外交家的风采。

“这有难度，”他语气平和地说道，刚刚消失的微笑又挂在嘴角上，“要在一次讨论中解决如此严肃的问题的各个环节是办不到的，但机会很多，不必急于一时。我们再做安排，保证双方满意，我坚信我们的立场不会有任何分歧。”

带着这些含糊其辞、欲言又止的保证，贝内代蒂伯爵离开了。

这次会面后不久，我们的大使就向拿破仑三世禀报了会面的情况，说他并没能如拿破仑三世所愿完成使命，说普鲁士羽翼已经丰满，不再任由法国摆布，要强行让它兑现以前的承诺已不可能了。

一向善于利用时机的俾斯麦伯爵已经紧锣密鼓地游说北德意志各邦国，让它们站在自己这边，支持他的行动。而这些邦国前几天还和奥地利在战场上与普鲁士厮杀，转眼之间却站在了普鲁士这边，说他们对普鲁士倡导的和平条件无任何异议。或许他们不想再生战事了，这场战争重创了他们。对他们来说，一个独立的邦国也没多大的意义，给他们带不来多少特权与荣耀。让他们与法国开战，一点儿好处也没有，这不是他们想要的结果。

经过一番周密的分析后，俾斯麦伯爵决定立即与奥地利签订和约。遗憾的是，杜伊勒里宫却没能考虑周全，没能抓住机遇在关键时刻强行插手。

① 即卢森堡与比利时。

弗朗茨·约瑟夫一世

普鲁士国王威廉一世

与奥地利和解使普鲁士迅速腾出手来。面对团结一致、强大的北德意志联邦，日耳曼人的自豪感空前膨胀。北德意志联邦开始敌视法国，公然拒绝接受杜伊勒里宫授意贝内代蒂伯爵起草的提案，甚至拒绝就此提案细节展开讨论，拒绝承认法国对卢森堡和比利时的主权，也拒绝改变边界现状。

突如其来的巨变激怒了法国政界。风云变化的时局仿佛晴天霹雳，惊醒了杜伊勒里宫那些睡意正酣的人。它就像辽阔海面上突然刮起的一阵狂风，船只在狂风的肆虐下顷刻之间左摇右晃，甲板上的人们惊叫着、哭喊着，乱作一团。

然而，时不待人，恐慌并不能解决问题。眼下最重要的就是当机立断。前一阵子还不愿插手战争的拿破仑三世也因局势的变化而变得焦躁不安。他觉得法国应立即采取行动，通过战争找回尊严。他电告[①]贝内代蒂伯爵立即返回巴黎。

普鲁士对我们的要求置若罔闻，现在有必要按我们的方式采取行动了。

接下来的一段时间乌云压顶，死气沉沉，悲剧随时都有可能发生，在拿破仑三世的一生中留下了不可磨灭的印象，这是他自登基以来最关键的阶段之一，也是他精神饱受摧残的开端。

外交大臣德律安·德·鲁斯[②]向他施加压力，要求他对普鲁士宣战。这么做会招致北德意志联邦的敌对。奥地利不会助一臂之力，只会看着法国战败。意大利不会和法国站在同一条战线上，只会见风使舵，因为它不看好这场战争——这是一场注定打不赢的战争——意大利不再欢迎

---

① 指拍电报。

② 德律安·德·鲁斯（Drouyn de Lhuys，1805—1881），法国政治家，时任法兰西第二帝国外交大臣。

拿破仑三世的政策。在德律安·德·鲁斯的一再要求下，想起普鲁士的卑劣行径，义愤填膺的拿破仑三世再也按捺不住胸中的怒火，命令大军开往莱茵兰[①]。这时，第二帝国因之前的一系列军事行动而精疲力竭，还没有做好全面开战的准备。

然而，当他下令备战，告知文臣武将们他的意图时，大家的反应让他大吃一惊。

骤然而至的恐惧让他们惊慌不已。政客们连连摆头，嘟哝道："法国并没有受到实际的威胁，只因自尊受到了一点点伤害就断然挑起战争，这是相当愚蠢的，将会面临致命的风险。"将军们议论纷纷，对战争的可能结果各持己见。

把法军的备战情况与刚在实践中得到检验的普军比较后，法军能否抵挡普军可能的入侵仍疑点重重。在得出准确结论前，一个专门的委员会应运而生，它的使命就是严格以普军装备为参照调查法国的军备情况。拿破仑三世将此举视为大臣们的懦弱与逃避，他们害怕承担战争的责任，故意绕开他的真实意图。

他孤立无援。第二帝国名正言顺的支持者们抛弃了他，他的追随者也对他置之不理。第二帝国孤独无助，而他却要把它亲手推向战争的深渊。他没有勇气独自承担一次决定自己国家荣辱成败的行动的全部责任。他沮丧地低下头，希望破灭了。他感受到了羞辱，失望地放弃了行动。

但面对一夜之间变得强大无比的普鲁士，法国空前团结一致，举国上下同心同德——至少表面上是这样。人们的注意力一下子被吸引到法国如何速战速决、战后索赔等问题上来。

---

① 莱茵兰（Rhineland）泛指德国西部莱茵河中游沿岸地区，历史上称"莱茵河左岸地带"。拿破仑帝国时代，莱茵河左岸北段并入法国，形成了由二十一个德意志邦国组成的"莱茵联盟"。根据 1815 年维也纳会议的规定，莱茵河两岸土地归普鲁士王国所有，称"莱茵省"。1871 年德国统一后，成为德意志帝国的领土。

然而，从此以后，欢呼声、喝彩声却成了奢望。拿破仑三世注定一生漂泊不定，就像随波逐流的残骸，一会儿漂向海岸，一会儿又漂向大海，一路危机四伏，暗流涌动，在无数次摧残与蹂躏下，最后消失在茫茫大海中。

没错，我们该为他辉煌的一生画上句号了；在这充满宁静、让人备感欣慰的时刻，我们或许该肃然起敬，歌赞他的辉煌。1867 年的喝彩声和赞美诗[①]，仿佛低沉的圣歌，仿佛天主教堂中响起的洪亮而又圆润的和音，余音绕梁，三日不绝。赞美声伴着胜利的欢呼声，响彻天际，回荡在荒弃营地上的军旗之间——军旗随之舞动起来。这些久经战火洗礼的军旗一成不变地向人们讲述着它们背后的故事——它们是隆隆战火中的见证者，它们是国家荣誉的践行者。1867 年的赞美诗以其激昂的旋律大声歌颂波拿巴之星，就像当年的东方三博士[②]陶醉于伯利恒[③]之星一样。然而，欢呼声、喝彩声瞬间戛然而止。谎言在一片欢呼声中不攻自破。波拿巴之星危在旦夕，留下万劫不复的拿破仑三世在欧洲大地上独自游荡。人们毫不留情地抛弃了他，尽管他一心向善，终身对人民的事业念念不忘。他一生大爱无疆，无奈遭人冷落。他曾统治地球上最伟大的国家——法国，却死无葬所。

① 原文 Te Deum，意为《赞美诗》。《赞美诗》是罗马天主教古老的圣歌之一，在隆重的圣体降福礼或特殊庆典结束时，应念或唱赞主诗，感谢天主所赐的种种恩惠。

② 东方三博士，指《圣经》中由东方来寻访初生耶稣的三贤王。

③ 伯利恒是巴勒斯坦中部城镇，相传为耶稣的诞生地。

第5章
保皇派、奥尔良派与第二帝国的政治乱象

不管是第二帝国时期的专制统治阶段，还是开明统治阶段，法国上下都弥漫着一股仇恨的气息，任何努力都无济于事，而这股仇恨是在“沙龙”里滋生并蔓延开来的。我在《欧仁妮皇后》和《拿破仑三世宫廷》中含蓄地提过圣日耳曼区的领袖们已经嗅到针对拿破仑三世的这股敌意。本章将详尽叙述面对不满与偏见的拿破仑三世是如何泰然处之的。

专制统治阶段的第二帝国受到的“沙龙”的残害或许最严重。专制主义思想、贵族制政府理念充斥于形形色色的“沙龙”，假惺惺地同情共和派的抗议，不断挑衅杜伊勒里宫，毫无示弱之意。

拿破仑三世在位期间，反对当局的党派五花八门，各具特色。我们不用细数，随口就可以说出几个来。其中至少有三个党派值得一提。它们政见迥异，实力雄厚，互不侵犯，但面对共同敌人时总能团结一致。

它们中有坚定的保皇派，唯尚博尔伯爵[①]马首是瞻；有奥尔良派，坚定拥戴流亡的路易·菲利普[②]的儿子们继承王位；还有共和派。

① 尚博尔伯爵（Comte de Chambord，1820—1883），史称“亨利五世”。他本人从未正式承认该尊号。从1844年到1883年，他一直是王位的觊觎者。

② 路易·菲利普（Louis Philippe，1773—1850），奥尔良王朝唯一一位君主。1848年大革命爆发后逃往英国。

保皇派积极分子主要是女性，她们言辞激烈，消极悲观，无情地蔑视宫中的一切：拿破仑三世、欧仁妮皇后甚至整个宫廷。圣日耳曼区不擅长公开叫嚣，它温文尔雅，容易知足常乐。它以自己都难以接受的习俗与礼仪作为庇护。对杜伊勒里宫的一切繁文缛节，它顶多皱皱眉头、噘噘嘴巴，此举当然没有任何危险。因流行的礼仪有感而发的女人们创造了丰富的表情，她们撅着小嘴，眉头紧锁，就像站在圣坛前祈祷的神父们发“国王”[①]这个词时的表情。男人们很快适应了女人们的怪异表情。

尚博尔伯爵对波拿巴皇室及奥尔良派的不同态度使保皇派大为不快。他尊重拿破仑三世及其家人，尤其偏爱年轻的皇太子。相反，他讨厌奥尔良派诸亲王。尚博尔伯爵对波拿巴皇室成员的尊重与对奥尔良派诸亲王的厌恶虽然引起了内部成员的不满，但他们却从不在公众场合表露，只是私下发发牢骚，以自嘲的口吻说拿破仑三世政府及其宫廷至少还能让他们在科布伦茨安心地生活[②]。“移居者”[③]的精神在他们的内心深处依然涌动，他们精心谋划着第二个罗伯斯庇尔[④]。计谋本身毫无创新之处，其过程也并非幽默有趣。它夹杂着西班牙烟卷味和舞厅女郎身上霉臭的蜜粉味；它默默地窥探着一切。总之，第二帝国时期的保皇派并没有特别明显的政治诉求，他们大多对社会现状不满，整天郁郁寡欢，而圣日耳曼区则以极优雅的举止无声地抗击杜伊勒里宫，同时没有明确的政治诉求。

要论融洽程度，非宫廷与圣日耳曼区莫属。拿破仑三世时刻关注着保皇派达官显贵的迫切需求，深知他们就是乌合之众。偶尔有人跳出来

---

① 原文为“King”，发音时嘴巴微微张开，双唇凸出，形似噘起的嘴巴。

② 法国大革命爆发后，无数皇室人员逃往科布伦茨避难。这里暗指拿破仑三世政府对保皇派分子比较宽容。

③ 移居者实际上是指流亡者——因政治因素而流亡国外的人。

④ 罗伯斯庇尔（1758—1794），法国政治家、律师，法国大革命及恐怖统治时期雅各宾派领袖，在革命浪潮与保守势力的斗争中被送上了断头台。

尚博尔伯爵

年轻的皇太子与母亲欧仁妮皇后

叫嚣时，他就会拿政府的几个高薪职位来收买他们，并准许他们信仰自由。对那些贪念杜伊勒里宫荣华富贵的贵妇——她们渴求曾经属于自己的东西，拿破仑三世则不定期地邀请她们参加宫廷的各种娱乐活动，从而满足她们的虚荣心。

第二帝国时期的男士们可谓别具一格，为了彰显他们的与众不同，他们个个温文尔雅，毕恭毕敬。他们是传统礼仪的忠实践行者。而女士们倒显得粗野，因嫉妒欧仁妮皇后的花容月貌，她们怨声载道。在她们看来，杜伊勒里宫的女主人应该是她们。这些曾经的女主人恶毒而又嫉妒心强，皇室处处迁就她们，但她们却不思感恩，依然我行我素，继续败坏杜伊勒里宫的风气，心中充满了仇恨。

在她们的私人圈子中，皇后及其侍女们的一言一行成了她们肆意模仿的对象，她们对此乐此不疲。她们这么做无非是把自己推到了舆论的风口浪尖上。如果舆论的矛头指向自尊自爱的平民百姓，那么来自各个阶层的抨击将会铺天盖地。他们会因此愤然而起，为自己讨个清白，但那些贵妇会拍手称赞，认为这是在赞美她们呢！

为了使自己的反对立场显得严肃而不失体面，圣日耳曼区的保皇派分支会不定期地选一名德高望重的公爵、侯爵或伯爵离开巴黎，前往弗罗斯多夫①或格里茨②拜会尚博尔伯爵，以此刺探内情。会谈内容是经过精心准备的，在会谈正式开始之前，代表往往在圣日耳曼郊区多次推演会谈过程及可能的结果，尽显中世纪特有的礼节与典雅，以期达到最好的效果。肩负重任的贵族光荣完成使命、带着信物——在这种场合下，尚博尔伯爵从不吝啬笔墨，赞美信使几句，表达对同事③的感激之情，并送上对未来的良好祝福——凯旋时，贵族们异常兴奋。在接下来的几

① 弗罗斯多夫位于今奥地利，尚博尔伯爵曾流亡于此。

② 格里茨位于今德国，尚博尔伯爵曾流亡于此。

③ 指圣日耳曼郊区的保皇派成员们。

欧仁妮皇后与她的侍女们

天里，巴黎街头人头攒动，车水马龙，披着配有皇家盾形纹章马具的马拖着沉重的马车，缓缓驶过街头，此情此景勾起了人们对美好过往的回忆，从而把眼前帝国的一切忘得一干二净。

这些只有在喜剧中才会出现的角色与桥段很受第二帝国时期贵族们的欢迎。他们对此情有独钟。圣日耳曼郊区的达官显贵们显然不会为了没有把握的事业而放弃追逐历史遗风的嗜好。他们无心过问国事，至于国家实行什么体制，更是毫不在意。他们的所想、所求、所盼只不过是发泄自己狭隘的私欲而已。

在这一点上，尚博尔伯爵跟他们出奇地一致，与他喜结秦晋之好的约瑟夫·查理·安布罗斯·斯坦尼斯劳斯的小女儿玛丽·特蕾莎在遗风旧俗的追求上也是不遗余力。

我在一部著作中曾经提到过尚博尔伯爵夫妇，我在此重述一遍。我申明，此举绝无冒犯他们之意。我写道：

> 尚博尔伯爵夫人是意大利人，她对欧洲社会产生过致命的影响；她不但左右着丈夫的思想，而且不止一次插手法国的内外决策。她一直仇恨法国，对法国不怀好意。即使与尚博尔伯爵结婚后，她对法国的偏见也丝毫未减。不管在日常生活中，还是在国家大是大非面前，她都表现出一副势不两立的样子。由于对丈夫的思想动态了如指掌，她总能在关键的时刻诱导丈夫放弃他的初衷。这位蒙在鼓里的顶无王冠的可怜的国王却温顺地任由她摆布，浑然不知她这么做的后果是什么。对尚博尔伯爵优雅的贵族生活片段我们并不陌生，大多是对他早年无与伦比的口才的美好回忆。从文学的角度来讲，修辞固然重要，但在政治上华丽的辞藻却是虚伪的代名词，会招致人们的反感。人们对尚博尔伯爵念念不忘的原因是他平易近人，跟他在一起

没有压力。事实上，他有点儿像异教徒，是一位半神半仙式的人物；他只计较个人的利益得失，一副玩世不恭的样子，一点儿也不关心国家的死活；只有一种说法能够解释通，就是他的脑子有问题。他注定是一位徘徊于宝座附近的平庸之辈。他空有国王的名号，只是偶尔被人记起他曾经是国王。在权力的旋涡中，他只是妻子手中的一枚棋子。在一场注定无果的梦想的推搡下，他如行尸走肉般履行着自己所谓的神圣职责。他终身碌碌无为，对自己的国家更是毫无贡献，尽管他曾假惺惺地爱着法国、陶醉在国王的美梦之中。他灰溜溜地离开了这个世界，

尚博尔伯爵的妻子玛丽·特蕾莎

既没留下任何痕迹，也没留下任何有价值的东西，哪怕是值得称颂的勇气——每个觊觎王位的人或多或少都有一段历史佳话，每个异族英雄或多或少都有一段传奇经历——的普通故事也没留下。

有个情况值得一提，那就是第二帝国时期保皇派控制的反动“沙龙”。这些敌对的“沙龙”对拿破仑三世的内政没产生影响，但对拿破仑三世的外交却产生了灾难性的影响。通过插手对外政策，保皇派“主宰”了许多搅动帝国局势的大事。因此，它罪责难逃。在尚博尔伯爵夫人的领导下，保皇派频频干涉帝国的决策，与内阁不停地斗争。它惯用的手段就是这样的。一次，它假手梅特涅侯爵与奥地利政府插手罗马问题。它因势利导，充分利用欧仁妮皇后对罗马天主教的狂热心理，然后仗着影响力与拿破仑三世分庭抗礼。

一个国家在生死存亡关头才能见证的、引以为豪的高尚的爱国主义情怀在这个时代的政客与贵族身上荡然无存。在政客们的眼里，法国就是一张巨大无比的桌子，为他们提供一个绝佳的娱乐平台。他们扔下押着赌注的扑克牌，贪婪地瞅着满桌子的赌注，就像赌徒扔下手中的牌目不转睛地盯着桌上的赌注时的表情一样。而不管是哪个国家的贵族，都视爱国为娱乐。他们都有自己特定的圈子。在圈子内，他们不问国籍，法国人也好，英国人、德国人、意大利人、俄国人也罢，他们之间都相安无事，仿佛他们就是相见恨晚的英雄，从不问出处。战场上冲锋陷阵时，他们与普通士兵无异，但他们是为个人利益、荣誉而战。他们视战场如赛场，如果不幸被炮弹或子弹击中毙命或死于军刀之下，等待他们的将是来自祖国的铺天盖地的赞誉，就像跨栏时不幸摔下马背而惨死的骑手被盖上他特有的盛装时的情景一样。出生、成长的环境决定了贵族们不能与民融为一体，不能与民同呼吸、共命运，但在生命的关键时刻，他们的行为与普通百姓没什么两样，因此，我们不能以自相矛盾的世俗处事原则来苛责他们。

尚博尔伯爵是这个世界的王者，在没有研究、理解他之前，对他的任何谴责与羞辱都是不道德的。他身上既没有法兰西民族的优点，也没有它的缺点。他是个异类，就像一支插在不同种树上的枝条。它的枝叶与树本身的枝叶形成巨大反差。他温文尔雅，平易近人，并不是一个毫无贵族气息的人。他不去做这个国王是有理由的，他讨厌统治一个忠实于传统礼仪——尽管礼仪本身并无害处，但会使人惶惶不可终日——的刻板的贵族阶层。

相比保皇派的“沙龙”活动，奥尔良派的此类活动给政府带来了很大的麻烦。奥尔良派人士不安于只发表一些牢骚式言论的现状，他们信仰坚定，政治诉求明确。他们的言论针对性强，政治气息浓厚。他们的领袖要么才华横溢，要么口若悬河，要么熟谙政治。他们是杜伊勒里宫不容忽视的一支可怕的力量。

这些“沙龙”的领袖往往是那些流亡的年轻亲王。他们虽然代表不了整个国家，但至少代表着社会低层各界的人士。他们开始以不幸者自居，后来又打着自由主义的旗号。他们真是自由主义的急先锋吗？答案是否定的。奥尔良公爵①，即巴黎伯爵②之父，他曾一度被认为是拿破仑三世的继承人。巴黎伯爵的不幸离世使人们悲伤不已，人们至今仍缅怀着他的美德与魅力。

流亡生活并没有磨灭亲王们的雄心壮志。他们频繁地与国内的支持者互动，并鼓励他们殊死一搏。他们敌视第二帝国，在日常生活中发表

① 奥尔良公爵（1810—1842），即奥尔良亲王斐迪南·菲利普，路易·菲利普的长子，1842年死于意外事故。

② 即菲利普王子（Prince Phillipe，1838—1894），法王路易·菲利普之孙，法国王位的觊觎者。

巴黎伯爵菲利普王子

政见，资助愿为他们鸣不平、倡导他们信念及诉求的新闻媒体。他们是奥尔良派“沙龙”的实际领导者。这些“沙龙”服从他们的权威。他们的领导权既不像喜剧中扮演君主的演员那样有名无实，也不像圣日耳曼郊区的领袖尚博尔伯爵那般空有国王的头衔。他们是实实在在的掌权者。胜利的曙光仿佛就在他们眼前。这让我们或多或少想起了远在封建时代的那些割据一方的诸侯，君主反倒成了他们的手下。

对巴黎伯爵，我只泛泛地说两句。他年富力强，但并不出众，很适合做一名议员。当然，这是家族留给他的政治遗产。他的思想与政治诉求倾向于他的叔父们，即路易·菲利普国王的儿子们[①]。接下来，我着重讲讲他们中的茹安维尔亲王、内穆尔公爵、蒙庞西耶公爵以及奥马尔公爵。

茹安维尔亲王城府深，有政治手腕。他的大名往往与拿破仑一世式的传奇紧密联系在一起。一提起他的名字，人们就想起“贝勒-普勒号”护卫舰从圣赫勒拿岛运回拿破仑一世遗体时的情景。整个过程是在茹安维尔亲王的监督下完成的。他的为人与忘恩负义的拿破仑三世形成了鲜明的对比。要知道拿破仑三世的帝国是七月王朝早就为他铺垫好的。

内穆尔公爵出身高贵，气度不凡，光鲜的人格魅力及骑士般的侠义精神是人们心中经久不衰的力量源泉。

蒙庞西耶公爵也被广为传颂。他与西班牙王室互动频繁，这让人们欣喜若狂。但在巴黎伯爵的四个叔父中，奥马尔公爵毋庸置疑是最有影响力的一位。正是在他的努力下，奥尔良派才逐渐有了明确的政治诉求，而当局对奥尔良派敬让三分。

在几个兄弟中，奥马尔公爵最具军人气质。父亲在位及流亡期间，

① 路易·菲利普国王有六子，下文提到的是其中四个。

极具军人气质的奥马尔公爵

茹安维尔亲王

茹安维尔亲王在圣赫勒拿岛打开拿破仑一世的棺椁

茹安维尔亲王从圣赫勒拿岛迎回拿破仑一世的遗体

他在军界及政坛上的活跃引起极大关注。这位唐·璜[①]式的人物掀起了人们的一股崇拜热，人们不惜为他冒险、摇旗呐喊。他率军逐鹿阿尔及利亚的故事被广为传颂。“沙龙”中的人们不厌其烦地讲述着他曾以上校身份，由身着华丽上校军服的情妇爱丽丝小姐陪同，在库尔布尔[②]检阅部队时的故事。奥马尔公爵的一生与法王亨利四世有很多相似之处，这或多或少提高了他的知名度。他朝气蓬勃，才华横溢，敢作敢为，深得女人欢心，人们怎样赞扬他都不为过。他与国内的亲信互动频繁。他潜心钻研引起时局动荡的各种问题，紧密关注事态的发展，常常写信表达自己的见解。他的信件被公开时，往往能引起巨大的轰动效应。

这些亲王手下的能臣干将遍布第二帝国，当然包括巴黎。他们和那些在“沙龙”中掌握话语权的人都是有勇有谋的实干家。其中有七月王朝时期声名显赫的达官显贵们的后裔，分别是布罗伊公爵雅克·维克多·阿尔伯特[③]、查理·德·雷米萨[④]、约瑟夫·奥松维尔[⑤]、蒙塔利韦伯爵玛尔蒂·卡米尔·巴克森[⑥]、德卡兹公爵埃利·路易[⑦]及查理·德·蒙塔朗贝尔[⑧]。他们不仅积极主导各种社会活动，而且创办各

① 唐·璜是西欧民间传说中的人物，以英俊潇洒及风流倜傥著称，一生游走于无数贵妇之间，在文学作品中多被用作情圣的代名词。

② 库尔布尔是位于巴黎西郊的小镇。

③ 雅克·维克多·阿尔伯特（Jacques Victor Albert，1821—1901），法国著名政治家、文学家和君主主义者。

④ 查理·德·雷米萨（Charles de Rémusat，1797—1875），法国政治家、作家。——译者注

⑤ 约瑟夫·奥松维尔（Joseph d'Haussonville，1809—1884），法国政治家。除了政绩斐然之外，他还在历史研究方面多有建树。

⑥ 玛尔蒂·卡米尔·巴克森（Marthe Camille Bachasson，1801—1880），法国政治家、法兰西贵族世卿。

⑦ 埃利·路易（Élie Louis，1780—1860），法国著名政治家。波旁王朝复辟时期，他成为自由派领袖。

⑧ 查理·德·蒙塔朗贝尔（Charles de Montalembert，1810—1870），法国政论家、历史学家。

种报纸，经常撰文表明自己的立场。他们与共和派一起发出的咆哮声响彻天际，犹如暴风雨来临之际从远处传来的隆隆雷声。

奥尔良派的“沙龙”通常在梯也尔和加列拉的公馆里举行。就是在这里，当时已接受自由主义思想的风华正茂的布罗伊公爵雅克·维克多·阿尔伯特激情澎湃地向他的朋友们介绍着新思想。他凝视着远方，眼中充满希望，一字一顿地向大家口述他起草的、准备发表的古里古怪的文章。就是在这里，查理·德·雷米萨宣布了他的君主主义信仰，但人们却质疑、回避他的主张，使其号召力大打折扣。敏锐的观察者或许已经从中看出端倪，共和派就是他们的前车之鉴。就是在这里，约瑟夫·奥松维尔以贵族秉性中的乐天派作风施展自己雄辩的才华。就是在这里，生性暴躁的查理·德·蒙塔朗贝尔口无遮拦，恶毒地诅咒着帝国，而德卡兹公爵埃利·路易更是义愤填膺，将矛头直接指向拿破仑三世本人及所有与他关系密切的人。

即便在1870年战争后，德卡兹公爵埃利·路易依然是最痛恨拿破仑三世的国民议会议员之一。一想起他的母亲德卡兹公爵夫人1861年苦苦哀求路易·拿破仑·波拿巴通融的情景，他就气不打一处来。

我在此引述这个小插曲，目的是引起读者的注意，尽管它旨在证明——正如我在之前出版的著作《欧仁妮皇后》“皇后与社会”一章中所说明的那样——保皇派与拿破仑三世之间存在永远不可调和的利益冲突，即便面对极大的诱惑，保皇派也绝不会可怜兮兮地等待拿破仑三世的施舍。一贯以不折不扣、恃才傲物为立身之本的保皇派似乎不吃皇室恩荣共济的那一套，恩惠、荣誉的诱惑似乎只对某些人起作用。毕竟吃人嘴软，拿人手短。

1861年2月，圣奥莱尔先生受德卡兹公爵夫人的委托，全权负责与拿破仑三世的大臣商谈援助事宜。在复辟之事上做出妥协后，他将这位影响力广泛的大臣的遗孀的求助信公诸于世。

查理·德·雷米萨

1849 年 3 月 7 日，时任法兰西第二共和国总统的路易·拿破仑·波拿巴批准拨给德卡兹公爵六千法郎抚恤金。在写给拿破仑三世的大臣的信中，圣奥莱尔先生提到此事，以便佐证他的请求。圣奥莱尔先生写道：

我尊敬的伯爵：

内附的便条将进一步佐证前几天我给您的信中提到的那些声明的准确性。我们别无他求，只求您大恩大德，能够兑现您的承诺。抛开所有的政治因素不说，您眷顾一位我国前高官遗孀的善举将使您英名长存。

对您的善心我将感激不尽！

您最忠实的朋友致以最诚挚的问候

星期五

德卡兹公爵夫人在信中写道：

伯爵大人：

1849 年，我的丈夫德卡兹公爵获批享受一笔年俸六千法郎的抚恤金，时任总理的奥迪隆·巴罗[①]先生许诺将从政府税收中支付这笔钱。

我生活窘迫，不得不请求您转告陛下不要中断这笔钱的发放。

① 奥迪隆·巴罗（Odilon Barrot，1791—1873），1848 年到 1849 年担任法兰西第二共和国总理。

如果您能帮我这个忙，我将感激涕零。我相信您一定能做到。

能做您卑微的、顺从的仆人是我莫大的荣幸

德卡兹公爵夫人

公开这些文献并无恶意。1870 年后，如果上述信件作者的儿子——德卡兹公爵没有冒犯拿破仑三世，或许我永远也不会把这些信件公诸于世。然而，诸如此类的文献进一步坚定了我对拿破仑三世为人的判断。强烈的自信使我忍不住公开这些文献，以此来满足读者应有的好奇心，并让他们保持必要的客观性。集腋成裘！如果我们能把体现一个人本质的所有客观事实罗列到一起，历史哲学就会应运而生，而如果其所蕴涵的哲理被别有用心的人利用，后果将不堪设想——可能的结果将超出我们的可控范围。

和保皇派不同的是，奥尔良派中几乎没有有影响力的女性。它吸纳了一大批敢做敢为、精力充沛、思想活跃的男士。他们反对的呼声容不得半点儿忽视，因为他们不仅能说会道，而且还敢付诸实践。他们曾向杜伊勒里宫全面“开战”，无情地“袭击”了帝国，包括政府机构、社会组织甚至学术领域，以此来挑战帝国的权威。他们宣扬自由主义理念，反对帝国禁止一切进步、不肯做出任何让步的独裁主义思想。奥尔良派以其敏锐的政治洞察力——尽管后来不再具有——预言了帝国的发展方向，迫不及待地干预帝国的进程，全面灌输他们的政治理念。他们这么做的目的就是挑起蓄谋已久的冲突。要是众亲王的代表群众基础不那么差，他们策划已久的阴谋将会在关键时刻取得成功。这些打着贵族旗号的代表却不习惯穿着上好布料的卡曼纽服[①]。论政治，他们充其量就是半吊子。他们在饰带与香水的掩饰下蠢蠢欲动，打心底看不起人民大众，结果被人民大众无情地抛弃。

① 寓意他们心虚、没底气。

第6章
权臣欧仁·鲁埃的恶政与误国

第二帝国可以划分为两个截然不同的阶段：第一阶段是帝国的诞生及专制统治时期，第二阶段是开明统治时期。如果撇开个人的政治立场，客观公正地去评价第二帝国时期的政治，我们会发现杜伊勒里宫在推行专制统治理念时手法娴熟，在挑选帝国的服务团队时更是一丝不苟。然而，在开明统治阶段，拿破仑三世显得有点儿力不从心。与其把这个阶段划分为一个政治时代，不如说它是一个过渡时期。我们能感觉到这个时期的犹豫不决，它迈着笨拙的步伐，像摸着石头过河，这让我们想起了一位对着画板的画家的模样，他手握画笔却不知道从何下手，只是被吩咐去创造一幅作品，但始终构思不出该作品的轮廓。开明统治的帝国就是这位画家的缩影。自由是一种新的手段，但画家不知道该如何驾驭。

法兰西第二帝国的典型代表除了虽各有图谋但始终心悦诚服地捍卫帝国利益的佩尔尼公爵——他是拿破仑三世的密友——和其他一些像佩尔尼公爵一样的人之外，还有两人值得一提，那就是查理·德·莫尔尼和欧仁·鲁埃。

我前面已提到查理·德·莫尔尼，在此就不再赘述。然而，一提起这位政客的大名，我还是忍不住会想起人们愤愤不平的样子来。当时，我以回忆录作家的身份对他的历史“角色”做过定性分析，并公诸于世。兴风作浪的朋友们纷纷为他鸣不平，指责我的观点。他们毫不客气地攻击我，说作为拿破仑三世同母异父的兄弟，他不可能像我故事中说的那样染指当时的财政，也不可能是无数阴谋诡计的始作俑者。

尽管他的追随者高度赞扬他，他的支持者保护他，但查理·德·莫尔尼本人就可以告诉我们他究竟是一个怎样的人。下面这封 1850 年——当时正值他政治仕途起伏之际——写给吕奥尔茨先生[①]的信将给读者再现一个真实的查理·德·莫尔尼，也使读者相信我的评价并非空穴来风，我的素材也并非胡乱拼凑。

信的空白处写有“1850 年 9 月 6 日签收”的字样。

星期五[②]

尊敬的吕奥尔茨：

我已去过德沃家。德沃、布朗和我愿意购买贵公司三分之一的股权，先给您支付一万法郎的定金，如果经营顺利，一满两年再给您支付五万法郎。毫无疑问，您将得到那笔钱。除此之外，您还可以从我在英国的生意中享受三分之一的分红。我受他们所托与您商榷此事。咱们快人快语，请您务必尽快答复。当您读完我转陈的条件、看到我对德沃家推动该计划的信心时，尽管我们可能面临一些风险，但我相信您甘愿在英国放手一搏，因为法国的成功就在眼前。我获悉您急需现金，您不惜越过这条令人痛心的海峡寻找商机，而我们是您最理想的合作伙伴。请您直接告诉我，您对英国的生意感兴趣，愿意接收调整后的两万四千法郎的定金，并同意德沃、莫尔尼、布朗三人入股您

① 吕奥尔茨是某著名首饰的发明者。——原注

② 下方贴有象征伯爵身份的小冠冕。——原注

第二帝国时期的查理·德·莫尔尼

的公司。如果在一年半的时间里办妥此事，我们愿意再付给您六万法郎的现金，或让您享受公司纯收入百分之二十五的分红。

如果您不同意我们的条件，请务必说明原委，并附上您的要求，我好向德沃家交代。您会懂得用一笔数目可观的钱解决问题是多么有必要，换作是我，我也会这么做的。主意全由您来拿。请务必给我回信，以下是收件地址：

塔利－艾伦

苏格兰福思河畔金卡丁镇

您的回信将在德沃家中传阅，请务必字字斟酌，别让他们失望。如果您有私话对我说，请另附页。

就此搁笔，时间匆忙，请勿见怪。

请务必惠存此信。

致敬

查理·德·莫尔尼

从此信可以看出，在博得人们对查理·德·莫尔尼的信任之前，我们有必要先了解他的为人，但这并非易事。我们还可以看出没有人比他更奸诈、狡猾，更懂得掩人耳目；也没有人比他更懂得乘人之危，趁火打劫。他也精于指使别人做传话筒，而自己却躲得远远的，用他的话说就是“一笔数目可观的钱。”

当然，这封信只反映了查理·德·莫尔尼道德情操的一个侧面。但这足以让他名誉扫地，人们不会再为他受到“玷污的名誉”而打抱不平。如果他们继续坚持之前的观点的话，那将是荒唐可笑、天真幼稚的。

我在本章中不得不提及查理·德·莫尔尼，但重头戏是展示一个全面的欧仁·鲁埃。他发迹于奥弗涅省，从一位小律师一路爬到“副皇帝”的高位。他具有山里人那般健硕的体魄。他的肩膀虽然宽大，但不足以担负卓越的天赋赐给他的累累硕果。他凭着惊人的毅力、勇气与不屈不挠的精神登上了为人臣者的巅峰。暂且不论他是天使还是恶魔，一股强劲的大风，正如维克多·雨果的礼赞之风，一股足以折断雄鹰羽翼、足以使最闪耀的流星改变轨迹的强风，有一天突然把他卷下了奥林匹斯神山[①]。

初次来巴黎闯荡时，欧仁·鲁埃既没有什么名气，也没有显露才华。

19 世纪 60 年代的欧仁·鲁埃

① 奥林匹斯神山是希腊神话中诸神的聚集地。

他很快放弃了连自己都鄙视的律师职业，将目光投向政治。他卑微的出身赢得了同阶层人士的同情。他也是一名热忱的民主人士，大肆宣扬自由主义。他与君主们势不两立。我不能苛刻地批评人们随着时局变化而改变立场的倾向。我只把欧仁·鲁埃掀起的政治风暴作为客观事实来提，而对风暴本身不做任何评论。

欧仁·鲁埃在公众视野中存在了些许年头，尽管后来人们也曾关注过他，但人们对他的印象主要停留在他第一次抛头露面时的样子。他长相俊俏，身体结实，胸肌特别发达。要是他的举止不那么生硬、呆板，要是他的行为与花哨的打扮之间的反差不那么大，他的形象或许就完美了。“优雅”一词从不适合用在他身上。他是誓死追随欧仁妮皇后，对她百依百顺，不管是私下还是明面上从没想过要违背她的意愿的为数不多的政治人物之一。这是一个具有心理学价值的历史事实。

欧仁·鲁埃还在里永[①]法庭做辩护律师时，他的自由主义倾向就已初见端倪。在巴黎站稳脚跟后，他的自由主义倾向更加明显。当他分别于1846年、1848年参加竞选时，他的自由主义观点已日趋成熟。他把注意力转向了人民的事业。

1846年的竞选中，欧仁·鲁埃落选，但他在1848年成功当选议员。从此，他成了世界政治舞台上一颗璀璨的明星。

我手头保存了几封欧仁·鲁埃1848年成功当选人民的代表之后写的信。此时，第二帝国未来的大臣在如何对待路易·拿破仑·波拿巴——做他的朋友还是敌人——这件事上摇摆不定。我在这里引用的这些信反映了作者当时矛盾的心理。其中，第一封信写于1848年6月，收件人和第二封信一样，同为时任克莱蒙费朗[②]市长的拉图尔先生。

① 里永是法国中部多姆山省的一个小城。

② 克莱蒙费朗是法国中南部城市，原奥弗涅大区的首府和多姆山省会。

法兰西共和国[①]

巴黎市长官邸

此时此刻，我正在市政厅赶在邮车离开之前给您写信。我视察战地医院和前哨站，忙了一整天。厮杀的场面多么血腥啊！然而，胜利是属于我们的，或者说将属于我们。大军从四面八方蜂拥而至。所有战争中最可怕的莫过于内战了。今天傍晚或明天的某个时候一切将见分晓。海关大楼已被绝地反击的路易·尤查特·德·拉莫里西埃[②]夷为平地。经过长时间殊死搏斗后，圣安东尼区那个坚固的堡垒终于被攻克。就在此时——凌晨四时半，我收到了大获全胜的消息。反动派因势利导，营造了一种恐怖氛围。街区两边的人们交头接耳，说我们的指挥官已被秘密处决。如果他们给我们造成了重大伤亡，那我们也要让他们血债血偿。我们已损失了五十位同志。我们冒着枪林弹雨解救了一名伤员，使他免于被投入河[③]中的厄运。

到目前为止，我方的伤亡人数已达一千七百人左右。截至今天凌晨，反动派的伤亡人数也差不多达到这个数了。

城中的交火还在继续。在我给您写信时，我四周的炮声不绝于耳。前方传来捷报，我们的部队取得了胜利。预备役部队展现了非凡的勇气。

这些事件发生两个月后——1848 年 8 月 13 日，我们发现欧仁·鲁

① 即法兰西第二共和国。

② 路易·尤查特·德·拉莫里西埃（Louis Juchault de Lamoricière，1806—1865），法国将军。

③ 指塞纳河。

路易·尤查特·德·拉莫里西埃

埃的注意力转移到法国的外交政策上了。在一次会议上处理完与选举有关的事宜后，他写道：

> 这些问题固然重要，但与国民议会会议上引起我们注意的那些问题相比，它们只能退居其次了。至于意大利问题该如何收场，我无从得知。令人讨厌的战争灾难我感觉已近在咫尺。如果真的爆发战争，我们将腹背受敌。与其让我们惶惶不可终日，不如当初把这个棘手的问题巧妙地交由奥地利来处理。“贵国与意大利的战争，”我们本应该这样对奥地利说，“将把贵国拖入无法自拔的泥潭。如果贵国被查理·阿尔伯特[①]击败，贵国会颜面扫地，被迫灰溜溜地离开意大利。如果贵国再与法国为敌，这是贵国需要的胜利吗？我们是不是该坐下来商议商议呢？”内部不团结、没有必胜把握的奥地利在这种情况下可能会接受外交调停。如果开往都灵的大军畅通无阻，以当前的局势来看，我们的军队必胜无疑。我们与英国的关系在一段时间内不会发生变化。但当我们开口谈及自由时，英国就会慢慢地疏远我们，最后躲得远远的，留下我们独自面对奥地利与俄国，或在某个地方击败我们，让我们蒙羞撤退。
>
> 口头辩论并不能解决实际问题。在今天看来，如果我们不想为我们望而却步的懦弱行径买单，这场不可避免的冲突将是极其激烈的，因为它会立即变成一场夹杂着个人恩怨的政治斗争。我也担心投票的结果不会支持我们。

我们发现就在同一个月，他还写下了以下文字，文中透露出丝丝悲伤，但还是能看到他满意的神情。

① 查理·阿尔伯特（Charles Albert，1798—1849），撒丁－皮埃蒙特王国国王。

欧仁·鲁埃信中提到的查理·阿尔伯特，撒丁－皮埃蒙特王国的国王

埃米勒·德·吉拉尔丹[①]阴谋案让人虚惊一场，现在终于落下了帷幕。结果，当权者准许重新发行那份叫《人民代表》，主编为我们"亲爱"的同事"公民"蒲鲁东[②]的报纸。蒲鲁东曾撰写系列文章大肆宣扬反社会主义言论。然而，当我们肩负使命清除挡在我们面前的强大的邪恶力量时，蒲鲁东的反社会主义言论能在多大程度上指引我们实现目标呢？政府还在半睡半醒的昏迷状态。现在该是信心饱满，并让饱满的信心彰显自己力量的时候了，必要的措施迫在眉睫，政府应通过这些措施来树立自己的威信，并让整个机制有效地运转起来。二十个委员会拟定的项目因一项新计划的出台而被搁浅，该计划应在原来计划的基础上进行，而不应全盘否定之前的计划，但并没有统一的行动方案。如果此时断然得出一切进展井然有序的结论，那无疑是自欺欺人。国家越是涣散，危险爆发的可能性就越大。

我们从中可以感觉到他意气风发、不久将手握大权的信心。然而，欧仁·鲁埃并没有一直忠实于他在此期间大肆鼓吹的自由主义信仰。1848 年革命[③]一年后的 1849 年 4 月 14 日，他突然改变立场，转而反对极端革命主义言论。他写道：

当我们逐渐接近目标时，拉蒙塔涅[④]的抗议呼声越来越高

① 埃米勒·德·吉拉尔丹（Émile de Girardin，1802—1881），法国记者、出版商、政治家、现代新闻学创始人。

② 即皮埃尔－约瑟夫·蒲鲁东（Pierre-Joseph Proudhon，1809—1865），法国政论家、经济学家，无政府主义奠基人之一，被称为"无政府主义之父"。法兰西第二共和国的建立使他成了一名"公民"，因此被称为"公民"蒲鲁东。

③ 指 1848 年 2 月在法国爆发的旨在推翻"七月王朝"的资产阶级革命。

④ 拉蒙塔涅是法国勃艮第－弗朗什－孔泰大区上索恩省的一个市。此处指来自该地的议员。

一幅讽刺漫画，其寓意埃米勒·德·吉拉尔丹不过是一个挥舞大棒的丑角

19 世纪中期的皮埃尔－约瑟夫·蒲鲁东

涨。我们面面相觑，等待对手主动提出休假请求，这样一来，我们就可以趁机解除他的职务。

讲坛正前方就是维克多·普洛斯伯·孔西德朗[①]。他刚给我们做了一场关于社会主义学说的精彩演讲，我们都听得很认真。傻念头在这个不幸的国家只能换来纵容与怜悯。

在同一年——1849年6月，欧仁·鲁埃再次把注意力转移到法国的对外政策上，这次他的情绪极度悲观。他呼吁道：

我们的外交环境已被“二月革命”严重污染。目前，我们派往国外的代表，那些至少以共和国的名义驻外的代表使我们名誉扫地，使我们的国家蒙羞。亚力克西斯·德·托克维尔[②]先生是不是该发配到奥吉亚斯的牛舍[③]去当值呢？那里有很多空缺。

国内政局依然动荡不安。国内没有良好的政治氛围，政治目光不够长远。尽管国内刚刚发生政变，但形势依然严峻，我们目前还没有行之有效的措施来驱散笼罩在我们头顶的密云。

尽管从以上信件中我们可以看出欧仁·鲁埃对时局敏锐、准确的判断，但信的内容却值得我们细细品味。历史将告诉我们，在他掌权以后，他是否不忘初心，依然以这段时期所具有的冷静的洞察力与脚踏实地的

① 维克多·普洛斯伯·孔西德朗（Victor Prosper Considerant，1808—1893），法国空想社会主义者，傅立叶信徒。

② 亚力克西斯·德·托克维尔（Alexis de Tocqueville，1805—1859），法国历史学家、政治家，政治社会学的奠基人。

③ 即奥吉亚斯国王的牛舍。相传奥吉亚斯国王有一个极大的牛圈，里面养了三千头牛，三十年来从未清扫，粪秽堆积如山，十分肮脏。

智慧来实现他宏伟的政治蓝图。

尽管他早期崇尚自由主义，后来由于时局的变化而被迫戴上了奥林匹斯山诸神的面具①，但在欧仁·鲁埃的整个政治生涯中，他一直是一位生活在二月革命阴影中的普通百姓。从他的私生活中，这一点可见一斑。据说与一个人走得越近，我们就越能感受到他的真性情。

拿破仑三世的这位生活简朴、墨守成规的权臣喜欢在公众场合大放厥词，在议会中唇枪舌剑。他喜欢花数小时潜心钻研政府理论后赶在宵禁前回到自己的住所，然后静静地坐在壁炉旁，重新揣摩起昨天因打扰而被中断的扑克牌游戏来。看到他此时的样子，我们或许会认为他是一位在生意上混得风生水起、生活悠然自得的小商人。在打理完商店之后，他哼着小曲儿，心满意足地回到家里，换上拖鞋，懒洋洋地躺在壁炉旁，盘算着当天可观的收入。我们不会从此时他的身上看出雄辩家的任何影子，可就在几个小时前，他凭着无人能及的口才深深吸引着观众的注意力。我们也无法从此时他的身上看出他就是那个曾经呼风唤雨、让几个国家分分合合的政治家，或者是那个曾与拿破仑三世针锋相对的天不怕地不怕的官员。欧仁·鲁埃好比传统故事中安分守己的老百姓，夜幕降临时，锁好房门，以防小偷惦记，悄悄地待在家里，生怕弄出动静来，但当他的脑海中闪现出穷凶极恶的小偷的模样时、想到自己的家以及他赖以生存的家产时，他顿时觉得这一切即将被人从他手里夺走，这时他会莫名其妙地诅咒几句。

在他的整个政治生涯中，欧仁·鲁埃具有明显的资产阶级小市民倾向。他努力追逐权力，最后如愿以偿，但他会不会像大多数人一样，在名利双收之后仍然不忘初心呢？他追逐权力是不是为了更大的抱负呢？

---

① 古希腊人认为奥林匹斯山是世界的中心，但随着航海技术的发展，希腊人逐渐改变了当初的看法，不再认为奥林匹斯山是地理上的奥林匹斯山，而是心中的“神山”。这里暗指欧仁·鲁埃虽然终其一生崇尚自由主义，但却惧怕极端革命主义。

欧仁·鲁埃是一个胸有大志的人。他虽然身居帝国高官之位，但不爱帝国，不以帝国为荣。他贪慕权力，同与他同朝为官、崇拜金钱或权力的其他人没什么两样。在他们眼中，人生最大的快乐莫过于踩着别人的肩膀为自己谋利。

我前面已做过陈述，刚开始，欧仁·鲁埃是一名自由主义者，但无论他多么一本正经、多么善于推理，终究没能领悟到自由的真谛。自打青年时起，自由的呼声就开始召唤着他；但老成持重[①]的他指定不会坚持太久。随着自由呼声的高涨，他开始胆怯了。自由的终极目标使他沮丧万分。此时，他巴不得溜之大吉。看着张着巨大的双臂向他迎面扑来的自由，他感到阵阵窒息，要是他不趁机躲开，在自由的蹂躏下，他将万劫不复。他就像一位在陌生女人的怀抱中瑟瑟发抖的孩子；在她的嘴唇碰撞他的肌肤的那一刻，他全身紧绷，每根神经都在颤抖。渐渐地，他变得僵直了。每当想起她的吻，他就浑身起鸡皮疙瘩。

现在，在实现了目标、心灵有了归宿之后，举手投足间他几乎都流露出对自由的仇恨；他每天都在贪慕权力的虚荣中度过，时光陪伴着他与生俱来的偏好，他谈笑风生，一路向前。他那能言善辩的力量就源于他对自由的仇恨以及琐碎的日常工作。

欧仁·鲁埃具有雄辩之才，这点毫无疑问。然而，在他刚步入仕途时，他的言谈并没有露出任何异常，也没有露出半点儿助他日后平步青云、令人不可思议的天赋。当他还在投石问路、无特定信仰之时，他开始大吹自由之风，但他的声音是那么羞涩，语调是那么冰冷、无力，结果没人愿意随声附和。直到他投身于宣扬专制主义的政治运动中时，他的雄辩艺术才崭露头角。从此，他一发不可收拾。辞藻之能事被他玩于

① 原文为 born old，意为出生时就很成熟，暗指欧仁·鲁埃意识到终极的自由与现实利益互相冲突，极力想摆脱自由主义思想对他的束缚。

股掌之间。此时，他不得不面对才智非凡的朱尔·法夫尔[①]、朱尔·西蒙[②]、埃米勒·奥利维耶等人的挑战。对于这些人，他并不满足于以权力压制他们。他暗下决心，要与他们一争高低，直到完胜。从这点来看，他确实了不起，毕竟能抵挡住他们唇枪舌剑的人寥寥无几。

此时，他的处境就像一头独自面对一群猎犬围攻的野猪。他站稳脚跟，挺直肩膀，两眼迸射出仇恨的目光，一副若要我死、你必先亡的架势。他自岿然不动。臣民们与拿破仑三世之间形成了一道不可逾越的屏障。他就是这道屏障。他坚决地捍卫皇室的尊严。他站在那里，仿佛一块可以移动的巨石，死死地堵住了通向杜伊勒里宫的各个关口。当他举起巨大的拳头，发出雷鸣般的吼声时，整个世界顿时明白第二帝国的又一个对手即将应声倒地，仿佛被力大无穷的泰坦[③]一击而倒一样。

他的雄辩之才与他的信仰、志向相辅相成。凭着暴躁的脾气与好辩的性情，他的每句话都能刺中敌人的要害，每句诅咒都能让那些自视为天下无敌的拿破仑三世的坚决反对者们哑口无言。他的雄辩之才引起了人们的注意。它颠覆了人们对传统意义上的善与恶的看法。它大力颂扬忠诚。它让人们仿佛看到了一个空中楼阁林立的王国。在那里，人们只谈激情，不谈理性，感性主宰着理性。

开诚布公地讲，欧仁·鲁埃的言辞是有分量的，但措辞低俗不堪，不能给人们带来听觉上的“享受”。他一面高度赞扬赋予他无上荣耀的君主，一面甘愿充当国家的旗手，大力挥舞着那面赤色旗子。每当站在讲坛上发表长篇大论时，他总不忘了手握早已在修辞这块磨刀石上磨得锐不可当的那把双刃剑。当人们还笼罩在拿破仑三世传奇式的荣耀所带

① 朱尔·法夫尔（Jules Favre，1809—1880），法国政治家，著名的“五人团”成员之一，坚决反对拿破仑三世的统治。

② 朱尔·西蒙（Jules Simon，1814—1896），法国政治家、哲学家。法兰西第三共和国时期，他成为机会主义共和派领袖之一。

③ 泰坦是希腊神话中统治世界的古老的神族。

朱尔·西蒙

19 世纪 60 年代的埃米勒 · 奥利维耶

来的光环之中时，当人们还在担心失去波拿巴皇室庇护的明天将会是什么样子时，毫无疑问，通过散布恐慌、利用人们对历史英雄人物的崇拜之情来赢得人们同情心的最佳时机出现了。不错，欧仁•鲁埃审时度势，能把人们熟烂于心的演讲艺术发挥到极致。从这点上讲，他确实了不起。但本着就事论事的原则，既然他在演讲艺术上并无创新之处，我们就不便讨论它的内在价值了。

阿道夫•比约去世之前后，欧仁•鲁埃在杜伊勒里宫的位置并不显眼。阿道夫•比约生前一直是欧仁•鲁埃仕途中的拦路虎。欧仁•鲁埃一直垂涎阿道夫•比约的那个位置，但阿道夫•比约像一座大山一样压着他。阿道夫•比约的离世使他如释重负，他的期盼终于如愿以偿。他迈着自信的步伐，脑海中翻滚着曾经穿梭于如今属于自己舞台的那些唯唯诺诺、微不足道的前辈的模样，不知不觉走到了拿破仑三世面前。拿破仑三世本能地用宽大、镇定的手拍了拍他的肩膀。从此，他与拿破仑三世结下了不解之缘。他一步步爬向权力的顶峰。他的影响力也与日俱增。在事业如日中天之时，他曾受惠于欧仁妮皇后——她的专制主义观点与他不谋而合。从那时起，他忠实地效忠欧仁妮皇后，为她出谋划策。他不仅在政界独领风骚，还在杜伊勒里宫也建起自己的势力集团，排除异己，制造专制氛围，后来这个集团打上欧仁妮皇后的幌子，就更肆无忌惮了，他们把私利强加在帝国头上，使帝国一步步走向毁灭。

当不满足于现行国家体制、崇尚专制主义的拿破仑三世发现自己已沦为别人手中的工具时，他变得焦躁不安。他默许欧仁•鲁埃的所作所为，但实际上被欧仁•鲁埃利用了。1851 年 12 月 2 日政变的初衷仍然在他脑海中频频浮现，他不能自打耳光，毕竟兢兢业业的欧仁•鲁埃是按着 12 月 2 日制定的方针在履行自己的职责，所以不能武断地终止他的工作。于是，拿破仑三世把整个国家的命运交到了欧仁•鲁埃手中，静静地等待着品尝恶果的滋味。

从此，欧仁·鲁埃全权支配着政府，这让我们想起了驾驭双轮战车的车夫，他不顾前方路况平坦无阻还是沟壑丛生，只管甩起马鞭，狠狠地抽打已健步如飞的骏马，企图让它们跑得更快一些。

臣民的不满情绪越来越强烈，暴动的火苗在他们中间蹿动。他们渴求的政治天堂无非就是能让他们安居乐业，但欧仁·鲁埃却拒绝满足他们的政治诉求，他总是一副傲慢无礼的态度，不屑理会他们来势汹汹却欲言又止的不满与谴责。

当帝国在罗马问题上所扮演的“角色”接近尾声之际，欧仁·鲁埃与欧仁妮皇后险些使我们与维克多·埃马纽埃尔二世反目成仇。当他受托代表杜伊勒里宫向公众澄清为何结束人人弃之而后快的罗马行动之事宜时，他倒行逆施，赫然发出咆哮般的吼声：“绝不”，这一吼使拿破仑三世与整个国家从此再无宁日。

即便粗略地回顾一下欧仁·鲁埃的所作所为，我们也会不禁问他是否精通权术，是否能驾驭一国之政事。

尽管这么做会使我陷入与那些长期致力于研究欧仁·鲁埃的大部分学者针锋相对的境地，但我还是会毫不迟疑地说这位权倾朝野的大臣根本不具备治理一个国家所必备的智慧。从“政治家”一词所蕴涵的真正含义来讲，他根本就不是一个政治家。

在仕途上平步青云时他透露出的那股傲气无人能出其右，但当他一夜“暴富”后，这股傲气却使他寝食难安，备受煎熬。在一路拼搏、奔向权力之巅的途中，他紧绷神经，时刻以军人般坚强的意志鞭策自己。他使劲地拓宽自己的肩膀，不给旁边的人立足之地。面对权力的诱惑，他开始变得有恃无恐，政治红利被他赚得盆满钵满，但他就是不愿意让别人，不管是谁，分享哪怕是一个子儿。他就像历尽千辛万苦，最后终于捞得一桶金的那些投机分子，视金如命，心中再无他人。他死死地看守着自己得之不易的财富，生怕溜掉一个子儿。

欧仁·鲁埃的政治抱负完全是为了私利，他贪恋权力的目的不是给他的国家带来荣耀，也不是为了让他的国家免遭苦难。就像某些自私自利的人，他们眼中的爱只不过是他们实现私欲的工具，压根儿就没想过要与他人分享快乐，而他们就是以这样的“抱负”投身政治的。

真正的政治家或伟大的统治者所追求的不全是这些。他们还懂得如何抚慰疲倦的灵魂，体恤生活的艰辛与苦楚，会像圣人那样耐心地为每位前来诉苦的人祈福，他的所思所想不会只局限在一己之利上。只要他这么做了，不管在宇宙的哪个角落，我们都会看到他伟大的身影。出生于大山怀抱中的欧仁·鲁埃，家乡山脉巍峨的轮廓像一面巨大的屏幕浮现在他眼前，于是他既无法看得更远，也无法看得更广，犹如一只井底之蛙只能以己之所见度外部世界之所大。

灾难的钟声唤醒了法国。时间的滚滚车轮把我们带到了令人难忘的1870年，时间似乎在那一刻被悲恸凝固了。这时，欧仁·鲁埃——在接下来的一章中我会详细论述——是参议院议长，他的权力比之前少了一些。但对他来说，重新掌权的大好时机无疑在1870年出现了。他以国家面临的威胁为突破口，成功地转移议员们的视线，并借机向他们许诺他可以领导法国取得胜利。实际上，他指的胜利就是清除挡在他面前、阻止他独揽政府大权的自由主义者，进而实现他的政治抱负。从此，欧仁·鲁埃实际上扮演着帝国掘墓人的角色。他亲手编织的葬礼面纱如今却被置于帝国额头的前朝小王冠与鲜花替代了。他就是一名罪犯，因为他蓄谋挑起战争，而他急于挑起战争的目的就是要犯罪。

尽管欧仁·鲁埃似乎就是专制帝国的化身，但事实上还有其他人与拿破仑三世一起维护着第二帝国的专制统治。在拿破仑三世的宫廷中，还有其他许多分管不同政务、势力不可小觑的大臣也被人们熟知。他们中有亨利·谢弗罗、让－巴普蒂斯特·迪韦吉耶、里谢、欧仁·若利布瓦、阿道夫·维特里[①]、奥斯曼、菲利克斯·埃斯基鲁·德·帕里厄[②]、佩尔西尼公爵、瓦莱夫斯基伯爵亚历山大·弗洛莱恩·约瑟夫[③]、马涅、路易·比费、欧内斯特·德·鲁瓦耶[④]、欧内斯特·皮纳尔[⑤]、彼得里、阿尔弗雷德·勒鲁[⑥]、赛格里、德维耶纳、埃米勒·奥利维耶、拉盖罗尼埃子爵路易·艾蒂安·亚瑟·迪布勒伊[⑦]以及其他人。一天，欧仁·鲁埃心血来潮，饶有兴趣地分析起他们每个人的性格来。给拿破仑三世的举荐名单里附着他对每位候选人的看法。在此，我只引用他对部分被举荐者的评语。

在亨利·谢弗罗身上，欧仁·鲁埃看到了“一名合格议员所必备的潜质”，但又批评他容易随波逐流，然后补充道：“摇摆不定的政治立场会使他误入歧途。”

谈到里谢先生时，欧仁·鲁埃批评道：“他是个不错的演说家，思维活跃，富有哲理，但不够果断，理想主义色彩太浓。他有胃病，由此可以判断他管不好自己的嘴。”他继续批评道：“提名佩尔西尼公爵或瓦莱夫斯基伯爵担任内务大臣只会颠覆人们对目前奉行的政策的看法。他们会给国家的内务带来麻烦，并使之变得一塌糊涂。路易·比费擅长纸上谈兵，但不懂运筹帷幄之术，所以不堪重用。”

① 阿道夫·维特里（Adolphe Vuitry，1813—1885），法国律师、经济学家、政治家。1863 到 1864 年任法兰西银行行长，1864 到 1869 年任第二帝国最高行政法院院长。

② 菲利克斯·埃斯基鲁·德·帕里厄（Félix Esquirou de Parieu，1815—1893），法国著名政治家。

③ 亚历山大·弗洛莱恩·约瑟夫（Alexandre Florian Joseph，1810—1868），波兰籍法国政治家、外交家。

④ 欧内斯特·德·鲁瓦耶（Ernest de Royer，1808—1877），法国律师、治安法官、政治家。曾两任司法部主官（1851，1857—1859）。

⑤ 欧内斯特·皮纳尔（Ernest Pinard，1822—1909），法国检察官。因起诉尼斯塔夫·福楼拜的《包法利夫人》和夏尔·博德莱尔的《恶之花》而声名鹊起。

⑥ 阿尔弗雷德·勒鲁（Alfred Le Roux，1815—1880），法国诗人、银行家、政治家。1869 年任农商部大臣。

⑦ 路易·艾蒂安·亚瑟·迪布勒伊（Louis Étienne Arthur Dubreuil，1816—1875），法国政治家，出身于显赫的普瓦图家族。

阿道夫·维特里

瓦莱夫斯基伯爵亚历山大·弗洛莱恩·约瑟夫

提到皮纳尔时，欧仁·鲁埃的笔墨明显地重了起来。皮纳尔深得欧仁妮皇后的欢心，他担心思想受制于他的皇后会听信欧内斯特·皮纳尔的“谗言”。因此，妒忌心使他不得不看紧欧内斯特·皮纳尔。欧仁妮皇后有时十分反感他的严加“管教”。她已不止一次试图摆脱这种束缚，尽管对他依然恋恋不舍。

欧仁·鲁埃评价道：“欧内斯特·皮纳尔是一位治安法官，具有极好的口才。他在王宫与最高行政法院享有一定声誉，或许他最适合当选立法团议员。我向陛下举荐他为议员。然而，在他心智还没健全、成熟之前，让他这样一个如此年轻的人在陌生的内政部、人事部或劳务部担任要职，或让他负责处理棘手的事务，对他似乎百害而无一利，会摧折他的锐气。因此，在皮纳尔的任用问题上必须慎之又慎，否则我们可能会陷入极大的被动。然而，如果他能避免有风险的跳跃式的提升而一步一步往上走，如果他能克制自己不插手行政事务——因为他缺乏必要的驾驭能力，我相信他很快就会在最高行政法院占有重要的一席之地，接着在政界平步青云。”

既然我们的注意力碰巧被欧内斯特·皮纳尔吸引住，那我不妨说说他的事。

在拿破仑三世时期，前内政大臣欧内斯特·皮纳尔读完我迫不得已得出的结论——我的前期作品《欧仁妮皇后》《拿破仑三世的宫廷》中的逸事部分对后来的观点并非完全没有影响——之后的短短几个月内就陆续出版了几部回忆录。

然而，欧内斯特·皮纳尔先生却因其著作太倚重我的素材而心生怨气。他随即在回忆录第一部第一章（第一百四十二页）对我发起了如下攻击：

> 我听说，今天又有一些旧故事被改编了，自 1870 年以来，这些故事已被改得面目全非。我已见怪不怪了。凭作者的主观臆测杜撰的纯娱乐性的故事很受读者的青睐。因此，这对于想通过杜撰绯闻丑事大发横财的作者来说再理想不过了。被毫不知情的人妄加评议的《拿破仑三世的宫廷》一经出版就引起了巨大反响。

第二帝国最有权威、最不明智的大臣之一——欧内斯特·皮纳尔一生忠心耿耿，忠诚到几近盲目，迂腐到不可救药。我们只能赞扬他坚定不移的忠诚，但即便是这种崇高的品质也不足以让他胜任修正我手头关于第二帝国的文献的工作。

欧内斯特·皮纳尔

在事业蒸蒸日上之时，欧内斯特·皮纳尔很少进宫，他把大部分时间花在处理内政事务上。他行事极谨慎，格外严肃，与拿破仑三世、欧仁妮皇后周围举止轻浮的人们相比，他显得格格不入。除了他一贯的恋旧与不善变通外，总的来讲，他的能力不逊色于别人，但谈及政治时，他连经常往来于杜伊勒里宫的那些社会名流——不管是男士还是女士——的政治倾向都说不清楚。

多年来，我已习惯于在某伯爵夫妇家气氛融洽的客厅里与欧内斯特·皮纳尔碰面。他们家位于蒙塔波尔街，大门向所有好友敞开。但最近由于伯爵夫人的溘然离世，伯爵闭门谢客了。

因为知道我与拿破仑三世的掌玺大臣的关系密切，所以欧内斯特·皮纳尔知道我手头文献的真正价值所在。因此，他对我的攻击仅仅出于对他前同事的感激，是对传统的辩护。

然而，他为什么要在抨击我的文字中提到钱的事情？从历史的角度来讲，这确实不合常规。作家与出版商讨价还价，并从他们那儿拿到自己应得的报酬已经不再是秘密。欧内斯特·皮纳尔是否会允许我向他提出这样的质疑：如果是他，他是否会拒绝出版商付给他的任何报酬呢？假如他自费出版作品，那么这是不是说明出版商对他的作品没有信心呢？他的立场毫不含糊地证明了其说法的荒唐，我很想知道他会不会有更好的说法。

我还是接着讲欧仁·鲁埃的故事吧。

欧仁·鲁埃是舆论批评的焦点。

“埃米勒·奥利维耶充满激情，恪尽职守。”欧仁·鲁埃评价道，“他的性格具有多面性。贪念使他心胸狭窄、敌视别人，而超前的政治观点使他一无是处。在我看来，他比瓦莱夫斯基伯爵亚历山大·弗洛莱恩·约瑟夫更不待见我，他是我迄今为止遇到的最不待见我的搭档。立法团前任议长在某刊物上撰文批评我后，他随后在议会上煽风点火、拉帮结派，鼓动众议员孤立我、攻击我。然而，我知道这些攻击只不过是稻草燃烧冒出的火苗[①]，一点儿小恩小惠就会把它浇灭。”

欧仁·鲁埃对拉盖罗尼埃子爵路易·艾蒂安·亚瑟·迪布勒伊的评价很高，“他的境遇多少有点儿尴尬。”随后，欧仁·鲁埃提议政府让他出任大使，补充道：“因为国家不能没有他的鼎力协助。”

以上这些就是欧仁·鲁埃对拿破仑三世身边政客们的评价。如果他们都能如愿以偿，那么欧仁·鲁埃就得整天提心吊胆。欧仁·鲁埃这么做的目的不是有意损他们，而是借着向拿破仑三世举荐他们的机会，让他们永远不能超越自己，将他们置于自己的领导之下。事实上，他的小资产阶级市民倾向一直贯穿始终。他既谨小慎微，又过于贪恋权力，爱慕虚荣。

在“1870 年战争爆发”一章中，我将进一步剖析欧仁·鲁埃在特殊时期扮演的“角色”。他是战争的积极倡导者之一。初战失利后，就是他借拿破仑三世之权煽动同僚、召集会议、阻止拿破仑三世返回巴黎，迫使皇帝前往阵地，将色当的灾难强加给皇帝。在那里，拿破仑三世的政治生涯走向了终结；在那里，拿破仑三世遭遇了现代史上最无情的厄运的摧残。

旅行结束后，1870 年 9 月 4 日他返回巴黎，并于当天坐上了上议院议长的席位。他不顾国家的安危，以他一贯秉承的盲目、自豪的姿态拒绝谈论动荡不安的政局，拒绝谈论变革，最后愤然宣布休会，任凭焦躁不安的大臣们苦苦哀求。他以讽刺意味很浓的语调[②]说道：“先生们，这个问题我们明天再议。”

说完这些透着霸气、值得载入史册的豪言壮语后，我们会理所当然

① 暗指不会变成熊熊燃烧的大火。

② 这种语调显然出卖了他令人震惊的无知。

地认为第二天他一定会从容地推开紧闭的议会厅大门，出现在上议院。然而，他等不及第二天的到来，9 月 4 日那天傍晚就消失得无影无踪了。群情激昂的人们——那些年受尽他侮辱的人——四处寻找他，却不得而终。

然而，我们非要死死盯着人性的弱点不放吗？难道人性中的这些弱点，如私欲、贪婪、愚蠢等，不是所有帝国都赖以生存的根基吗？难道它们不是使璀璨夺目的皇冠失去光泽的“罪魁祸首”吗？是狮子就不愿一直趴在窝里，是雄鹰就不想一直蹲在巢里，更不愿在粪便堆积如山的地方哪怕小憩一会儿。即便在王宫里，犯罪、龌龊之事也横行无阻。因此，我们不应傻乎乎地为此而感到惊讶或愤愤不平。

第二帝国在 1870 年战争隆隆的炮火声中倒塌后，欧仁·鲁埃在国民议会重组前再次出现在公众视野。此时，他是以议员的身份赴凡尔赛走马上任的。我已在前文提到过那次让人难以忘记的会议，他以惊人的勇气舌战同僚，坚决捍卫他曾效忠过的第二帝国。然而，后来政治舞台上没有了他的身影，在他的余生，他再也没想过重操旧业。尽管这样，他还是成功地让人们在另一个领域——经济领域——听到了他的声音。听到他的大名时，人们仍然心有余悸，但他在经济领域的造诣使他在议会中赢得了应有的尊重，就连从前最恨他的敌人也赞不绝口。

其间，他是拿破仑三世流亡政府的首席顾问。拿破仑三世驾崩后，他成了欧仁妮皇后的代言人。他所做的每件事都是为了帝国复辟。他为此殚心竭虑，不放过有可能使帝国复辟的任何机会。他几乎绝望地恳求欧仁妮皇后撤销皇太子参加祖鲁战争的决议。然而，命运之神替他掷出了骰子，欧仁·鲁埃叱咤政坛的日子一去不复返了。

秉着一贯独特、客观的写作风格，我对欧仁·鲁埃的评价是中肯的。然而，还有一点值得一提，尽管欧仁·鲁埃一生经手过无数钱财，但他丝毫不为金钱所动。当他的仕途刚起步时，他一贫如洗，位极人臣后他却没有敛一点儿私财。随着帝国大厦轰然倒塌，他只背着两只空空如也的口袋。刻意去颂扬一个人的清廉显得有点儿奇怪。或许我们也没有必要连他的衣服夹层也不放过。除非我们心血来潮，侥幸地认为在他的衣服夹层里可能藏有不义之财。我们也没有必要在他家里翻箱倒柜，去查询保险柜里仅存的几块钱的来路。然而，有时受舆论“绑架”，有时资金的流动引发骚乱，人们难免会产生好奇心，但一切水落石出时，人们会加倍敬重他的廉洁。

在奢侈与浮华风靡的第二帝国人人崇拜金钱、政府官员动辄上百万收入的日子里，欧仁·鲁埃却能洁身自好，能以资产阶级小市民特有的本分立世。如果他在仕途上能审时度势，如果他能对广大百姓友好一些，尽管深受欧仁妮皇后思想毒害的他在面对威胁第二帝国安危的种种灾难面前不得不表现得盲目自信，不得不以他惯有的骄傲、自大的口气抛出豪言壮语，他依然是一位响当当的历史人物，他坦然地面对金钱的诱惑，使自己的人格不沾一丝铜臭味。

面对物欲横流的诱惑，他依然能出淤泥而不染。作为一个自我要求极其严格的人，杜伊勒里宫给他的通行证只不过给他提供了面见拿破仑三世、商榷国是的便利。在他眼中，通行证别无他用，或许他根本就没领会到它的用处。他冷酷无情，面对女色坐怀不乱，难怪杜伊勒里宫中弥漫的轻浮、淫乱之风对他毫无吸引力。荒淫无度在清教徒眼中不就是罪过的代名词吗？

有些人虽死犹生。人们频繁地前往墓地拜谒他们，希望得到某种灵感。欧仁·鲁埃不在他们之列。他就像梦境中不停闪现的身影，挺拔伟岸，光芒万丈，在第二帝国道德沦丧、人性扭曲的大背景中，它格外显眼。然而，幻影终归是幻影，随着时间的流逝，它的光环会一点点褪却。

前文我已提过欧仁·鲁埃一生生活低调、不张扬，即便在事业最辉煌的时候也是一样。在事业如日中天之际，他就像一位碰巧被幸运之神眷顾、意外获得一大笔财富而高兴得合不拢嘴的无名小辈，赶紧小心翼翼地把它锁起来藏好，从没想过要让这笔钱运转起来或把它挥霍掉。尽管人们讥讽欧仁·鲁埃徒劳的激情，蔑视他愚忠愚孝的党派倾向，更不理解他对权位几近疯狂的贪恋，但就像对待其他伟人一样，历史不会磨灭他曾在世界上留下的痕迹。

第7章
埃米勒·奥利维耶与自由主义在第二帝国的泛滥

一提起埃米勒·奥利维耶的大名，我们会不由自主地瑟瑟发抖；即使在今天，他的名字仍然会激起人们对他的怨恨与诅咒。那些惯以众所周知的一面来评判一个人的人往往把埃米勒·奥利维耶的大名与1870年的灾难联系在一起。他们认为他就是1870年各种恐慌的罪魁祸首。无知与愚蠢的偏见使他们把自己的绝望、仇恨都归咎到他头上。然而，要把他真实的一面展现给人们需要勇气。不妨这么说吧，这位不受人待见、遭人误解，或者不幸沦为政治世界中习以为常的虚伪与谎言[①]的受害者，不应被排斥、诅咒，也不应成为人们发泄不满的对象。他不应受到各种无端的指责。他以前是现在仍然是我们这个时代最伟大的议员之一。

撇开人们固有的偏见重现第二帝国时期的真人真事需要莫大的勇气。大家对此应该能产生共鸣。我涉足的课题越是充满争议，我越有信心刨根问底、越有信心把它的真实面目展现给大家。在再现埃米勒·奥利维耶一事上，我不会摒弃一贯的求实精神。我既不害怕揭人之短，也不会听信言过其实的赞誉，只求公允地还大家一个真实的埃米勒·奥利维耶。我这么做不仅是为了抚慰我的自尊心，而且要赢得人们对我的信

① 这种情况在政治圈子中再熟悉不过了。——原注

任。我再也不希望人们因为我“篡改历史的恶劣行径”而白眼相向了。

大肆宣扬带有个人色彩的自由主义思想之前很长一段时间内，埃米勒·奥利维耶一直是人们心中积极倡导绝对自由主义的权威人士。至于他为何与第二帝国死磕，这点确实让人费解。当他的同僚还在纠缠前朝政纲、共和理念之时，埃米勒·奥利维耶却特立独行，早已认定他此刻向杜伊勒里宫“开战”绝非儿戏，注定遥遥无期，除非帝国政府与时俱进，放弃目前的“政体”，这样他就会宣布放弃敌对。如果将来有一天埃米勒·奥利维耶心满意足地大谈拿破仑三世推行的自由主义政策，人们则会指责他改旗易帜，甘愿放弃之前一直倡导的绝对自由主义理念。然而，这种指责有失公允，因为那时他没有放弃一贯秉承的理念，依然是自由主义思想的坚定捍卫者，只是时过境迁，他的思想顺应时代发展潮流罢了。

当时他是著名的“五人团”团长，与朱尔·法夫尔政见相投，所以他们的关系很亲密。雅克－路易·埃农、阿尔弗雷德·达里蒙[①]与拿破仑三世关系甚密，而才高智深、不受世俗偏见束缚的欧内斯特·皮纳尔却不愿为拿破仑三世效力。1870 年战争爆发之际，他以参议院提名议员的身份被举荐给拿破仑三世。

然而，有必要在此说明一下，这些人[②]中只有朱尔·法夫尔从始至终没有改变自己的信仰，从没想过与拿破仑三世和解。虽然时过境迁，但他依然笃信 1851 年 12 月 2 日政变[③]以前的共和理念。不管在言辞中，还是在公开活动中，他毅然决然地坚守着自己的信念，丝毫没有动摇过。

① 阿尔弗雷德·达里蒙（Alfred Darimon，1819—1902），法国议员。

② “这些人”指 1857 年到 1860 年反对法兰西第二帝国的主要人物，即“五人团”中的埃米勒·奥利维耶、朱尔·法夫尔、欧内斯特·皮纳尔、雅克－路易·埃农及阿尔弗雷德·达里蒙。

③ 1851 年 12 月 2 日，拿破仑三世成功发动政变，使法兰西第二共和国变为法兰西第二帝国。

19 世纪 60 年代中期的拿破仑三世

朱尔·法夫尔在第二帝国的议会中举足轻重，是反对第二帝国的最有影响力的人物之一。尽管本章是专门讲述埃米勒·奥利维耶[①]的，但我觉得有必要在这里讲讲朱尔·法夫尔的故事。

朱尔·法夫尔是一位当之无愧的演说家，他那富有魅力的声音至今仍回荡在我耳际。每当演讲时，他总是激情饱满，声音抑扬顿挫。不管是哪种讲演，洋溢着热情的，还是迸发出怒火的，他总能发挥得淋漓尽致。当议员们在议会中战战兢兢、人民对政事充耳不闻时，他凭着三寸不烂之舌给他们送去了勇气，点燃了他们的希望，让他们拥有了奋斗的目标。人们由衷地放大这位朋友在他们心中的形象，就像孩子们听到传奇英雄人物的冒险故事后脑海中浮现出他们伟岸的身影一样。

第二帝国时期，波旁宫另设“朝廷”、召集会议、不容许他党参加的举措实属罕见。但每逢会议召开之际，朱尔·法夫尔总是兴致盎然、充满好奇。

这位谙熟雄辩之术、深知如何控制听众情感的人却天生讨厌置身于喧嚣的人群中。在临近讲演的日子里，他每天匆忙赶往立法团，然后关上休息室的门，努力把自己调整到最佳状态。有时他伸开四肢，斜躺在安乐椅上，有时背靠扶手椅，腿上放着一本大大的文件夹，开始思考接下来该怎么演讲。他脸上时不时流露出的痛苦表情扭曲了他的嘴——一张恶魔之嘴，愤怒的舌头愿在其中大显身手，甜蜜的亲吻也不愿早早地离开。那张伶牙俐齿的嘴，既可以发出天摇地动的怒吼声，也可以说出沁人心脾的良言益语。他用那犹如女人般的纤纤玉指轻轻捋着花白的长胡子。他偶尔猛地甩一下头，将浓密的长发甩向脑后，然后一动不动。一幅幅美好的画面在他的脑海中此起彼伏，迎着灿烂的梦想，看着人们欢呼雀跃的样子，大步迈向平坦的仕途。

① 埃米勒·奥利维耶与朱尔·法夫尔曾经是朋友，但后来反目成仇。——原注

第二帝国时期的波旁宫进行政治活动的场景

然后，他走出休息室，前往议会厅去看看人员是否到齐。当看到整个议会大厅座无虚席时，他喜不自胜。在座的人们有的向他投以欣赏的目光，有的则恨得咬牙切齿。当议长宣布接下来由朱尔•法夫尔做演讲时，翘首跂踵的人们再也等不及了。他迈着轻松的步伐，飘飘然朝讲坛走去时，大使们、政客们、世袭贵族们、拉选票者们、嘈杂的金融家们、时尚界的名媛们、政界的女性领袖们、来自下层社会的狂热者们、宫廷中的宠臣们频频向他颔首致敬，眼中流露着钦佩的目光，笑容满面地欢迎他的到来。在他看来，人们的笑脸相迎一点儿都不多余，他由衷地感到高兴。粉妆玉琢的女士们身上散发的香水味弥漫着整个大厅。她们深情款款，呼吸急促，盼着能一睹他的风采。这一切让他如痴如醉。他尽情地呼吸着芬芳的空气。当看到人们期许的微笑时，他的嘴唇微微颤抖着，仿佛沉浸在女人的温柔乡里。此刻，他飘飘欲仙了，高兴得无法自已了，脚步不由自主地乱了起来。再次回到休息室时，他已精疲力竭。伴随着一声长叹，他瘫坐在沙发上。

讲坛上的朱尔•法夫尔英姿飒爽。魁梧的身躯在议会大厅中格外显眼；宽大的肩膀似乎占满了，不，挤出了，如果我可以这么说的话，讲坛边缘，不是他的肩膀宽，而是讲坛太窄。他那柔滑、白皙的双手紧紧抓着讲坛的两边，显得极不自在。在开讲之前，他习惯性地扫视一下大厅，只见黑压压一片，就连走廊也挤满了人。他打起精神，准备演讲了。刚开始时，他的语调显得太过单调，但越往后头，他越激情高涨。

演讲接近尾声时，朱尔•法夫尔刻意放慢语速，因为不想放过每个让自己感兴趣的细节。讲到兴奋时，难以抑制的激情全部写在脸上。夸张、独特的表情使他的嘴也变了形。当雷鸣般的掌声发出时，他整个人飘了起来。他的声音越来越急促，也越来越刻薄。他一边怒吼着，一边诅咒着专制统治，一边为人们精神上遭受的折磨鸣不平。他指出：“帝国终究会因道德的沦丧而不复存在。”当他带着蔑视的语调，顺手将仇恨的短剑刺向饱受帝国压榨的人们时，他的嘴角泛起了一丝得意的微笑；可一转眼，愤怒的火苗蹿上了他的眉头，只听见他歇斯底里地吼叫着。偌大的讲坛在他来回走动的脚下咯吱咯吱地响着。他无意识地将胳膊在空中挥舞着，仿佛在和敌人厮打。他的鼻孔张着，眼睛诡秘地眨着，上下起伏的胸脯宛若铁匠铺里随着风箱的拉动从锻铁炉里喷出的忽大忽小的火苗。奇怪、刺耳的喉音时不时地打断他的讲话，就像频繁的打嗝声使人无法流畅地说话一样。他后仰着身子，使劲将胳膊伸向前方，一副咄咄逼人的模样，没人比他更懂得如何恶毒地去诅咒一个人了。他那黝黑的脸庞会突然涨得发紫，血液已蹿升至脖子根，杂乱的头发披散在额头上，嘴角不停地抽动着。

最令人值得回味的要数朱尔·法夫尔的结束语了。演讲接近尾声时，他情绪激昂。此时，他已不再受愤怒和仇恨的支配。他不再夸夸其谈，而是简明扼要地总结他的话题。当谈到自由时，他的语气变得越来越柔和。他的心中涌起一股莫名的骚动。他轻轻抚摸着“自由”，如同一个男人抚摸心爱的女人一般，极尽打扮之能事力求使她完美。他小心翼翼地拿着画笔，尽力使自己笔下的自由体现得尽善尽美。他深爱着自由，正如蛇爱着碗中的牛奶一样。大厅里的人们听得目瞪口呆。突然，他提高嗓门，连他自己也为之一抖，整个人随之抽搐起来。最后，在一首充满绝望与悲痛的预言诗中，他的演讲缓缓落下帷幕。他已忘却此时自己身处议会大厅，也全然不知现场还有很多同事。然而，在场的人们依然能够听得到他的喃喃自语。大家对此已经习以为常。他终于安静下来时，还不忘在讲坛上多待一会儿，好像双脚被粘在了地上动弹不得一样，好像还没有从自我陶醉的演讲中回过神来一样。

第二帝国时期，共和派主导的“沙龙”寥寥无几。共和派人士没有自己固定的集会场所。有时，他们选择在冒着被查封的风险、赫然与杜伊勒里宫唱反调的为数不多的几家报社的办公室里碰头。有时，他们在同党的家里商量对策。朱尔·法夫尔家就是其中之一。在那里，他与朋友们共同探讨时局，一起决定他们在公开辩论中的指导方针。

朱尔·法夫尔在自由党中的威望很高。因此，一些小党派的头目、数量相当可观的议员都甘愿受他驱使。发动论战之前，他们自发地前往他的家中，领受他“开战”的命令。这种类型的聚会在帝国摇摇欲坠之际尤其频繁。在他的谆谆教诲下，他们个个摩拳擦掌，信心百倍，脸上流露着必胜的神情，仿佛古时候脸涂圣油、雄赳赳气昂昂奔赴竞技场的运动健将们。不管是年长者，还是年幼者，他们都愿向他求教，聆听他的圣言——年幼者期望能从他的思想中汲取新的灵感，年长者憧憬着能从他的信仰中找到共鸣。然而，随着交流的深入，他们的失落感也与日俱增，他们向往中的神话被慢慢打破。

当第二帝国从专制统治阶段过渡到开明统治阶段、埃米勒·奥利维耶欣然牵头倡导新运动时，朱尔·法夫尔既诧异又担心。诧异是因为他的对手在权力追逐赛中已经把他甩在后面，担心是因为目前风谲云诡的局势让他摸不着头脑。

当流亡他国的政治犯[①]的儿子埃米勒·奥利维耶摇身一变成了帝国的拥护者时，共和派内部炸开了锅。对他们来说，这犹如晴天霹雳。他英姿勃勃，嘴大唇厚，两只眼睛隐藏在巨大的镜片后面；他外表冷酷、无情，但内心急躁、多情。站在讲坛上的他与朱尔·法夫尔如出一辙。朱尔·法夫尔从一开始就意识到埃米勒·奥利维耶有朝一日会成为他的劲敌。

朱尔·法夫尔攀登权力高峰的途中还有一大障碍。在政治世界的地平线上，或更确切地讲，在共和主义世界的地平线上，一个危险的人物

① 即埃米勒·奥利维耶的父亲德莫斯泰纳·奥利维耶（1799—1884），坚定的民主主义者和共和主义者，因反对拿破仑三世发动1851年12月2日政变而被放逐，直到1860年才获准回国。

才智非凡的朱尔·法夫尔

正徐徐露出身影。他不苟言笑，说话铿锵有力，已经引起公众的关注。他给人们带来了新的希望，重新点燃了他们的激情。这个人就是莱昂·甘必大。尽管朱尔·法夫尔表面上热情欢迎对方的“加盟”，但莱昂·甘必大与日俱增的名气使他黯然失色，他的内心充满恐惧。

莱昂·甘必大性格独特，是人们眼中的“另类”①。他生于法国南部。他曾迷茫过、徘徊过，因为不知未来的路在何方，所以一边观察着周围的动静，一边耐心地等待着时机的到来。莱昂·甘必大出身律师，凭着良好的口碑深得拉丁区②人民的拥戴。一次，他在法庭上控诉第二帝国③，赢得了拉丁区人民的爱戴，随之声名鹊起。一天傍晚，竞选初试成功的莱昂·甘必大第一次向人们完整地展现了他志在引领社会改革的宏伟蓝图。南方人侃侃而谈的性格特点在他身上烙下了深深的印记。在公开场合他每次获得的成功或多或少都得益于此。这次出庭辩护让人们看到了他的政治潜力。随后他被提名参加议会选举，并获得了成功。尽管他的声音刺耳难听、身体弱不禁风，但他还是在政坛上迅速谋得了一席之地。

他在公开场合的行为举止令人印象深刻。当他走在光亮如镜的地板上时，样子滑稽可笑。他叉开双腿，轻轻地往前挪着脚步，生怕一不小心滑倒。当他碰巧看到朋友或熟人穿屋而过时，他总是不忘喊一声“你”④！人们最熟悉的莫过于他的手势了，每当和别人聊天时，他都会情不自禁地双手拦腰抓住对方，粗鲁地扯来扯去。通常情况下，他喜欢摆弄对方的外衣里衬，并不自觉地在对方的身上拍拍打打。每当与政

① 原文“type”，一位某种类型的人，“另类”说明他的性格与众不同。

② 拉丁区处于巴黎五区和六区之间，是著名的“穷人区”。

③ 指莱昂·甘必大 1866 年为“博丹事件”的被告人德勒克吕兹做辩护律师，在法庭上控诉第二帝国之事。

④ 法语中，宾语人称代词“te”是“你”的意思，但为表尊重，社交场合一般用“vous”，相当于汉语中的您。

莱昂·甘必大的漫画形象

敌争锋相对时，他总能化敌为友、化干戈为玉帛。南方人夸夸其谈的性格特点再次在他身上彰显，在他不停的狂轰滥炸下，对手一步步落入他精心编织的罗网，最后心甘情愿地冲他露出笑脸，此前的粗鲁、无礼顿时被他们抛诸脑后，心中只有无尽的自责与相见恨晚的感慨。

莱昂·甘必大博学多识，讲起话来滔滔不绝。著名的“不可调和”一词就是他持坚决反对立场的代名词。从此，“不可调和”一词火速传遍法国。该词给他带来的成功甚至超过了无数次雄辩有力的演讲的效果。

1869年，莱昂·甘必大把波西米亚之风[①]带进了议会。他独辟蹊径，赋予波西米亚主义新的含义——愤世嫉俗，心无念想，郁郁寡欢。莱昂·甘必大把新波西米亚主义在演讲中发挥得淋漓尽致。当这股强劲的波西米亚主义之风吹向议员们时，议员们个个后背发凉，双腿瑟瑟发抖，瞬间被吹得衣不蔽体。在座的人们无不目瞪口呆，而莱昂·甘必大面无惧色，自我陶醉于愉悦之中，仿佛大街上过往的行人被某个角落传来的宛转悠扬的曲调深深吸引住一般。突然之间，优美的歌声戛然而止，紧随而来的是一番铺天盖地的狂轰滥炸，宛若一群倾巢而出的黄蜂发出的怒吼声一般。

面对莱昂·甘必大天不怕、地不怕的闯劲儿，朱尔·法夫尔忧心忡忡。朱尔·法夫尔不得不想尽一切办法紧紧盯着莱昂·甘必大，因为这是一头令人心惊胆战的雄狮。朱尔·法夫尔曾毫不避讳地说，只有把莱昂·甘必大牢牢控制在自己的手掌心时，才可以松一口气；只要莱昂·甘必大一日不受他的控制，他就寝食难安。

后来，朱尔·法夫尔慢慢接受了莱昂·甘必大，发现他就是那样一

① 借指波西米亚主义。它包含两层含义，其一是指一群希望过非传统生活的艺术家、作家与任何对传统不持幻想的人的生活方式；其二是指法国人眼中四处漂泊、不受传统束缚的吉卜赛人。

个人：大大咧咧，不拘小节，头发总是乱蓬蓬的。对此，莱昂·甘必大并不知情。然而，朱尔·法夫尔给莱昂·甘必大悄悄地戴上了无形的枷锁。既然莱昂·甘必大气宇轩昂、超凡脱俗，是一名不折不扣的“改革者”，朱尔·法夫尔不得不想尽一切办法接近他、麻痹他，让他一直处在自己的可视范围之内，以此来确保自己的地位、权力不受这个市井草民的威胁。莱昂·甘必大以及他眼中的波西米亚就是巴黎人眼中的跳梁小丑。巴黎人愤世嫉俗，无所畏惧。披着传统外衣的莱昂·甘必大将是一位劲敌。朱尔·法夫尔已经领教过和莱昂·甘必大一样难缠的劲敌，那就是埃米勒·奥利维耶。

然而，不负朱尔·法夫尔所望的莱昂·甘必大让他的担心变成了现实，莱昂·甘必大成功地爬上了令他坐卧不安的职位。莱昂·甘必大摇身一变，一夜之间成了议员，甚至成了法国人眼中的明星。在莱昂·甘必大的咆哮声中，继第二帝国覆亡后匆忙组建的、令人作呕的帕特里斯·德·麦克马洪[①]元帅的政府[②]轰然倒塌。社会各界、外交界向他敞开了大门。他不再是过去人们心目中的庞然大物，也不再是以前那位初来巴黎、偏执一词、我行我素的菜鸟政客。他突然变得温文尔雅、循规蹈矩。之前如狮子鬃毛般披散在两肩的长发变得一丝不乱，整齐地盘在头上。当他步入弥散着友好气息、充满珠光宝气的客厅时，他不再对别人以“你”相称。他不再担心光滑的地板会让他摔跤。然而，有一点是没变的，他依旧精神饱满、喜怒无常。他一改以往拉拉扯扯的恶习。偶尔情不能已时，老毛病又会发作，他会紧紧抓住对方的衣领，感觉要把对方生吞活剥似的。即便这样，他还是值得称赞，他有过人之处。他的暴脾气虽然导致了一

① 帕特里斯·德·麦克马洪（Patrice de MacMahon，1808—1893），法国军人，法兰西第三共和国第二任总统。

② 指帕特里斯·德·麦克马洪元帅总统任期内的法兰西第三共和国政府。

帕特里斯·德·麦克马洪元帅

些错误，但人们还是包容了他。当上司们以长者的姿态笑嘻嘻地开他犯下的错误的玩笑时，他一言不发，毕恭毕敬地听着对方的“数落”，就连目光最敏锐的旁观者也看不穿他此刻的真实想法。

莱昂·甘必大是个聪明人，是真正的能臣干将。他历经千难万阻，从社会的最底层一路摸爬滚打攀登到权力的巅峰，成为一颗众人仰望的明星。诚然，他的一生绝非平淡无奇。他的人生之路沟壑丛生，充满坎坷。他玩弄过掩人耳目的庸俗伎俩，品尝过胆怯的滋味，重拾过大步向前的勇气。总之，他的一生几乎是个谜，让人捉摸不透。无论过去如何，不管将来怎样，他的人生历程值得钦佩、羡慕。这位民主斗士，这位来自法国某个鲜为人知的角落的产物却有着常人不可企及的嗅觉、政治眼光与判断力。当他操着指挥官的腔调、红着脖子，以悍然不动的威严发出炮火般的怒吼时，整个欧洲及其他国家的权贵都向他肃然起敬。然而，除了幸得威尔士亲王[①]的赞赏外，他很少得到与他打过交道的人的赞赏，但却令他们印象深刻。他桀骜不逊，善于察言观色，往往让那些心生疑窦的人措手不及。成功地说服劲敌投奔自己麾下时，他会迫不及待地炫耀自己的战果，大夸特夸自己的魅力。

莱昂·甘必大是爱国主义人士。在祖国母亲饱受折磨的日子里，他不离不弃地陪着她，一边给她宽心，一边告诉她苦难终会过去。他的建议或许有不妥之处，但足见他的真心、坚决的勇气以及无比高尚的信心。他慷慨大义，心地善良。他是性情中人，朋友爱慕他，难免对他投以赞许的目光，但他最看重的却是真情实感，这比虚无的、排山倒海般的喝彩声更值得拥有。

朱尔·法夫尔是个吝啬鬼，从没想过要与别人分享他在政治上的成就。他乐于独享自己苦苦弄到手的政治权力。他警觉地看守着自己的政

① 即后来的英王爱德华七世（1841—1910）。

威尔士亲王

治财富，不容许任何人越雷池一步，否则他会以命相拼。他曾被人们扒光衣服，无情地扔在一座伟大城市的大街上，路人皆对他视而不见[①]。在工作中，他经常遭到冷落。那些财大气粗、一手遮天、横在力图变革社会、实现自我价值的改良派面前的资本家、自利主义者组成的伟大阶级无情地鞭笞他、数落他。回想起这段时期的过往，他不禁潸然泪下，心里阵阵酸楚。谁让他生不逢时呢？在一个追逐自我享受、奢靡成风的时代，谦逊又有何用呢？一点儿用处也没有！只有埋头苦干时，他才能让自己炽热的心灵得到一丝安慰。他生活中的乐趣就体现在工作上。和别人一样，他把自己的时间分成几部分，其中最神圣的一部分就是学习。在剩余的时间里，他要么闭目养神，要么享受天伦之乐，要么干点儿别的。他从不会干一件无用之事。他刻意追求清心寡欲式的生活，一心只想着学习。只要手头有未解之题，他从不会轻易合上书本，除非难题已被他破解。这种自虐式的生活扭曲了他的性格。现在，当他手握大权、人们对他投以妒忌的目光时，想想当初自己经历的孤独、精神上遭受的摧残以及苦不堪言的拼搏历程，他怒火中烧。他的过去白璧无瑕，他惊人的毅力令人窒息，仿佛喉咙被刺卡住一样，既让人生气，又让人无可奈何。然而，清教徒式的生活态度正是他无穷力量的源泉。从他步入仕途的第一天起，他就尘封了自己的情感世界。他绝不允许自己的肉体得到丝毫放纵。没错，他曾有过阵阵不安。面对美色的诱惑，他春心荡漾，心神不宁。然而，不服输的使命感、学业上的压力、尚未实现的雄心壮志使他很快打消了邪恶的念头。他迈开步子，不知不觉走到了门前，他推开门，一屁股坐在堆满文件、书籍的办公桌前。青年时期的清贫生活在他脸上留下了深深的印记，他面无血色，表情呆滞，这让人联想到苦行修炼的僧人或食不果腹、受人虐待的人们的样子。每当看到他挺着胸膛，

① 这里是指朱尔·法夫尔等人武装抵抗1851年12月2日政变时的情景。

顶着一头凌乱的乌发，板着脸走过街头时，人们就会想起野兽寻找猎物时的情景。

辉煌的一刻终于等到了。突然，他健步如飞，风驰电掣般穿过拥挤的人群，赫然矗立于天地之间。他的吼声惊醒了沉睡中的第二帝国，余音在天地间回荡，如同夜间从森林中传来的饥肠辘辘的狼群的嚎叫声，让人毛骨悚然。他紧紧握着拳头，左右挥舞着胳膊，仿佛穿行于一群醉得东倒西歪的酒鬼中间，做好了随时杀出一条血路的准备。他深知此行荆棘丛生，斗争才刚刚开始。但为了心中的梦想，他甘愿使出浑身解数，负重前行。第二帝国空前的盛况让人们再次体会到了传奇的力量。波拿巴家族迎接日出的枪声每天准时送来新的奇迹。人们高声欢呼“拿破仑三世万岁”，打着小算盘的女人们温顺地恭候着拿破仑三世的宠幸。奢华的长鞭无情地抽打着每位改良主义者、每位有思想的仁人志士。奢靡、享乐之风迅速席卷全国，那些曾经过怕了苦日子的土包子、饱受情欲摧残的纨绔子弟，在杜伊勒里宫响亮的起床号角的催促下猛地睁开双眼，迫不及待地一头扎进渴望已久的自由天堂。生活一片大好，但人性却被一点点扭曲，它大张着嘴巴，酒气熏天，满口胡言乱语。美酒共鲜血一色，肮脏的躯体随着虚幻的乐章翩翩起舞，凶相毕露的死亡之神极不耐烦地等待着最后一支舞曲落幕。思想早已没了灵魂。它静静地躺在荒芜的墓地里，周围的惨叫声、喊冤声此起彼伏。深受世俗享乐主义思想毒害的血液已将法兰西民族的灵魂赶出了躯体。荒淫无度的邪恶之神环视着一切，仿佛风流成性的某位大臣急切地扫视着每个从他面前经过的年轻侍女一般。欢笑声成了每天的主旋律。为了让笑的旋律经久不衰，人们不惜付出一切，若有谁胆敢哭丧着脸，那他的好日子就到头了。

朱尔·法夫尔盘算着从这个疯疯癫癫的世界里捞取到的一切好处。当人们正在兴头上时，你需要足够的勇气当头给他们泼一盆冷水！他鼓足勇气，面无惧色地缓缓站起身，深深地吸了一口气，然后转身大踏步向墓地走去，在衣衫褴褛、奄奄一息的死人堆里找到了“思想”“自由”两人的尸体。他俯身走进墓穴，横七竖八的尸体在腐尸甲虫的撕咬下蠕动着。他双手抬起“思想”“自由”的尸骨，狠狠地把它们甩在拿破仑三世宝座前的台阶上。恐怖的气氛笼罩着法国。混合着女人诱人的香水味的腐臭终于让这支眩晕的世纪舞曲停歇了片刻。举国上下一片哗然，受到惊吓的人们战战兢兢地相互打听着这位深夜前往墓地、与死尸共舞的哈姆雷特[①]的接班人到底是何许人也。朱尔·法夫尔的呼声把人们带到了美好的过去，躁动就像一头渴望自由、在笼子里走来走去的野兽一样开始在全国蔓延。

罗马帝国衰落之际，当显贵们的欢笑声被改革家的咆哮声打断时，帝国上下忙成一片，人们分头在找那个扰乱秩序的人，被找到后，等待他的便是圆形竞技场。睡意正酣的罗马皇帝不想就此放弃骄奢淫逸的美好生活。“幽灵”朱尔·法夫尔的出现打乱了人们的生活节奏。他们惊慌失措，一时之间不知如何是好。突然，一道灵光划过他们的脑际，他们猛地想起了古时的罗马皇帝，办法有了！于是，他们纷纷指责、非难这位革命分子，并想尽一切办法整治他。尽管此时法国没有现成的竞技场来让朱尔·法夫尔碰碰运气，但至少还有划桨帆船[②]，或许还可以把他放逐到海外殖民地。如此种种的馊主意层出不穷。只有拿破仑三世一人装出若无其事的样子，冷若冰霜地听着一轮轮的谗言佞语，在朱尔·法夫尔逐步巩固权力、实现政治抱负的道路上丝毫没有为难他。朱尔·法夫尔虽然每天都要面对报纸上铺天盖地的侮辱、好事者的诅咒，但他从未动摇过，也没打算就此停步。他无视拿破仑三世的宽容、忍让，或假装不理不睬，头也不回地朝着自己的目标狂奔而去。他的声音响彻司法大厦。工作上，他一丝不苟，亲自主持每桩扣人心弦的政治诉讼案。他

① 哈姆莱特，英国剧作家莎士比亚《哈姆莱特》中的男主人公。

② 指旧时常由奴隶或犯人划桨的帆船。

因此积累了广泛的人脉，声望也与日俱增。他在议会中的座次从之前的普通议员席一下子跳到了共和派议员的首席。他的成功是巨大的。仕途上的第一站已顺利到达。他停下来喘了一口气，但一个遥远的声音在不停地召唤他，又该出发了。他精神抖擞，满怀信心，向横在前进道路上的多数派议员公然发起进攻。

朱尔·法夫尔的崛起、成功并没能终止那一代人的荒唐行为。他在仕途上的巨大成功让人们感到危险正一步步逼近，他们终于意识到一股新的可怕的力量已耸立在他们面前；然而，仅凭一人之力终究掀不起多大的风浪。人们变得更加肆无忌惮，疯狂地追求享乐，沉迷美色，大把大把地挥霍着手中的金钱。当朱尔·法夫尔——这位极富雄辩之才的演说家站在讲坛上开口说话时，他的声音响亮、浑厚，如同舞厅中高亢的管弦乐声，但他们故意提高嗓门，发出冷冷的嘲笑声，企图盖过他的声音。

然而，朱尔·法夫尔依旧稳扎稳打地朝自己的目标一步步前进，对人们排山倒海般的赞美声不屑一顾。他对自己激起的仇恨数之又数，并精心地将它们梳理、归类。他之所以这么做并不是为了安抚人们的愤怒、根除他们的伤痛，而是为了更好地衡量自己的处境，随时做好，如果确有必要，与他们厮杀的准备。

在朱尔·法夫尔看来，守节操、重情义的优良品质在这个自私自利的病态时代已经没有任何实际意义，只能招致别人的嘲笑和讽刺。人心不足蛇吞象，即使你把心肝掏给他，把自己最珍贵的东西分享给他，他也不会在你奄奄一息的时候摸摸你冰冷而又僵直的手。这样的付出在朱尔·法夫尔眼中没有一点儿必要。朱尔·法夫尔是怀疑论者，他的逻辑推理充满悲观主义。在政治上，只要能让他不选队，他什么好处都可以不要，但他的这种做法或许有不妥之处。不管他是否愿意，现实处境需要他表明自己的政治立场。他选择了前者，决定投靠改良派，因为他具有惊人的自控力。他提倡自由，但将信将疑，因为他发现了自由主义的

巴黎司法大厦

死角，这恰好给他指明了“发财致富”的便捷通道。如果能摆脱惯以奉行的清教徒主义教条的束缚，他或许可以让自己一直紧绷的神经放松放松，或许可以用他那柔软而又纤细的双手摇摇弄臣帽子上的铃铛。从未体验过真实生活的朱尔·法夫尔依旧厌烦一切尘世之风。他生性率直，“强权胜于正义”是他的人生格言，是他的立世之本。他坚信强权就是真理。他的成就很大程度上归因于他人生格言的力量。即使面对良知的谴责，他依然雷打不动。除此之外，他还是个头脑精明、目光长远的人，这些品质铸就了他用之不竭的力量源泉。

从道德标准上来判断，朱尔·法夫尔是个伪君子。为了实现个人抱负、挑战时运，他不惜诉诸各种令人嗤之以鼻的低级手段。然而，我们是否因此而对他另当别论呢？我们是不是该考虑考虑孕育他不怀好意、粗俗不堪的秉性的成长环境呢？仇恨的毒瘤感染了他浑身的血液，难道仇恨的毒瘤不是夜以继日哀痛的结果吗？孤独、清贫的生活以及可以磨灭激情的斗争在他心里埋下了仇恨的种子，或者至少影响了他现在性格的形成。他是一位哲学家，这一点毫无疑问。古代的愤世嫉俗思想对他影响深刻，他吸其精华，剔其糟粕，将其融入现代文明中。

在谋得觊觎已久的职位前，朱尔·法夫尔经历过漫漫长夜。第二帝国的反对力量挡在他面前，不得不逐一消灭。一旦他杀开一条血路、到达目的地，就没人再敢小瞧他了。看着他一步步接近权力的顶峰，人们异常紧张，仿佛庆典上时刻紧绷着的神经。最后，他把自己置于拿破仑三世的眼皮子底下，在立法团的首席交椅上指挥一群龇牙咧嘴、躁动不安的叛逆者，公然向拿破仑三世发出挑战。他在很多方面都无懈可击，但在推行雅克宾主义[①]式的苛刻理念时，他表现得不够坚定。优雅、俊朗的外表下散发着丝丝神秘的气息，这一点就连他本人也并不知情。极

① 指以自由、平等为幌子，旨在推行极端暴政的统治理念。

简的生活方式给他的人生披上了宗教理想主义色彩，指引他远离尘世的喧嚣，还心灵一片宁静。自从立誓不染指红尘俗世，认为自己已能抵挡住各种低级诱惑后，朱尔·法夫尔仍然不肯善甘罢休，渴望自己能够拥有某种超自然的力量，这样就能保证自己的信仰在任何情况下都不受干扰。他给自己的思想设置了一道安全阀，只要有任何不轨的苗头，就会及时地逐出自己的精神世界。因此，他瞄准了教堂。每当心中有难以抑制的喜悦需要倾吐时，他就会走进教堂，尽情地坦露自己的心声，仿佛面前站着的是自己的红颜知己。当然，他本身就是虔诚的信徒。每个礼拜天上午 7 时，他都会准时到达玛德莱娜教堂，虔诚地低下头，鼻尖顶

朱尔·法夫尔

在厚厚的祈祷书上，开始全神贯注地聆听神父的祈祷。没人敢拿他性格中的这一面说事，即便是最亲密的党羽也退让三分，因为他们深知一旦犯了他的“将令”，他的怒气不会那么容易消失。然而，有一个人除外，他是深受大革命[①]思想影响的唐·吉诃德[②]，只有他敢指着朱尔·法夫尔的鼻子说三道四。

那人说道：“他其实是约阿希姆·缪拉[③]式的教士。”[④]这句话一语中的，真实地反映了朱尔·法夫尔的本质，后来广为流传。

在实现政治野心的道路上，朱尔·法夫尔不遗余力，但他却成了众矢之的。尽管他表现出一副若无其事的样子，但疲惫的心灵却渴望得到片刻休息，内心的殷殷呼唤把他带进了教堂，在昏暗的拱形穹顶下，焦躁不安的心灵慢慢得到了抚慰，而这一切恰恰是他从前置之不理的。在这具一尘不染的躯体中，被扭曲的意志阻挡在门外的世俗欲望仍然不时地蠕动着，刺激着每根被激活的神经。世俗的欲望并未从他的躯体中消失殆尽，只是被暂时搁置在某个角落，即使这样，它还是没有向主人肆意膨胀的野心妥协。看到为了摆脱被贪得无厌的自利主义牢牢困住而苦苦挣扎的灵魂时，他的心里很不是滋味，很想替它的不幸遭遇打抱不平。朱尔·法夫尔从不会向别人敞开他那饱受摧残的精神世界之门。无数个不眠之夜，无数次思想上的激烈斗争，无不让他备受煎熬。他从不向别人说起这些事。但当成功说服自己、平息内心的躁动时，他欣喜若狂，再次回到桀骜不逊、不可一世的状态。他的内心世界好比一本天书，他的力量源泉就藏匿其中。他身上确实散发着一股值得我们敬畏的力量，

---

① 指法国大革命。

② 唐·吉诃德是西班牙文艺复兴时期著名作家塞万提斯的长篇小说《唐·吉诃德》中的主人公。

③ 约阿希姆·缪拉（Joachim Murat，1767—1815），法国军事家，拿破仑一世时期的元帅。青年时，父亲希望他成为教士，但他却选择了从军，一生追随拿破仑一世，立下了赫赫战功。

④ 暗指法夫尔表面虔诚，实则阴险、狡诈。

绘于 19 世纪末的玛德莱娜教堂

这是他自豪的本钱。因为尽管他经历过失败，也踌躇不前过，但我们不得不承认他非凡的一面，不得不佩服他的感召力。他或许就是一位“约阿希姆·缪拉式的教士”，但也可以这样说，“他是真男人。”

或许我扯得太远了，有点儿偏离本章的主题了，但我不得不再啰唆一句，朱尔·法夫尔在第二帝国史中占据的位置太显赫了，没有他登场的第二帝国史将是不完整的。同样，我也不得不在这里提及莱昂·甘必大。我相信读者们肯定乐于阅读有关他们的故事，因为他们有幸见证了拿破仑三世时代，所以我的故事可以帮助他们重温那段历史中活跃在自由主义运动一线的主要人物的真实面貌；如果他们当时太小而记不起发生了什么，那么读这些故事就权当了解历史，一睹那个时代伟人的风采吧。

我还是接着讲埃米勒·奥利维耶的故事吧。

第二帝国时期因口才出众、热心投身于政治、在人们心目中留下深刻印象的公众人物中，埃米勒·奥利维耶应首屈一指。他的一生充满传奇色彩，但他似乎不太走运，人们至今还对他说三道四，而事实却是，他只不过是拿破仑三世自由主义思想的践行者。

与欧仁·鲁埃不同，埃米勒·奥利维耶超凡脱俗、温文尔雅，因为他喜欢舞文弄墨，本身就是一名小有成就的作家。他也不像朱尔·法夫尔那般极力克制自己的私欲，刻意回避女人。他是个很顾家的男人。当远离了弥漫着硝烟的政治纷争时，他只盼着早点儿回到家里做做家务，将一切烦恼抛诸脑后。

埃米勒·奥利维耶算是个资历较深的政治家了。但不巧的是，他在痛苦与绝望中结束了他的政治生涯，在一片唾弃声中度过了余生。1851年12月3日，也就是路易·拿破仑·波拿巴发动政变后的第二天，埃米勒·奥利维耶就目睹了父亲的悲惨遭遇。父亲从一座塔楼被拽到另一座塔楼，最后险些被放逐到乌拉圭的卡宴。但父亲的“同党”可就没他那么幸运了。好在威斯特伐利亚老国王、路易·拿破仑·波拿巴的叔父热罗姆从中周旋，好在拿破仑·热罗姆也替他求情，埃米勒·奥利维的父亲才被保释，并在国外找到了一个安全的落脚之地。

埃米勒·奥利维耶是开明之士，所以虽然父亲的悲惨遭遇使他仍心有余悸，但他并没有怀恨在心。他与拿破仑三世之间的敌对与私仇无关，也与拿破仑三世本人无关。有人指责他冰释前嫌、若无其事的目的是为了获得拿破仑三世的宠幸，但我却不这样认为。我想，他是看到了拿破仑三世的坚韧、刚毅、甘于吃苦的精神，这一点值得任何人钦佩。事实上，铁骨铮铮、淡泊名利的埃米勒·奥利维耶先生只是为了给自己一个满意的交代。他的目标在于实现自己的政治理想，最大限度地慰藉他内心深

拿破仑三世的叔父威斯特伐利亚老国王热罗姆·波拿巴

处的殷切呼唤，使自由主义思想发扬光大。在实现理想的过程中，他从没把自己置于激烈反对拿破仑三世的风口浪尖上。他从不在公众面前提及杜伊勒里宫的任何事情，也从不向杜伊勒里宫献媚讨好，更没做过投机取巧、使用非法手段谋取私权的龌龊之事。他把精力放在自己的事业上，默默地等待机会的到来，他梦想着有一天能够呼风唤雨、扭转乾坤，并甘愿放手一搏。然而，他的做法是极危险的。他不得不极尽演讲之能事，不得不借助于自己手中的权杖。

从成功当选立法团议员，更确切地说，从他踏进波旁宫的那一刻起，他就做好面对一切困难的准备了。他向远在佛罗伦萨的父亲写信，问他是否该向拿破仑三世宣誓效忠，是否该撇开世俗的偏见、向曾经夺他所爱的那个人俯首称臣？简而言之，如果无法抗拒的使命使他不得不违背良心屈从拿破仑三世的权威，那么是否意味着永远成了他的附庸？父亲回信告诉他不必顾虑重重，既然非要这么做，他大可以放心地去表忠心。表忠心与自我独立、信仰自由并不矛盾，只不过他将身处艰难的处境。只要行得正，走得直，不惹是生非，本本分分干好自己的工作，即使得不到拿破仑三世的宠幸，至少也不会招致讨厌。

父亲的一席话使埃米勒·奥利维耶茅塞顿开，一条人生的阳关大道在他的脑海中缓缓伸向远方。无论风和日丽，还是倾盆大雨，他始终不慌不忙地沿着这条人生之路走向未来。

对于第二帝国时期埃米勒·奥利维耶的所作所为，我觉得有必要在此如实地还原一下，并做出客观、公正的阐释。我知道，我对他的评价与学者们给他下的定论大相径庭。或许我的评价会让那些偏激的党人怒发冲冠，也会让那些试图借奔涌的泪水冲刷心中的委屈，但始终无法走出阴影的人悲上加悲。但我依然希望我的不同声音能够帮助人们更加准确地了解埃米勒·奥利维耶的真性情，更客观地看待他在政治生涯中的不同阶段所扮演的角色。

朱尔·法夫尔和埃米勒·奥利维耶都是人们心中数一数二的公众人物。朱尔·法夫尔因出色的口才而深得人心。他在学术上的造诣也颇受赞赏。埃米勒·奥利维耶的名气不比朱尔·法夫尔小，尤其是他的学术素养。能达到他的境界的演说家很少，这使他的口碑大增。

然而，朱尔·法夫尔和埃米勒·奥利维耶在讲坛上的风格却截然不同。前面我已做过描述，每当站在讲坛上时，朱尔·法夫尔总是慷慨激昂，低沉的声音和着丰富多样、热情洋溢地语调，尽情地拨弄着听众的每根神经；而埃米勒·奥利维耶恰好相反，他用词准确，音色柔美、富有磁性，说起话来娓娓动听。人们都说他有一副喜剧之王般的金嗓子。这种赞赏一点儿都不为过。即使现在，静心倾听，会发现埃米勒·奥利维耶的声音清脆柔和、撩人心弦、富有层次感，尽管带有一点儿普罗旺斯[①]口音，但事实上，这恰好增添了几分美感，仿佛溪水流过鹅卵石时发出的沙沙声，依然铿锵有力，宛若戛玉敲金。而不待见埃米勒·奥利维耶、与她的美貌形成巨大反差的欧仁妮皇后的声音却刺耳、难听，让人难以忍受。她经常取笑埃米勒·奥利维耶说话时的腔调，嗲声嗲气地坦言：她要是有他那样一副嗓子该有多好。

然而，如果你因此认为埃米勒·奥利维耶始终表现得温文尔雅，认为他的言辞一直是这样的彬彬有礼，那就大错特错了。有时，他的语言充满了浓烈的火药味。他会反常地将演讲变成极端的雄辩，尽管依然收放自如地打着优美的手势，尽管措辞依然得体而又讲究。

听腻了议会公开辩论赛，看惯了操着刻意美化过的语言、在人们面前大秀口才的一个个公众人物提及 1870 年战争之前那些享有盛誉的演说家之后，他们要么一脸茫然，要么装作一无所知——几乎没人在意那些大师的辉煌过去。然而，值得一提的是，第二帝国时期波旁宫中激烈

① 法国东南部的一个地区，埃米勒·奥利维耶的家乡。

的雄辩场面并不比当下剧院中的热闹气氛逊色。没错，如今的演讲依然能煽动人民的激情，但与不久前洋溢着热情的雄辩相比，风格迥然不同。现在，风向变了：人们把讲坛当成了发泄怒气、攻击他人、蛊惑人心的平台。曾经的政客们不仅注重礼数，而且倾向于以外在的背景装点他们的态度、美化他们的语言。他们喜欢引经据典。不管是法律层面上的约束，还是鲜为人诟病的礼节上的自我克制，都使以前的辩论多了一份文雅，少了一份市井气息。

在立法团发表演讲时，朱尔·法夫尔咄咄逼人的气势往往会把敌对双方的辩论变成一场弥漫着硝烟的战争，胜负难料，险象环生。多数派政府议员一开始还能控制自己的情绪，但随着演讲接近尾声，看够了朱尔·法夫尔张牙舞爪、盛气凌人模样的他们，在忍无可忍的情况下会群起攻击、百般刁难。

而埃米勒·奥利维耶说话轻声细语，态度暧昧，多数派政府议员非但不与他争锋，反倒放松警惕，让本该紧张的气氛缓和了不少。要狂傲地抵制他的高谈阔论几乎是不可能的，因为他从始至终语气平和，满脸堆笑。要想在辱骂声中湮没他的声音也不可能，因为他根本就没有触犯到任何人。埃米勒·奥利维耶就是以这种方式成功地稳住了偏执的政敌，使自己长时间立于帝国议会而不倒。然而，当终于拿到那把向往已久的权杖时，他露出了真面目。

始料未及的是，后来事态的发展令他措手不及。人们的情绪不再随着抑扬顿挫的语调而“翩翩起舞”，祥和的气氛瞬间消失得无影无踪，人们顿时乱作一团。埃米勒·奥利维耶扯掉伪善的面纱，向他们发出响彻云霄的怒吼。他果断出手，迅速清除了挡在前面的障碍。他仿佛一头被围困的猛兽，拼命捍卫着最后的尊严。他不停地咆哮着，眼中既流露出对过去的渴望，又闪现着对未来的无奈。他的声音不再柔和、优美，梦想、希望以及倾其一生苦苦追求却屡遭冷眼的自由在他刺耳、难听的

漫画：埃米勒·奥利维耶就像一名无畏的剑客，同时面对多人进攻

哀鸣中逐渐化作泡影。此时此刻，他或许已下定决心殊死一搏，但局面似乎没有转机的可能。

至于埃米勒·奥利维耶为什么要改变政治立场，其原因不言而喻，其道理也不难理解。

刚步入政坛时，埃米勒·奥利维耶既无党派上的束缚，又无政治上的恩怨，因此博采众长，广纳人脉，与杜伊勒里宫的达官显贵甚至拿破仑三世本人都能谈得来。正是秉承这样的从政理念，他最终才与拿破仑三世和解。

在瓦莱夫斯基伯爵亚历山大·弗洛莱恩·约瑟夫的运作下，他获得了与拿破仑三世见面的机会。关于这点，我已向媒体写信做过阐释。其实，最先认同埃米勒·奥利维耶的是莫尔尼公爵。莫尔尼公爵发觉，埃米勒·奥利维耶反对拿破仑三世推行的政治制度，没跟拿破仑三世本人过不去。

与拿破仑三世产生交集前，埃米勒·奥利维耶就与担任立法团议长的莫尔尼公爵有过深入的交谈。莫尔尼公爵坚决反对1851年12月2日政变的果敢行为使他备受鼓舞。但他在其著作《1月19日》谈及莫尔尼公爵时，语气中却带着一些质疑。

莫尔尼公爵去世前将自己未竟的事业托付给了埃米勒·奥利维耶。然而，要不是瓦莱夫斯基伯爵亚历山大·弗洛莱恩·约瑟夫及时伸出援助之手，那些伟大的计划、崇高的理想或许只能胎死腹中了。

追求绝对自由主义思想的瓦莱夫斯基伯爵亚历山大·弗洛莱恩·约瑟夫很看好埃米勒·奥利维耶，欣赏他卓越的口才，对他的演讲艺术赞不绝口。当瓦莱夫斯基伯爵亚历山大·弗洛莱恩·约瑟夫向拿破仑三世举荐他时，举手投足之间洋溢着难以抑制的喜悦之情，他甚至进言拿破仑三世说将来肯定有用得着这位年轻议员的地方。

竭力挖掘无党派显要人士、招抚前朝死敌，从而彰显个人魅力的拿破仑三世欣然接纳了瓦莱夫斯基伯爵亚历山大·弗洛莱恩·约瑟夫的谏言，同意在杜伊勒里宫与埃米勒·奥利维耶见面。

两人相见恨晚，交谈甚欢。埃米勒·奥利维耶心悦诚服地接纳了拿破仑三世。他们惺惺相惜，和而不同。我想，人们抓着埃米勒·奥利维耶"屈从"拿破仑三世一事的小辫子不放的原因大概是误会或党派斗争吧。

如果以辩证的思维冷静地看待此事，埃米勒·奥利维耶的效忠誓言确实是发自肺腑的，这一点不容置疑。后来，在与拿破仑三世的交往中，他对拿破仑三世的忠诚从未打过折扣，尤其在被非正常快速擢升之时。他终其一生追逐自由主义，从未与政府就行动、规范之事产生过不悦，这正好保证了他宏伟计划的顺利实施，也为他追求的自由主义信仰提供了保护伞。

在一个思想荒诞、行为轻浮的国度，埃米勒·奥利维耶的这种做法极易招致危险。在一个易于冲动、贪图享乐、沉浸于遗风旧俗、拒绝革新、疑神疑鬼的国度，他的这种做法同样毫无安全可言。那些意志坚定、永不妥协的无党派人士无情地抨击他、挖苦他。他不幸卷入了法国复古之风的旋涡中。

埃米勒·奥利维耶不仅是一名热心的政府工作人员，还是一名政治家。他似乎有点儿生不逢时，现实环境始终无法给他提供孕育其卓越领导才能的土壤。然而，在他被拿破仑三世任命为大臣[①]后，信仰上的缺陷日益凸显。不久，他在一片责骂声中结束了自己的政治生涯。掌权后，他不但要舌战故友，洗涮污点——人们风言风语，说他是叛徒；还要力压侵蚀帝国根基的"皇后党"，劝导迷恋于拿破仑三世传奇、做着复辟帝国美梦的遗老遗少们。

① 指 1870 年 1 月 2 日被拿破仑三世任命为司法大臣。

他从不关心宫廷中的是是非非，刻意远离弥漫着轻浮、算计、荒唐、恶意之风的朝堂，尽管如此谨小慎微，埃米勒·奥利维耶还是被杜伊勒里宫的政客们拽入了仇恨的深渊。

对政治家来说，琐碎之事根本不值得一提，但其影响却不容小觑。为了一窥这个打个响鼻都能撼天动地的微型世界，为了看清控制国家命脉、带来无数灾难的权贵们的真面目，我们很有必要（如果可能的话）与那些朝臣们朝夕相处，近距离地了解他们的生活点滴，倾听他们的喜怒哀乐。

然而，司法大臣埃米勒·奥利维耶力图推翻铸就自己理想的政治制度时，那些精神上顿时失去寄托而备感失落的人不顾一切地向他开战了。他试图以公投平息骚乱，非但无济于事，反倒频频将自己置于反对者的枪口之下。

有那么一段时间，他与欧仁·鲁埃矛盾重重，处处与这位“副皇帝”作对。当欧仁·鲁埃在一片斥责声中神不知鬼不觉地坐上参议院头把交椅时，埃米勒·奥利维耶的噩梦才真正开始。欧仁·鲁埃深得欧仁妮皇后欢心，受到无微不至的关照。于是，他向埃米勒·奥利维耶展开了猛烈的攻势。他发出愤怒的吼声，把仇恨的烈火铺天盖地般引向埃米勒·奥利维耶。虽然大火即将烧身，但埃米勒·奥利维耶面无惧色，岿然矗立在欧仁·鲁埃面前，新仇旧恨燃烧着他的每根神经，一副同归于尽的架势。

这是仇恨交加的时刻。在一场轰轰烈烈的革命爆发之际，在帝国丧钟的长鸣声中，纵使埃米勒·奥利维耶有力挽狂澜的勇气，但他注定到达不了成功的彼岸。山雨欲来风满楼，一场可怕的暴风雨正在第二帝国上空酝酿。空气异常闷热、躁动，时不时地从远处传来低沉的隆隆声，预示着暴风雨即将来临。未等身单力薄、寡助无援的埃米勒·奥利维耶缓过神来，突然一声巨响，他应声而倒，如同被闪电击中的大树轰然倒地一般。接着，肆虐的洪水裹挟着他的躯体，一路奔泻而下，把他冲入未知的深渊，仿佛被突如其来的狂风刮向空中的物体，昏昏然不知所向。

第二帝国把他推向了死亡的尽头。一向见风使舵的舆情正静静地关注着他的一举一动，这不，机会来了！就是他，就是埃米勒·奥利维耶把第二帝国置于北德意志联邦的魔爪之下，让第二帝国受尽屈辱而死的。

在“1870 年战争爆发”一章中，我将把埃米勒·奥利维耶在该时期的真实面目展现给大家，我也将毫不保留并且证据确凿地向读者解读 1870 年战争的真正始作俑者。时间会洗刷掉埃米勒·奥利维耶的冤屈，还他应有的尊重，修正他的历史地位。就在不久前，舆论突然调转风头，微微向他吹来，一直紧绷的神经似乎有了放松的迹象。像拿破仑三世一样，埃米勒·奥利维耶不仅是清白、无辜的，而且值得人们爱戴、同情。或许他一直在等这一刻的到来。他这么做不是为了洗刷冤屈——因为他从没觉得自己做错过什么——而是为了能让疲倦的心灵得到一丝安慰，能够安详、释然地度过晚年。

我胆敢冒天下之大不韪对埃米勒·奥利维耶做出如此评价，是因为真相确实如此，也因为良知一直在召唤着我，更因为我敬重他虽忍辱负重但仍奋力前行的勇气。

埃米勒·奥利维耶蒙羞退出政治舞台后，几乎过着幽居的生活。在他春风得意之时，腆着脸授予他院士荣誉称号、一向标榜学术自由的法兰西学院却反常地拒绝刊载他的就职演讲稿，理由是他的稿子中浓墨重彩地颂扬他曾效忠、爱戴过的君主①。面对赤裸裸的侮辱，他愤然放弃了院士的头衔，从此淡出公众视野，私下给一些虔诚的信徒传经布道。

时间在一点点流逝，人们渐渐忘了他的存在。直到有一天，当蒙在

① 指拿破仑三世。

鼓里的人们获悉俾斯麦伯爵阴谋[①]的实情后，埃米勒·奥利维耶喜不自胜，他的形象再次映入公众的眼帘。

然而，姗姗来迟的喜悦会驱散这么多年来笼罩在埃米勒·奥利维耶心头的阴影吗？他会重新步入政坛，让他那柔和、优美的声音再次回荡在议会大厅吗？

我认为他再不会置身于云谲波诡的乱局中了。我相信他再不会去理睬那个曾经背叛他的所谓的“自由党”了。有些男人绝不会对“妻子”的出轨行为睁一只眼闭一只眼，埃米勒·奥利维耶就是这种类型的男人。要是能重新来过，再现一个血气方刚的埃米勒·奥利维耶，他一定会激情饱满但不动声色地注视着周围的一切，因为他本就是个热心肠的人。或许当他看到我们为了赢得最终的胜利而苦苦挣扎的身影时，他会偷偷地抹两把泪。如果能有幸再次听到他的声音，那将是从墓穴深处传来的哀婉曲子——神秘主义者如是说——宽慰那些依然苟活于世但又不懂曲子深意的人。

① 指“埃姆斯电报事件”，它是普法战争爆发的导火索。

第 8 章
1867 年大阅兵与第二帝国全盛时期

观看一部经久不衰的旷世剧作，观众将情感完全融入剧情中，当缓缓升起的帷幕即将露出观众期待已久的精彩之时，他们的血液开始沸腾，呼吸开始急促。这是见证巅峰的时刻，绝妙的语言，优雅的动作，一切美的元素将在这一刻华丽绽放；这是见证巅峰的时刻，剧作的主题将在这一刻得到完美的诠释。我们将撩动心弦、使人欲罢不能的这一刻称为“巅峰时刻”。

时间车轮的滚动声打破了 1867 年的寂静。第二帝国即将成为历史，曾经的荣耀、醉生梦死般的奢靡生活以及一切不正之风将随着帝国的陨落而烟消云散。在被赶出杜伊勒里宫之前，权贵们仿佛一群被蜂王遗弃的蜜蜂，喧嚣着挤出蜂巢，在空中漫无目的地飞来飞去，一会儿碰到树上，一会儿撞到墙上。病入膏肓却强颜欢笑的第二帝国仰头对空长啸一声，向世人证明自己威风不减当年，但没有料到这是它最后一次出风头了，这是它谢幕前最后一次享受观众的礼遇了，从此，这个舞台与它再无瓜葛。

时间车轮的滚动声打破了 1867 年的寂静。在帷幕升起的那一刻，第二帝国这部旷世剧作也被推向了高潮。吞噬万物的漫漫黑夜即将来临，沉默多年的寂静即将被打破。日薄西山的第二帝国在最后一束余晖的映衬下从容地坐在宝座上，细数着前来访问的君主们，舞台在它的脚下伸向四面八方。

时间车轮的滚动声打破了 1867 年的寂静。第二帝国就像一个神气的军乐队指挥，指挥着由各种乐器组成的乐团。低沉的横笛声、雄壮的号角声夹杂着隆隆的战鼓声，此起彼伏，好不热闹。突然，他把指挥棒指向紧随乐队的君主们，他们迅即拿起手中的小号，鼓起腮帮子，准备奏响属于他们的乐章；杂乱的小号声顿时打乱了乐队的和谐，好像他们个个都是不合格的小号手，或者笨手笨脚、硬着头皮给士兵们分发给养的随军小贩似的。尽管如此，乐队的演出整体来讲还是相当成功的，令人赞不绝口。第二帝国的光环在高潮迭起的舞台上正渐渐褪去，似乎腾出空间——在如此壮观的场面中，只凭一幕剧的高潮怎能牵动观众的每根神经——迎接虽早已淡出人们视野，但在心里烙下深深印记的那股神秘力量的到来，它迈着轻盈的步伐，穿过层层暮霭，轮廓渐渐清晰起来，它一点儿也没变——自从诞生之日起，它就熠熠生辉，光芒万丈。它就是拿破仑一世传奇的力量！此刻，空前的盛世仿佛拿破仑一世时代再现。拿破仑一世造就了人类历史上无法逾越的辉煌，他的光环使所有君主黯然失色。

时间车轮的滚动声打破了 1867 年的寂静。第二帝国的传奇再次点燃了人们的希望。历史披上了一层神秘的面纱，逝去的日子里隐藏着太多不为人知的秘密。曾经瞒天过海、欺人耳目的传奇再次眨着诡秘的眼睛，俯视着法国的一举一动，而浑然不知的人们却依旧载歌载舞，沉浸在一片喜庆中。俄国冰天雪地的冬天在日月的交替轮回中已离人们远去，它的主人亚历山大二世此刻正在拿破仑三世面前点头哈腰；弗朗茨·约瑟夫一世不是朝拿破仑三世挤眉弄眼嘛！滑铁卢是个该死的地方，格布哈德·列博莱希特·冯·布吕歇尔[①]是个疯疯癫癫的老家伙，普鲁士国

① 格布哈德·列博莱希特·冯·布吕歇尔（Gebhard Leberecht von Blücher，1742—1819），普鲁士陆军元帅，曾指挥普军参加过滑铁卢等多次重大战役。

俄国沙皇亚历山大二世。他的父亲亚历山大一世曾让拿破仑一世的六十万大军在俄国的冰天雪地里折戟沉沙

雷希施塔特公爵，他是拿破仑一世唯一的儿子。拿破仑一世死后，他被其父的支持者称为“拿破仑二世”，由于身患肺结核，他的身体状况一直很差，最终在 1832 年于维也纳去世

王威廉一世挽着拿破仑三世的手如是说；圣赫勒拿就是一出闹剧，是谁缺德胡乱编造了这样一个拙劣的故事？英国维多利亚女王不是打发宝贝儿子来给拿破仑三世赔不是了嘛！这个世纪是第二帝国的世纪。此刻，天下诸侯齐聚一堂，共同朝拜他们宗主国的君主——拿破仑三世。

1867 年正大踏步朝我们走来。黎明的晨曦已酷热难耐。然而，凶险的暗流却在炫目的一幕背后翻滚。如果说 1867 年是第二帝国的全盛时期的话，那么它的到来预示着第二帝国从此将走向衰落，因为第二帝国已病入膏肓，奄奄一息。黑夜正在它面前挥舞着魔爪，随时准备将它拽入无底的深渊。风呼呼，雨凄凄，狼烟遍地。尽管第二帝国在竭力粉饰太平盛世，但猛烈的激流已使它坐卧不宁。显然它在做最后的垂死挣扎。当第二帝国这部旷世剧作在观众的一片喝彩声中缓缓落下帷幕时，迫不及待的恶魔你推我搡，吵嚷着涌向舞台，地板在它们脚下裂成碎片。它们恶狠狠地盯着拿破仑三世、欧仁妮皇后、皇太子以及整个宫廷，愤怒地撕下国旗上的鹰章。它们喘着粗气，发出阵阵奸笑声。在它们眼中，第二帝国的辉煌与荣耀简直就是个笑话。不肯善甘罢休的它们走下舞台，把魔爪伸进第二帝国瑟瑟发抖的身体，然后使劲一拉，鲜血从撕裂的身体中奔涌而出。最后，它们手捧鲜血淋淋的心脏，心满意足地朝荒野走去。

1867 年巴黎世界博览会是第二帝国走向荣耀的巅峰。第二帝国神秘的面纱在那一刻也被揭开。然而，当我们报着怀疑的态度细究第二帝国的历史时，会发现当时成功跻身杜伊勒里宫的那些人并非平庸之辈，他们都是有两把刷子的。拿破仑三世也不是昏庸无道。他通过实力赢得了各国君主的尊重，欧洲各国都对他敬让三分。不过，1867 年的空前盛况让人觉得有点儿不踏实，有点儿欲盖弥彰的感觉。

就算是在第二帝国最扬眉吐气的时候，普鲁士国王威廉一世和俾斯麦伯爵依然没有放弃适时敲打敲打帝国的想法，他们一直盘算着将拿破

拿破仑三世、欧仁妮皇后与皇太子

仑三世引入自己的圈套。然而，面对固若金汤的帝国、不甘示弱的拿破仑三世，他们疑虑重重，担心一旦挑起战端，那个曾经在自己铁蹄之下屈服的帝国[①]会不会避其锋芒、全身而退呢？

威廉一世和俾斯麦伯爵讨厌第二帝国。因此，只要能让第二帝国一蹶不振，他们就别无他求。但他们与整个世界一同被第二帝国华丽的外表震慑住了，被第二帝国威严的气势吓跑了。他们虽心怀鬼胎，却畏手畏脚，因为他们还没有摸清第二帝国国防的实力。

已经知悉他们心中疑虑的拿破仑三世觉得是时候让欧洲各国君主开开眼界了。于是，他安排了一场规模空前的大阅兵，一来满足自己的虚荣心，二来向欧洲各国君主秀秀肌肉。1867 年 6 月 6 日，宏伟的阅兵式在隆尚拉开帷幕，约十万名将士顶着炎炎烈日，整齐地排列在布洛涅平原上，等待光荣时刻的到来。

围在拿破仑三世身边的君主们——这何尝不是另外一种形式的检阅——向世人诠释了第二帝国的伟大，并有幸见证了第二帝国鼎盛时期最雄厚的军事实力。马真塔战役与索尔费利诺战役期间响亮的号角声仍在耳际回荡，滚滚烈焰映红了天空，焦黄的战旗依然闪烁着金光。皇家卫队的所有家底一览无余，来自全国各个军营的所有将士都列阵。检阅台前站满了好奇的人们，他们相互推搡着、嘀咕着，仿佛一群盘旋在蜂巢上方的蜜蜂，嗡嗡叫个不停。排在受阅部队最前面的是投弹兵方阵，规模壮观，威震八方。紧随其后的是轻骑兵连方阵。往后靠右侧，朝圣克卢方向排列的是重骑兵方阵，沉重的装备压得马儿喘不过气来。它们焦躁地踏着蹄子，时不时地嘶叫两声，像是在表达心中的不满。炮兵方阵在受阅方阵的正中间，远看黑压压一片。炮兵整齐地排成两列，个个神情严肃，目光庄重。排在方阵左侧的是步兵方阵。步兵头戴饰有金色

① 指法兰西第一帝国在第六、七次反法同盟战争中败北的事。普鲁士王国当时是反法同盟成员国之一。

马真塔战役。该战役爆发于 1859 年，是奥意法战争中具有决定性的战役之一

索尔费利诺战役。该战役爆发于 1859 年，此战是是奥意法战争中最后一次战役

穗带、羽毛的头盔，身着军装，肩挎胸甲，厚重的装束将他们裹得严严实实，几乎看不清他们的模样。他们把武器立在地上，使绚丽多彩的隆尚平原增添了一份肃穆。检阅台前百米见外的平地上留下一排洒满干泥巴的深深脚印，一直伸向远方。

叙雷纳[①]的空地上挤满了观众。人们像泄了闸的洪水一样涌向车站[②]，这里的列车冒着滚滚浓烟，发出突突的轰鸣声。狭长、陡峭的瓦勒里昂山拔地而起，巍然耸立在巴黎西郊，从容地恭候着向拿破仑三世致敬的那一刻。

迫不及待的人们不时地看着手表，心中的喜悦难以抑制。检阅台的布置工作正在紧锣密鼓地进行，工作人员搬来凳子，整齐地摆放在台子上。激动的人们你推我搡，脖子伸得长长的，想一探究竟。男人们扯开嗓门，大喊着让女士们收起阳伞。混杂着各种口音的人群时而放声大笑，时而恶语相加。喧嚣声此起彼伏，仿佛一支正在演出的管弦乐队。突然，天边扬起一阵灰尘。紧接着万炮齐鸣，一发发炮弹撕裂长空，隆隆的回声在叙雷纳久久不散。人们的嘈杂声戛然而止，他们屏住呼吸，等待见证辉煌的一刻。隆尚平原上一片寂静。地平线上忽然冒出几个黑影，仿佛骤然而起的旋风。只见拿破仑三世骑着黑马款款而行，崭新的挽具在灿烂的阳光下闪闪发光。沙皇亚历山大二世和普王威廉一世分列两边。这是令人窒息的一刻！一百零一发礼炮齐鸣，呼啸着划过天际，向拿破仑三世致以最隆重的问候。与此同时，十万将士齐刷刷地举起枪，喊着响亮的口号，以他们特有的方式迎接拿破仑三世的到来。战鼓隆隆，号角声声，就连微微飘扬的军旗刹那间也规则地一展一舒，仿佛在向拿破仑三世倾诉它们的敬慕之情。黑骏马迈着碎步，载着拿破仑三世从掷弹兵、轻骑兵方阵面前疾驰而过。为拿破仑三世开路的是阿尔及利亚籍骑

---

① 叙雷纳位于巴黎西郊。

② 即叙雷纳－瓦勒里昂火车站。

兵方阵，他们身披东方特色的宽松白色披风，只露出身体的正面，好像刚从大雪中走来一样。紧随拿破仑三世身后的是与百人卫队[①]同行的军中大佬——元帅、将军以及外国的军官们。当拿破仑三世一行经过检阅台时，早已等候在那里的欧仁妮皇后起立，皇宫的随行人员也起立。三位君主左手托着帽子，频频地点着头，向台上的皇室贵胄、受阅部队问好。拿破仑三世脸上堆满喜悦，心里默默地感叹，人生的辉煌莫过于此！刚才还将信将疑、骂骂咧咧的人群顿时炸开了锅。他们一边欢呼着，一边脱帽向君主致敬。相比光环加身的拿破仑三世，亚历山大二世和威廉一世显得灰头土脸，感觉他们就是特意为拿破仑三世来做陪衬的，就像拿破仑三世的劲敌曾经说过的那样，这样的安排就是让他们吞食圣赫勒拿岛的恶果的。

此刻，瓦勒里昂山一动不动，眼睛瞪得滚圆，脸庞涨得通红，仿佛在积蓄全身力量准备以最洪亮的声音向拿破仑三世致以最特别的问候。难掩激动之情的队伍长龙随着紧促的呼吸一起一伏，大地在它的足下微微颤抖。检阅结束后，拿破仑三世走上检阅台，向台下的人们挥了挥手，然后在前排正中间入座。随后，一名元帅模样的人朝皇帝走来，收到指示后，他向前跨出几步，清了清嗓子，然后大声宣布方阵分列式正式开始。浑厚的声音在隆尚上空回荡，仿佛隆隆作响的火山。迫不及待的十万将士踏着整齐的步伐向前开进，饱受战火洗礼的军旗在空中悠然地飘扬着，将士们脸上洋溢着拿破仑三世时代带给他们的荣耀。

连绵不绝的队伍浩浩荡荡地朝检阅台走来。走在最前面的是来自圣西尔[②]军校的六名骑兵代表，紧随其后的是该校的骑兵营学员方阵。他们娴熟、整齐的步伐赢得了观众不断的掌声。当人们还没从学员方阵的

① 百人卫队是享有特权的皇家卫队，是拿破仑三世的护军。

② 圣西尔位于巴黎郊外凡尔赛宫附近。

百人卫队中的士兵

惊喜中清醒过来时，一阵尘土突然腾空而起，只听见远处传来一片嘈杂声。不一会儿，一群头上裹红色丝巾、身着蓝色夹克的黑人士兵方阵朝检阅台奔跑而来。与其说是方阵，不如说是一群乱哄哄的调皮鬼，他们踏着步子，一边跑，一边指手画脚，不停地发出粗犷而又带着野蛮气息的吼声。对，他们就是被第二帝国收养的土库曼流浪儿。看！他们被第二帝国宠惯得没一点样儿。这群幸运儿在那天出尽了风头！他们被刻意安排在紧随圣西尔军校学员的方阵中。来自大漠深处的“老外们”能与法国人一起见证第二帝国这一伟大的时刻是多么荣幸的事！他们一大早就接到通知说能见到拿破仑三世，并能跟拿破仑三世说说话，难怪此刻他们的心情那么迫切。拿破仑三世非但没有怪罪他们，反倒觉得那是他们真情的流露。因此，他感动不已。快要接近检阅台时，他们激动得心都快要跳出来了。他们挥舞着手中的枪，黝黑的胳膊格外显眼，连蹦带跳地涌向拿破仑三世。拿破仑三世深情款款地将帽子在空中一挥，划出一道长长的弧线，这可是称兄道弟的人之间才可以享受的礼遇呀！台下的士兵们再也抑制不住心中的激动之情了，大声高呼：“拿破仑三世！拿破仑三世！……”

激动的人们一边应声附和，一边涌向贵宾区。慌乱的卫兵迅即站成一排，刺刀相互交叉着，挡住了他们的去路，以防冲破警戒线。好奇的人们相互推搡着，伸长脖子，准备一睹这支深受拿破仑三世宠幸的异域士兵方阵的真面目。突然，人群中冒出一声尖叫：“看到他们了！”其他人也跟着一起大喊起来：“看到他们了！”喊声铿锵有力，富有乐感，与军乐团的号角声、鼓声合奏了一首令人难忘的大合唱。“你注意到那顶帽子了吗？”惊诧的人们不停地说，“你注意到那顶帽子了吗？”人们都想亲眼目睹一下那群曾被邻居家的小孩子追得满大街乱跑的捣蛋鬼如今变成什么样子了。不甘示弱的炮兵方阵像绷紧的线，整齐划一地从平原的一头向另一头移动。坚硬的地面在他们脚下发出规律的嗒嗒声。

观众高亢的欢呼声丝毫没能撩动他们的心弦。他们昂首挺胸，步伐整齐，神圣不可侵犯。这是一支铁的队伍，是一支让敌人闻风丧胆的队伍。看到此刻的他们，人们的脑海中不由得响起震天撼地的厮杀声，一排排炮弹呼啸着划过天际，战马在嘶鸣，战鼓在隆隆作响……

这是激动人心的一刻。炮兵方阵在人们的欢呼声中渐行渐远。随后，朝检阅台走来的分别是皇家卫队、投弹兵、轻骑兵方阵，再往后是重骑兵方阵，全新的装备在阳光下闪闪发光，仿佛颗颗燃烧的煤球。

在隆尚平原这个大舞台上，第二帝国刚刚上演了一部活灵活现、令人震撼的大手笔剧作，仿佛一名被揭开面纱的美少女，她的美貌被一览无余地展现给了人们。第二帝国拿出镇国之宝——闪光的护胸甲。护胸甲被高高地举在空中，耀眼的阳光照在上面，折射出道道金光，仿佛在警告世人：天地间舍我其谁！女士们本着刷刷存在感的目的欣然前往观看盛典，返回时信心满满，充斥着莫名的喜悦，回想起刚才令她们心跳不已的一幕——军官们身上迷人的荣光，整个人都飘了起来。她们在想什么呢？当然不是荣光背后的英雄事迹！她们虽然也为壮观的阵容不停地鼓掌叫好，但更多关注的是将士们身上华丽的军装。第二帝国不也披着一件华丽的外衣吗？埋在皇家卫队心底的传奇种子正在生根、发芽、争先恐后地往上长。老天似乎也偏爱皇家卫队，刻意把最灿烂的阳光洒向他们。自奥斯特里茨战役后被黑夜吞噬了光亮的拿破仑[①]之星再次出现在天际，把光辉洒向另一个拿破仑[②]，让他再续一段传奇佳话。看着头戴巨大熊皮军帽的投弹兵方阵，人们思绪万千，年长者翘着嘴角，细细回味起他们辉煌的过去；年幼者脸上流露出坚定、刚毅的神情。人们的思绪飘过隆尚平原上方，穿过布洛涅森林，最后轻轻地落在荣军院的

① 即拿破仑一世。

② 此处指拿破仑三世。

穹顶上，“另一个拿破仑[①]”此时正在穹顶下长眠。人们仿佛看到了曾经震撼的战争场面，看到了悬浮在“他”头上的层层光环。传奇迈着巨大的步子，跨过阅兵场，向远方走去。此刻，人们心中的仇恨、不满，精神上的痛苦、折磨，仿佛突然蒸发了一样。将士们起落有致的步伐，嘹亮、庄严的口号和着军乐团激情澎湃的乐章，猛烈地激荡着每个人的心弦。在国家面前，在法兰西民族面前，什么政党纷争啊，信仰之殇啊，显得多么渺小。

当人们还在拿破仑一世传奇的余光中懒洋洋地遐想时，平原上突然传来阵阵混杂着金属碰撞声的车轱辘声，他们这才回过神来。循声望去，只见黑压压的一片从圣克卢宫方向朝他们走来。那就是炮兵方阵。现在该轮到炮兵登场了。张着大嘴巴的加农炮迈着悠扬的步伐，穿过层层阳光，一步步靠近检阅台，人们甚至能隐约听见霰弹相互碰撞发出的噼啪声。有些炮弹车由纯白色的军马来牵引，而另外一些则是由纯黑色的军马牵引，这种黑与白之间的完美搭配不失为一道亮丽的风景线。别只看到加农炮拉风的一面，那可是杀人不眨眼的恶魔！铜制配件在阳光的映衬下散发着道道淡红色的光泽，映红了尘土飞扬的天空。挂在炮弹车两侧的推弹长杆在树木的剐蹭、碰撞下一起一伏。紧跟在炮弹车后面的是辎重兵方阵，有弹药车，还有古怪的野战厨房车。声势浩大的炮兵方阵渐渐离观众远去，现场逐渐恢复了平静。

突然，所有受阅部队刷地停下了脚步。现场再次鸦雀无声。人们以为阅兵式就此落下了帷幕，准备散去。就在这时，不知谁大喊了一声“看”，人们循声望去，只见一万胸甲骑兵正雄赳赳地朝检阅台狂奔而来。快到检阅台时，他们敏捷地向台上的贵宾们行了一个侧目礼，然后马不停蹄地继续朝前奔去。盛典的高潮就此揭开帷幕。现场的观众被骑兵的庞大

① 指拿破仑一世。

奥斯特里茨战役爆发于 1805 年，此战中拿破仑一世取得决定性胜利。因参战方为法兰西帝国皇帝拿破仑一世，俄罗斯帝国沙皇亚历山大一世，神圣罗马帝国皇帝弗朗茨二世，所以又称“三皇之战”

阵容惊呆了；他们鼓足了劲，一边齐声高呼“万岁！”一边越过道障，向检阅台方向涌去。检阅台似乎要在撼天震地的呼喊声中没入地下了！这就是令人肃然起敬的胸甲兵方阵，它让整个世界刮目相看。他们是真正的勇士，向世人完美地诠释了什么才是真正的战斗精神。如果说投弹兵方阵撩起了人们的美好记忆的话，那么这些胸甲骑兵的精彩表演则唤起了他们对传奇的向往。滑铁卢战场上一幅幅可歌可泣的画面不断地在人们的脑海中翻滚，此役虽败犹荣！那些面目狰狞的钢铁猛兽再次点燃了人们向往帝国的热情，人们的思绪沿着记忆的轴线慢慢飘向远方……

最后一名胸甲骑兵从人们面前疾驰而过后，三位君主站起身，缓缓地朝欧仁妮皇后等皇室人员就坐的凉廊走去。在离凉廊大约十米的地方，他们纷纷向欧仁妮皇后脱帽致礼，以示告别，然后登上马车，在亲王、元帅等随行人员的陪同下离去，瓦勒里昂山悠长、低沉的“吟诵声”[①]再次回荡在隆尚上空。

这就是值得载入史册的著名的隆尚大阅兵。灿烂的阳光与绚丽的阵容再次为法兰西谱写了华丽的篇章。拿破仑三世下马后，普王威廉一世与沙皇亚历山大二世紧接着下了马，他们换乘马车朝布洛涅森林深处走去。突然，一颗子弹呼啸着朝坐在拿破仑三世旁边的沙皇亚历山大二世飞来，子弹射中了杜伊勒里宫车骑总管兰博先生坐骑的头部。可怜的马儿应声倒地。飞溅的鲜血洒了两位君主一身。虽然他们脸色煞白，却连口对随行人员说：“没事！没事！……”

后来，人们都听说了沙皇亚历山大二世遇刺的事，至于为什么会有这样的事发生，我在此不做任何说明。然而，行刺沙皇亚历山大二世事件却产生了立竿见影的效果。拿破仑三世随即与亚历山大二世进行了一次谈话。至于谈话内容，拿破仑三世从未向外界公开，只对 W 伯爵提

① 原文 Basso Profundo，意大利语，尤指歌剧中独唱的深沉男低音歌手。

及过。在此，我向读者还原一下当时的情景。

6 月 6 日阅兵盛典结束后没过几天，拿破仑三世和亚历山大二世在杜伊勒里宫的一间小书房里进行了一次密谈。谈完那起发生在布洛涅森林、让公众颇感兴趣的亚历山大二世遇刺事件后，他们把话题转向当时已席卷欧洲各国的自由主义运动。思想开明的亚历山大二世是支持自由主义运动的。事实上，他还是自由主义运动的倡导者之一。他虽然已经意识到此举危险重重，但还是做好了以豁达的心态迎接一切挑战的准备。笃信社会主义思想的拿破仑三世也做好了与当时高涨的舆情妥协的准备，并乐于接受改革现政府政策导向的呼声，却没有意识到当时波涛汹涌的暗流。他的心中充满幻想，他只相信命运会为他安排好一切。随后，两人之间展开了下面的对话。

亚历山大二世说："我们生活在一个应该敞开怀抱、拥抱自由的时代。我坚信，就像那些笃信自由主义理念的人一样，自由主义信仰将会使这个我深爱着的世界获得重生。然而，我能从自由主义信仰中得到什么好处呢？我整天提心吊胆，总担心从某个街道的拐角处射来一发子弹，使我命殒黄泉。我本想忘掉就在几天前发生在法国大地上、旨在夺我性命的行刺事件，但我做不到！我们刚才的对话不就没绕开那个话题吗？在民族主义运动事业蒸蒸日上的大背景下，放松遭人暗杀的警惕是极不现实的。就在安东尼・贝雷佐夫斯基[①]举枪瞄准我的那一刻，我相信当时左右他思想的依然不是对其他民族的仇恨，但他玩过了头，不得不在由据说是公开、坚决反对一切进步的君主们构成的屏障前停下脚步。那么，遗憾又有何用呢？人们渴望的独立、自由，我统统给他们。我将缔造一个开明的俄罗斯帝国。我希望开明的帝国将和祖先们的专制帝国

① 安东尼・贝雷佐夫斯基（Antoni Berezowski，1847—1916），波兰民族主义者。1867 年 6 月 6 日在巴黎行刺亚历山大二世，后被法国政府流放到新喀里多尼亚岛，终身服苦役。

一样强大。然而，就在这里，我的梦想走向了终结。我已清楚地看到我一手构建的空中楼阁岌岌可危，随时都有掉下来的危险。我不指望能从自由主义信仰中得到什么，不管是为了自己，还是为了国家；如果非要让我说出我对自由主义运动的看法，那我会说我已经做好自食恶果的准备。好奇会害死猫，陛下。自由将是影响我们命运的神，我会不会是欧洲所有君主中第一个被它开刀祭旗的呢？今天不幸偏离了预定轨道的那颗子弹明天肯定会正中目标，我已经感觉到子弹正朝我呼呼飞来。”

坐在一旁的拿破仑三世听得又惊又疑，回应道：“我们的统治理念是不同的。尽管您已给予自由主义一些关怀，但还是能看到您早期排斥自由主义的影子。在您加紧步伐准备上前拥抱自由时，您仍然心存戒备。别让自己的神经老这样绷着。每个人都有善良的一面，他们绝不会忘恩负义的。尽管人群中偶尔会冒出一两匹害群之马，譬如前不久行刺您、破坏了我们之间和谐的可恶杀手，但我们不能就此断定他们都是恶魔，因为这对其他人来说是不公平的。物质上的施舍能麻痹人们精神上的诉求，宽阔的胸怀能熔化人们心中的不满与仇恨；自由好比漫漫黑夜中的一盏灯，将指引人们走向光明的未来。总有一天我会让法国呼吸上自由的空气。当那一刻到来时，我将和陛下您，尽管您曾遭遇不幸，一起不再为自己的人生安全而忧心忡忡。在人们的一片祝福声中，我将引领大家步入一个全新的时代。”

“您说的或许没错，”亚历山大二世接着说道，“但我还是身不由己地感到担心、害怕。而且我对民族团结与国家统一不抱任何希望。”

拿破仑三世满脸疑惑地问道：“您是说国家统一思想吗？”

“在您看来，这种思想难道不是悬在我们头顶的达摩克利斯之剑吗？”

“意大利已经实现统一，也没见到它的君主与新建的政治、社会制度有什么冲突。如果建立一个大一统的联邦制国家的目的是消灭民族认

刺杀亚历山大二世的安东尼·贝雷佐夫斯基

沙皇亚历山大二世，绘于 19 世纪 60 年代

同，那么各国君主对此肯定没多大兴趣。话又说回来，要取得任何进步都要一个过程。国家的发展就好比孩子的成长过程，当他们脱掉襁褓时，他们得借助引带或大人的搀扶才能迈出人生的第一步。随着时间的推移，他们会越来越茁壮，开始学着自己走路了。他们不断尝试、练习，直到能走得更稳，直到有足够的信心开始自己的人生征程。这时，他们不再需要引带，不再需要大人的搀扶。他们一边呼吸着自由的空气，一边大踏步向自己的未来奔去。到那时，陛下，我们就该退场了。我们就得放下身段，和普通百姓一起出现在大街小巷。我们要与他们打成一片，思他们之所思，想他们之所想。”这时，拿破仑三世露出调皮的微笑，继续说道：“不光如此，我们还要走下宝座，搬上凳子坐在壁炉边。”

亚历山大二世摇了摇头，脸上写满悲伤。

“您是个善良的人，陛下，”他温和地说道，语气中带着深深的遗憾，“但愿您的梦想能成真！”

突然，他换了一种语气，接着说道：“为什么我们就不能携手一起踏上您勾勒的大好前程呢？陛下，您信心满满、志在必得，而我却惶惶不可终日，害怕这一天到来，因为我还不太相信真正意义上的民族解放运动真的会像您说的那般轻巧！因为我从这种思想中看到的是到时候只有上帝才会告诉你的种种危险。哎，为什么我们就不能结盟呢？我们本应惺惺相惜。”

亚历山大二世的一席话深深地打动了拿破仑三世。他低下头，陷入了沉思。过了一会儿，他缓缓抬起头，脸色看起来有点儿苍白，深情地盯着亚历山大二世。

“照您这么说，陛下，”他笑道，“难道我们没爱着彼此吗？”

亚历山大二世没有回答，而是站起身，走到拿破仑三世面前，抓起他的双手，把它们紧紧地握在自己的手心里。

这是庄严的一刻，这是在注定会把第二帝国推向万丈深渊的危机初现之际尚可由拿破仑三世选择的一刻[①]。然而，拿破仑三世却无动于衷，亲眼看着它从自己的指间溜走。从亚历山大二世的手中抽回自己的手后，他把话题引向了无关自己身家性命的别处。

① 拿破仑三世无意与亚历山大二世结盟，错过了大好的战略机遇。普法战争爆发后，普鲁士没有遭到来自俄国的掣肘，大军悉数西调，成为打赢普法战争的重要因素。

第 9 章
戏剧化的自由主义改革

经历了 1867 年的喜庆与辉煌之后，第二帝国的政治风向悄然发生了变化，进入了一个与先前截然不同的时期——噩梦开始了。

过去几年中，纷至沓来的事件让人目不暇接，仿佛在肆虐的狂风中翻滚着涌向岸边的浪花，你追我赶，迫不及待地想亲吻一下日思夜想的大地，或者索性在岩石上撞个粉碎。过去那些年接连发生的一系列事件并非偶然的个案，一根无形的线把它们紧紧串在一起；我在前一章中提到的那些被遗忘了的事实逐渐浮出水面，再次出现在还未从俗世的诱惑中缓过神来的复仇幽灵面前，正恶狠狠地盯着它们。

自 1867 年以来，新旧政治力量之间的角逐逐渐白热化，最终，新力量占据了主导地位。而被喜庆冲昏了头脑的人们哪有心思去关心这些！一篇篇讨伐帝国的政治檄文铺天盖地而来，立法团、参议院乱成了一锅粥，保守派与改革派之间每天都上演着一场场惊心动魄的辩论。保守派坚决要求严厉处罚那些大肆宣传反政府言论的始作俑者；帝国下达搜捕令，决心要挖出这些不知天高地厚的乱臣贼子。

一场轰轰烈烈的革命正在杜伊勒里宫上演！拿破仑三世的自由主义改革运动遇到了前所未有的挑战。欧仁妮皇后是这场反自由主义改革运动的发起者和实际指挥者。在她的精心谋划下，事态正朝着有利于她的方向发展。初战告捷后，她伙同欧仁・鲁埃将瓦莱夫斯基伯爵赶下了立

瓦莱夫斯基伯爵（右八）与同僚

法团议长的席位，改由欧仁·施耐德[1]先生接替。

1867年还发生了一件意义深远的事件，那就是法国没有自愿放弃先前与荷兰达成的关于吞并卢森堡的协议，因为普鲁士此时已不再承认该协议的合法性。

这个消息给当时仍然沐浴在世界博览会余光中的第二帝国一记重重的耳光，全国上下顿时一片哗然。墨西哥皇帝马克西米利安一世被枪决的悲惨遭遇一时之间使杜伊勒里宫陷入了极大的恐慌。克雷塔罗[2]的那位不幸之人的鲜血似乎飞越大洋，溅到了那些依旧徜徉在帝国歌舞升平中的人的脸上。在那一刻，笑容凝固了。

最终，在万炮飞向门塔纳[3]上空的那一刻，法国和意大利之间的纽带突然断裂，气急败坏的维克多·埃马纽埃尔二世接着就以“雷·加兰拉莫[4]”回敬拿破仑三世。这起祸端的始作俑者就是欧仁妮皇后。为了先发制人，为了发泄心中的不满，为了阻止意大利走向统一，她挑起了法国与意大利之间的战事。

日月如梭，世事无常。

1868年点亮了维克多·亨利·罗什福尔[5]的“灯笼[6]”，西班牙女

---

① 欧仁·施耐德（Eugène Schneider，1805–1875），法国实业家、政治家，曾任立法团议长一职（1867—1870）。

② 克雷塔罗是墨西哥克雷塔罗州首府。1867年5月11日，墨西哥拿破仑三世马克西米利安一世在这里被枪决。

③ 门塔纳是意大利地名，位于罗马附近。1867年11月3日，法国与罗马教廷联军在门塔纳大败意大利加里波第志愿军，粉碎了志愿军进军罗马的战略计划。

④ 意大利海军的一艘战列舰。

⑤ 维克多·亨利·罗什福尔（Victor Henri Rochefort，1831—1913），法国政治家，《灯笼周刊》的创始人。

⑥ 这是一个双关语，既指维克多·亨利·罗什福尔于1866年创办的、产生重要影响的《灯笼周刊》，也指灯笼。

欧仁·施耐德

《灯笼周刊》的创始人维克多·亨利·罗什福尔

墨西哥皇帝马克西米利安一世在克雷塔罗被执行枪决

门塔纳之战。此战让法国与意大利的关系变得空前紧张

王伊莎贝拉[①]被从宝座上扔了下来。反对的呼声一浪高过一浪，举国上下一片混乱。如雨后春笋般不断涌现的无名小辈肆无忌惮地散布着反第二帝国言论，试图激起人们对第二帝国的仇恨。曾经不折不扣反对帝国的战士如今都倒下了，旷日持久的“战争”早已使他们精疲力竭；年轻的战士接过老一辈手中的旗帜，踏着他们的步伐，以更昂扬的斗志投身于反对帝国的浪潮中。他们不仅言辞激烈，而且擅长煽动大众的情绪，从而有效地壮大了自己的队伍。

1869 年，德高望重的亚森特教父[②]被罗马教皇逐出了教廷，此事在杜伊勒里宫甚至全法国引起了一场轩然大波，一种不祥的预感侵袭着每个人的心头。

形形色色的抗议集会此起彼伏，反对的呼声和着歇斯底里的咒骂声一次次考验着杜伊勒里宫的底线。不久，口水战升级为实战。来自郊区的叛逆者纷纷涌上巴黎街头。部分将士也临阵倒戈。形势极其严峻。

巴黎各主街区挤满了愤怒的人们。临危受命的士兵们端起手中冰冷的枪，将无情的子弹射向失去理智的暴民。

长久以来饱受压迫的人们再也抑制不住心中的怒火，于是将仇恨的火焰喷向第二帝国。而在第二帝国崛起过程中成长起来的士兵不仅好战，而且好胜，个个摩拳擦掌，准备大开杀戒。

军队离开了驻地，浩浩荡荡行走在巴黎街头。此时，巴黎仿佛是外国城市一般。每到一处，他们的喊杀声都震天动地，整齐的步伐让人不寒而栗。

驻守凡尔赛、圣克卢、圣莫尔、圣日耳曼的近卫军正焦急地等待着

---

① 即伊莎贝拉二世（1830—1904），西班牙女王（1833—1868）。在改革派的一片讨伐声中于 1868 年 9 月底逃亡法国，开始了她的流亡生涯。1870 年 6 月 15 日在巴黎正式宣布退位。

② 即亚森特·卢瓦松（Hyacinthe Loyson，1827—1912），法国著名的罗马天主教神父、神学家。1869 年被开除教籍后，被迫离开罗马教廷。

命令。一旦命令下来，他们会像发怒的狮子，凶猛地扑向面前的猎物。

这仅仅是前兆。面对举国上下人们精神上所遭受的摧残，立法团、上议院没能当机立断，只停留在口水战上，于是非但没有及时解决问题，反而滋生了更多新问题，结果人人自危。

尽管如此，第二帝国在摇摇欲坠之际还是散发出一丝令人宽慰的余热。苏伊士运河的开航典礼暂时平息了一度甚嚣尘上的混乱。拿破仑三世派欧仁妮皇后远赴东方出席开航典礼，他有理由相信这或许是命运刻意为他安排的。因此，他期待着一个美好明天的到来。

残酷的现实再次使拿破仑三世的黄粱美梦化为泡影。不过，深受宿命论毒害的拿破仑三世只是略带惊讶地注视着事态的发展，并没有感到恐惧。他曾经向往的自由主义在实现了其目的后并没有按照他当初的设想向前发展，但他还是心存幻想，一直把自己置于自由主义的理想王国里。他甚至没能静下心来想想：要是他不丧失先前所拥有的权力，皇位或许不会受到威胁。为了重拾梦寐以求的威严、重获理想中的权力，拿破仑三世只是默默关注着政坛的风云变幻，却没有采取任何行动。把一切托付给自己追求的崇高事业以及神圣不可侵犯的使命——按他的说法，没什么事能撼动他的使命，于是他就像置身事外的圣贤，不管世事如何发展，始终无所作为。

苏伊士运河开航典礼带来的喜庆与荣耀使他苍白的嘴唇增添了几分血色。第二帝国的光芒冲破层层乌云，拼命地将最后一抹余晖洒向法兰西大地。拿破仑三世兴奋得像个孩子。他连蹦带跳，高兴得合不拢嘴。当下的一切烦恼顿时成了过眼云烟。他不再想在反对派的持续、猛烈攻击下已经岌岌可危的皇位，也不再想悲悲戚戚的人生，因为无论你是帝王将相，还是平民百信，最终归宿终是一抔黄土而已。人生难免起起落落，你又能奈它何！

拿破仑三世不仅自己心地善良，而且相信其他人都是善良的。在他当政期间，带着对拿破仑这个伟大姓氏的满满自信以及对别人毫无保留的善意，他一直坚定地认为臣民是爱戴他的，也认为他的所作所为没有什么不妥之处。因此，当那些他连名字都叫不上的人怒气冲冲地不断出现在他面前时，他先是一阵诧异，接着又若无其事地做起了美梦，从没想过这些人的诅咒会不会在臣民中间产生负面影响。他只是静静地、面带苦色地看着他们，任凭他们翻江倒海。他完全可以卸掉自由主义思想仁慈的包袱，挥舞手中的权杖有力地回击反对派的非难，还自己清白。然而，心地善良的他总觉得这样做不太人道，总觉得自己有愧于臣民，有愧于政府，没能使其如愿以偿。一股强烈的使命感油然而生，就像多年前结束流放生涯第一次踏上法国大地时的心情一样，他觉得自己就是拿破仑一世，自己就是那个注定再现拿破仑一世传奇、在历史上留下浓墨重彩一页的不二人选。苏伊士运河开航以及 1870 年全民公投的成功毫无疑问证明了这一点。尽管此时他身体欠佳，整日忧心忡忡，但仍然满怀激情，打算挺直腰板大干一场。然而，无论是来自东方的赞美，还是国内尚存一息的欢呼，终究没能给他带来昔日身心上的辉煌。瞬间，曾助他叱咤风云、指点江山的气势已顿然全无。他蹒跚地拖着沉重的脚步，一摇一晃地朝自己亲手编织的未来走去，就像一个遍体鳞伤的决斗者，索性扔掉手中的长剑，任凭命运发落。世事无常，人心叵测。伺机蜂拥而至的反对派将他一把扯下宝座，狠狠地摔在地上，然后对他拳脚相加。他就像不幸坠落巴黎街头、被来往的重型马车碾得面目全非的可怜受害者一样。

第二帝国的一切荣光已经成为历史。在第二帝国的光环曾经笼罩的大地上，命运之神正似哭似泣地哼唱着绝望的曲调。第二帝国末日的钟声已经响起。

本想着在铺天盖地的灾难扑向第二帝国大厦的那一刻，杜伊勒里宫的常客们会有所收敛，暂时藏起他们一贯丑陋的嘴脸；本想着在那些致

1869 年苏伊士运河通航

命的危险侵蚀大厦的那一刻，宫廷权贵们能够团结一致、共同抵御眼前的劫难，但他们却没有这么做。这一时期经常出没于杜伊勒里宫的政客们不知何故，一点儿也没有觉察到帝国大厦正在咯吱作响，仿佛一夜之间变得耳不聪目不明了，更不用提凡夫俗子以及寄生于宫廷的无名小辈了，他们哪有什么职业的政治敏感去留意沸沸扬扬的民怨、关心异族对法国的仇恨呢？

阴云笼罩着法国大地，大有一副暴风雨即将来临的架势。而第二帝国的“蛀虫们”仍然忙得不可开交，你撕我咬，疯狂地攫取属于自己的最后一杯美羹。他们才不管谁主沉浮呢！

尽管“五人团”微弱的反抗呼声没有对第二帝国造成多大危害，但它却起到了推波助澜的作用。受到鼓励的反对者们纷纷站起身，眼中迸射出熊熊怒火，摆出一副不推翻第二帝国誓不罢休的姿态。立法团成了第二帝国支持者与反对者们殊死搏斗的前沿阵地，每天都弥漫着浓浓的火药味。在反对者咄咄逼人的进攻下，杜伊勒里宫的权力与威信逐渐被吞噬了。

起初，杜伊勒里宫不把反对者的激烈言辞放在眼里，仅报以轻蔑的一笑。帝国大厦已在强烈的抗议声中左摇右晃了，但政府还是不想正眼瞅瞅那些叛逆者，冷傲地认为他们只是一群小打小闹的乱臣贼子，掀不起什么大风大浪。有人曾提醒政府务必重视混乱的时局，但鬼迷心窍的政府却依然我行我素，继续沉浸在暖风熏人醉的畅想曲中。不仅如此，政府还刻意营造出一种太平盛世的欢乐场面，从而蒙蔽拿破仑三世的双眼，让他继续在自己的美梦中徜徉。正如我前面已提过的，宫廷中没有一个清醒的人，他们仿佛被灌了迷魂汤一般，过着骄淫奢逸的糜烂生活，将自己最丑陋的一面毫不保留地展示给世人。

面对预示第二帝国气数已尽的种种兆头，第二帝国只是默默地注视着，既没有悲伤流泪，也没有恐慌万分。也许它还没有弄明白世间万物

第二帝国已经处于风雨飘摇之中，随时有倒塌的可能，而杜伊勒里宫里依然歌舞升平。图为拿破仑三世与欧仁妮皇后在杜伊勒里宫举办晚宴的场景

的轮回之道，竟傻乎乎地认为混乱的时局只不过是一场政治风波而已，没什么可担心的，皇帝不费吹灰之力就可以平息。它从不会忘记以己之生存之道度人民之所想，甚至不惜把人民的怒吼看作乏味生活中的调味剂，而这和欧仁妮皇后的特殊口味不谋而合。自 1869 年立法团出现许多立志推翻第二帝国的新面孔以来，麻木的宫廷权贵竟荒唐地将他们当成了取乐的对象，不仅给他们每个人量身打造了极具讽刺意味的漫画像，还阴阳怪气地学起他们演讲时的一举一动，就连维克多·亨利·罗什福尔的《灯笼周刊》也成了宫中最受欢迎的读物。按捺不住好奇心的欧仁妮皇后一边板着脸，一边一本正经地拿起《灯笼周刊》，一读就是半天。这样说或许没几个人愿意相信，但欧仁妮皇后身边的人却是这么说的。

19 世纪 60 年代的欧仁妮皇后

1867、1868、1869 连续三年的纵容硬是把第二帝国推向了死亡的边缘。

我并非清心寡欲，也绝不仇视一切形式的享乐活动，但有一点却是毋庸置疑的，那就是第二帝国的前途其实是被杜伊勒里宫的男女老少亲手葬送的，是他们的所作所为逐渐引起了人民的不满，是他们把本来摇摆不定的爱国主义志士推向了对立面——这是敌国求之不得的，即使现在，敌国仍然希望第三共和国能重蹈第二帝国的覆辙，结果在第二帝国危在旦夕之际，没人愿意出来效力。在突如其来的变故面前，早已过惯了极度奢靡生活的宫廷权贵们显得那么脆弱，他们怎肯一下子接受从天堂坠入地狱的现实呢。然而，现实不会给他们选择的余地。他们就像那些享用完美餐、准备离开宴会时却意外发现自己身中剧毒的人，尽管强烈的意念不停地告诉自己一定不能当众出丑，但无奈身体已不听意念的使唤，即使借着其他东西辅助，他们也是跌跌撞撞、东倒西歪的，看到他们狼狈的样子，心地善良的人们多少还能说几句暖心窝子的话，但大多是来嘲笑他们的，仿佛只为等这一刻到来似的。

拿破仑三世的第二帝国已经名存实亡。曾经被命运之神百般眷顾的幸运儿突然被重重地摔在地上，欢笑声戛然而止，顷刻间一切荡然无存。新起之秀踩着他们的伤口，一路欢呼着去迎接属于他们的明天。初露锋芒的年轻人立即引起了人们的注意，一边欢呼着，一边义愤填膺地抱怨这个该死的腐朽社会蒙蔽自己太久了。焦渴的内心急切盼望着黑夜马上过去，从而早点儿看到黎明的曙光。

时光的指针悄悄地滑向了 1870 年，帝国政府进行了大刀阔斧的整改，一项新政策随即横空出世了——从理论上讲，在垂暮老人的血管中输入年轻人的新鲜血液可以起到神奇作用。然而，新政策非但没能使早已奄奄一息的第二帝国容光焕发，反倒加速了第二帝国的衰落。持续的混乱以巴黎各区为中心旋即扩散到全国各地，举国上下一片沸腾。一些心存侥幸的人乐观地认为第二帝国可以引领法国人民顺利抵达理想的彼岸。然而，头脑还清醒的人们却根本不抱希望。他们透过强装的笑颜，穿过挡在前面的云雾，早已看清正虎视眈眈地盯着第二帝国的张张狰狞面孔。

这些狰狞的面孔——革命的风暴也好，战争的洗礼也罢——早已占据有利地位，一切准备就绪，只等第二帝国病入膏肓那一刻的到来，并且不停地招兵买马，扩充实力，而愚钝的第二帝国对此竟然一无所知。在第二帝国的丧钟敲响的那一刹那，它们一拥而上，打算一下子置第二帝国于万劫不复之地。可怜的第二帝国只有坐等殒命了，因为它早已毫无还击之力。随着一声巨响，第二帝国的大厦轰然倒塌，霎时地动山摇。后来，据某些大胆的人回忆，当时他们鬼使神差般地回头看了看杜伊勒里宫，眼前的一幕至今仍让他们不寒而栗。在回头的那一瞬间，他们就感觉到有一股阴气迎面扑来。透过阴森的云雾，他们隐约看见一位身裹黑衣、披头散发的女人。对，她就是欧仁妮皇后。欧仁妮皇后正惊恐地在偌大的杜伊勒里宫中徘徊。据那些曾到过边界的人说，他们见过一个在边界上来回游荡的孤影，不用仔细分辨，一眼就能看出那就是拿破仑三世。只见他低着头，看起来很痛苦。想想曾经神武的他，再看看眼前这个既渺小又让人心痛的孤影，不禁有此一问：他怎么就沦落到连沿街乞讨的乞丐都不如的境地了呢？

第 10 章
1870 年战争爆发：导火索与罪魁祸首

自从俾斯麦伯爵吞吞吐吐地道出 1870 年战争爆发的部分实情后，各种议论纷至沓来。人们都想知道那场战争到底缘何而起，究竟谁是真正的幕后黑手。在纷繁芜杂的各类说辞中，有一种说法表述更准确，可信度更高，我愿在此与读者共享。

一提起 1870 年战争爆发的原因，我相信有很多人想都不用想就会脱口说那场战争的罪魁祸首非当时气势汹汹的自由党中的某些权贵莫属。事实上，他们开始这么想的时候就犯了大忌，那就是凡事不能只看表象，要想弄清本质，不仅不能放过任何一个可能的细节，而且不能忽略滋生任何一个细节的外部环境。

把 1870 年战争的罪责归咎于自由党的说法显然是站不住脚的。

为了理清脉络，我们首先要弄清楚以下两个问题：1870 年普鲁士真的想和法国开战吗？让霍亨索伦家族①的利奥波德亲王②继承西班牙王位的提议真的是为了有意激怒我们、进而达到反目成仇的目的吗？

我会不假思索地说“绝对不是”。不管是先前的“卢森堡事件”，还是后来的“霍亨索伦事件”，普鲁士的初衷绝非为了诱导我们全面开

① 德意志的主要统治家族。

② 指普鲁士国王威廉一世的堂兄。

战。纵观第二帝国史，尤其是末期那几年，不难发现我们的双眼始终被一种假象所蒙蔽，这种假象就是一直以来法国视自己为欧洲及其他国家眼中的强国。

受拿破仑三世对外政策的误导，舆情的矛头一直指向普鲁士，国人对普鲁士的信任危机空前膨胀。极具讽刺意味的是，深受拿破仑三世民族统一思想启发的普鲁士却一心想着与第二帝国结盟，尽管它屡遭拿破仑三世的冷落，但本着包容、求真、务实的精神，直到战争爆发前夕，它始终没有放弃这一想法。这一点可以从普鲁士驻法国大使奥古斯特·冯·德·戈尔茨的所作所为中看出来。俾斯麦伯爵几度访问法国也可以作为证据。普鲁士打算与杜伊勒里宫共同主宰欧洲的构想在拿破仑三世的多次拒绝下最终化为泡影，于是不得不另做打算，以此来抚慰其受伤的心灵。尽管在法国人面前栽了个大跟头，但直到1870年导致战争爆发的那个事件发生后，普鲁士还是没有在第一时间跳出来叫嚣与法国开战。谁会料想到一次外交风波竟会成为两国开战的借口呢？

尽管普鲁士对第二帝国虎视眈眈，但在推进民族统一大业的进程中，它有很多困难还得仰仗第二帝国的鼎力相助。因此，它对第二帝国的态度远比我们奥地利和意大利要温和。奥古斯特·冯·德·戈尔茨曾说：“当今的欧洲已老态龙钟，行将就木。它急需新鲜血液的补充，否则必死无疑。就让旧欧洲随风而去吧，因为开创新局面的后来者已崭露头角。不妨原话转告拿破仑三世，他或许会回心转意，觉得我们之间还没到彻底决裂的地步。他或许会明白一个民族的崛起并不一定就意味着世界末日的到来。”从奥古斯特·冯·德·戈尔茨的话中不难看出，为保证国家利益的最大化，法国在普鲁士的对外政策中一直占据着极重要的位置。相反，奥地利和意大利并没有成为普鲁士的外交首选。为了使我们的国家丑态百出，这两个国家也算是尽心尽力，使尽浑身解数挖掘出了两个油头粉面、杀人不见血的所谓代表——梅特涅侯爵和科斯坦蒂诺·尼格

普鲁士王国驻法国大使奥古斯特·冯·德·戈尔茨

拉，并派他们来第二帝国捣乱，只不过他们肩负的使命是不同的，他们的阴谋才没能得逞。

随着自由主义改革力度的加大，到1869、1870年时，自由主义者陆续占据了政府各部门的重要职位，拿破仑三世也趁机将他志在改革内政的想法公诸于世，并毫不避讳地向埃米勒·奥利维耶吐露了自己的具体构想。正当他踌躇满志之时，宫廷和议会中悄然兴起了一支可怕的力量。这支只忠于第二帝国、坚决反对一切新思想的力量就是“皇后党”，之所以被冠以此名，是因为它只直接听命于欧仁妮皇后。

“皇后党”成员不仅身份特殊，而且实力雄厚，他们中既有经常出没于宫廷的常客、内侍，又有地位显赫的国民议会议员、上议院参议员等。其中最有权势的要数欧仁·鲁埃和亨利·谢弗罗①了。他们的共同目标就是扼杀拿破仑三世的自由主义梦想。

据说，1870年的全民公投就是这帮人有意而为之。看着日益倾向自由主义的拿破仑三世，他们心急如焚，于是就想通过控制民意帮拿破仑三世挽回人心。

也有人说1870年的全民公投实则是1月2日内阁一手操纵的，它这么做的目的就是彰显新内阁的活力。为了摆脱第二帝国的束缚，内阁妄图趁其日薄西山之际，通过发动战争来巩固自己的统治地位，让民众彻底接受自己的合法性。然而，诸如此类的种种说法却根本没什么可信性。

公投结束后，不管是政界，还是唯欧仁妮皇后马首是瞻的宫廷，都没有显露任何想要挑起战事的迹象，更谈不上把哪个国家设为假想敌，煽动舆情，企图与其开战。1870年战争的导火索只是众多偶然事件的必然结果。要想弄清楚1870年战争爆发的真正原因，我们就得慢慢探究公投结束后的宫廷现状以及欧仁妮皇后圈子里接连发生的“怪事”。

---

① 亨利·谢弗罗（Henri Chevreau，1823—1903），法国政治家、波拿巴主义者，法国荣誉军团高级军官之一，曾任第二帝国内政大臣一职。

科斯坦蒂诺·尼格拉

亨利·谢弗罗，第二帝国末期的实权人物

为了彻底摆脱被1月2日内阁牵着鼻子走的被动局面，拿破仑三世又在酝酿一场政变。公投的成功或许使拿破仑三世更加坚定了决心，但不承想别有用心的人却抢先了一步。迫不及待的欧仁妮皇后及其党羽也正紧锣密鼓地实施他们的计划。他们打算先控制1月2日内阁，必要时监禁各位大臣，以此来实现他们重建专制帝国的企图。

当有人拐弯抹角地告诉拿破仑三世"皇后党"的真正意图后，尽管此时拿破仑三世已身心俱疲，但还是立即进行了反击。一心想实现自由主义帝国宏伟蓝图的拿破仑三世给他热心的朋友当头一棒，及时打消了他们的邪恶念头。

然而，被泼了一头冷水的"皇后党"并没有因此而灰心丧气，他们把仇恨的目光投向了拿破仑三世身边的亲信，盘算着如何堂而皇之地把他们赶出政府，如何让杜伊勒里宫中再现昔日的辉煌。

机会来了。就在这个节骨眼上，"霍亨索伦事件"发生了，喜极而泣的"皇后党"一边抹着兴奋的眼泪，一边欢呼"真是天赐良机！"他们终于等到了千载难逢的好机会。

宫中的权贵们一边倒地倾向欧仁妮皇后，盲目地随着她拍手称赞，难以抑制的兴奋模样仿佛一个快要溺亡的人突然看见漂来的浮标一样，一齐奋不顾身地扑向这根救命稻草。他们失落的激情一下子被重新点燃了，心里想着如果他们的企图——专制帝国的复辟得逞，那么拿破仑三世重新回到他们身边是迟早的事。

欧仁妮皇后立即把欧仁·鲁埃及其他几位活跃在坚决阻止自由主义改革一线的重要人士召集起来。密谋后，他们决定定期召开会议，从而冲击拿破仑三世主导的官方会议。

从此，"皇后党"的非法集会逐渐成为常态。很快，众人皆知的"保证"问题被提上日程，"保证"的先决条件是法国决不向普鲁士妥协，绝不能姑息任何偏袒普鲁士的政策出现。

当埃米勒·奥利维耶满怀喜悦、激动不已地在议会上宣布他已说服普鲁士国王威廉一世撤回霍亨索伦家族的利奥波德亲王继承西班牙王位的决议、最终与普鲁士达成谅解的好消息时，在座的“皇后党”成员无不惊愕。眼看到手的馅儿饼被顺势夺走了，他们个个气得咬牙切齿。权力的天平再次倾斜，要知道这可是复辟专制帝国的最后一根救命稻草呀！要想重振帝国的雄风，只有选择战争了。形势刻不容缓，他们得马上找个借口让权力的天平再次倾向自己。借口已近在眼前，为何不拿“保证”问题说事呢！“皇后党”随即以“保证”问题向政府发难，疯狂地向各部大臣开火，以达到其目的，这无疑让本已对法国不怀好意的俾斯麦伯爵抓住了把柄。

然而，不幸的是，“皇后党”经过强势攻击，在这次较量中占了上风。尽管埃米勒·奥利维耶做出很多试图让决策者回归理智的努力，尽管格拉蒙公爵安东尼·阿尔弗雷德·阿格诺[①]也不厌其烦地向他们讲述其中利害——其实，他已经很亲近“皇后党”了，但他们最终还是没能拗过固执的欧仁妮皇后。面对志在必得的欧仁妮皇后及其党羽，自由主义者不得不放弃先前秉承的不再为难普鲁士国王威廉一世的诉求，被迫同意法国驻柏林大使贝内代蒂伯爵再次与他交涉，逼他做出官方的“保证”。

接下来发生的事想必大家都知道了。接到巴黎急电的贝内代蒂伯爵不顾舟车劳顿，随即风尘仆仆地赶往埃姆斯[②]，简单寒暄之后便迫不及待地向威廉一世道明了来意。正在散步的威廉一世先是一愣，然后不失礼节[③]地接受了法国政府的“保证”请求。

① 安东尼·阿尔弗雷德·阿格诺（Antoine Alfred Agénor，1819—1880），第十代格拉蒙公爵，法国外交家、政治家。

② 埃姆斯位于德国科布伦茨东郊，因温泉疗养胜地而闻名于世。

③ 与普鲁士国王在埃姆斯的会面情景是贝内代蒂伯爵亲口告诉欧仁·巴赞先生的。欧仁·巴赞先生是贝内代蒂伯爵的挚友，也是我的挚友，当时他住在凡尔赛，他说贝内代蒂伯爵就是这么对他说的。——原注

格拉蒙公爵安东尼·阿尔弗雷德·阿格诺

俾斯麦伯爵接着出场了。他擅作主张，篡改了拉齐维尔公爵[①]准备公开的关于普鲁士国王威廉一世对法国政府做出的书面承诺。于是，大战一触即发。

前面我已经提到欧仁妮皇后与欧仁·鲁埃频繁制造阴谋的目的就是要让拿破仑三世及其大臣的温和政策胎死腹中。在“皇后党”集团的座上宾中，佩尔西尼公爵值得一提。尽管他也是专制主义的忠实追随者，尽管一提起自由主义他就浑身起鸡皮疙瘩，但我们决不能否认他并不希望战争爆发。

19 世纪 70 年代的俾斯麦伯爵

① 拉齐维尔公爵（1809—1873），荷兰贵族，普鲁士军官、政治家。

面对在1866年萨多瓦战役中大伤元气的普鲁士，佩尔西尼公爵当时就强烈建议拿破仑三世应果断采取措施，及时阻止德意志走向统一，否则统一的德意志将会是法国的强敌。1870年，法国面临的不利局面使他嗅到了浓浓的火药味。他整日忧心忡忡，深知指望奥地利和意大利的帮助已经没有任何可能。更糟糕的是，拿破仑三世正深陷无法自拔的政治困境。从零散的私人收藏及官方的相关文献来看，谁才是那场政治冲突的真正赢家，人们众说纷纭，各种说法之间悬殊之大令人大跌眼镜。

佩尔西尼公爵察觉到没人愿意把他的恳切建议当回事后，就借机脱离了“皇后党”，谢绝出席由皇后和欧仁·鲁埃主导的各种会议。接着，他将眼下发生的一连串怪事告诉了拿破仑三世，提醒他务必警惕灾难的降临。屋漏偏逢连夜雨，此时的拿破仑三世不但身患重疾、与欧仁皇后关系闹僵，而且每天还要着手调和各派议员之间的尖锐矛盾。各派议员之间的尖锐矛盾牵动了法国所有人的神经，其恶劣影响在巴黎尤其明显。因此，他根本没有精力静下心来认真考虑佩尔西尼公爵向他反馈的那些事情，只是麻木地看着，任其肆虐发展。直到最后一刻，拿破仑三世对普鲁士宣战一事仍持反对态度；但当他意识到“埃姆斯事件”拉响了法国与普鲁士两国之间的战争警报时，伤心欲绝的他再次把希望寄托于命运的安排。

由此可见，1870年战争完全是由欧仁妮皇后及其党羽一手煽动起来的。“皇后党”积极制造这场灾难的目的再明白不过了，那就是彻底粉碎走向自由主义的第二帝国，完全清除那些一心帮助拿破仑三世实现自由主义梦想的忠实追随者，进而实现他们复辟专制帝国、重新掌握绝对权力、再次过上骄淫奢逸生活的春秋美梦。

到1870年，拿破仑三世的身体状况已经变得极其糟糕，这一点是大家有目共睹的；要说欧仁妮皇后及宫廷上下对此一无所知的话，那不过是拙劣的托辞罢了。文献显示，当时考虑到拿破仑三世身体上的不便，政府决定让他继续留在圣克卢宫办公，以免给他增加额外负担。通过以上事实我们不难想象拿破仑三世当时面临的是怎样一种艰难处境！

事实胜于雄辩，1870 年战争的罪魁祸首就是欧仁妮皇后。据莫瑟尼将军后来回忆，欧仁妮皇后流亡佛罗伦萨期间曾亲口对他说法国本可以赢得那场战争，从而确保第二帝国屹立不倒，也可以使教皇的势力范围不受影响。

在令人揪心的罗马问题上，拿破仑三世再次败给了坚决维护教皇权威的欧仁妮皇后。这彻底激怒了维克多·埃马努埃尔二世，他扬言如果法国胆敢在他与教皇庇护九世之间作梗，就会不惜诉诸武力。

歪曲的政治导向或许会蒙蔽我们的双眼，但历史自有其判断力，它不会因为恩恩怨怨、一己之利或所谓的仇恨而罔顾客观事实。历史总能以其特有的智慧与敏锐的判断力为每件事贴上恰当的标签，而人性的弱点就是想尽一切办法逃脱罪责。于是，人们不惜歪曲事实，以达到掩人耳目、方便自己的目的。

不妨这么说吧，1870 年时俾斯麦伯爵对我们深怀敌意这点不假，但让形势失控的却是欧仁妮皇后及其党羽。在他们不折不扣的叫嚣与煽动下，事态正朝着不可逆转的方向飞速发展。“霍亨索伦事件”的发生正中“皇后党”的下怀，他们以普鲁士羞辱法国为借口，一步步将法国推向战争的风口浪尖。

至于那份从埃姆斯发出的电报，俾斯麦伯爵才是最大的赢家，因为他把所有想说的话都在电报中说了。自从电报公诸于世后，人们总觉得哪里好像有点儿问题；但被歪曲的事实蒙蔽双眼的百姓却把怒火洒向了 1 月 2 日内阁，纷纷指责它才是那场灾难的始作俑者。就这样，1 月 2 日内阁不幸背上了挑起普法战争的黑锅。

至于经俾斯麦伯爵授权从埃姆斯发出的那份电报，我越想越觉得事

19 世纪 70 年代的拿破仑三世

有蹊跷。为解开疑团，我决定另辟蹊径，从媒体尚未公开的文献中找出真相。

应普鲁士国王威廉一世的要求，拉齐维尔公爵将法国大使贝内代蒂伯爵与威廉一世的谈话内容如实地拍电报告诉了他的上司俾斯麦伯爵。读完电报后，俾斯麦伯爵显得很失落，觉得他一手绘制的宏伟蓝图快毁于一旦了。然而，很快他就变得异常兴奋，满脸坏笑地告诉拉齐维尔公爵电报内容[①]应精简后再发出。就这样，电报内容被篡改了。更可恶的是，欧洲各国政府及报界都知悉了被篡改后的电报内容。

但问题是贝内代蒂伯爵在明知电报内容有误、被篡改后的电报意味着法普两国战争一触即发的情况下，为什么还要默默接受议会说他在埃姆斯受辱呢？他为何不立即指出那是俾斯麦伯爵在背后使坏呢？他为何不直接将事件的来龙去脉告诉首相、政府以及拿破仑三世，并公开宣布普鲁士的外交声明不合实情、威廉一世羞辱他一事子虚乌有、他未曾冒犯威廉一世的事实呢？

如果贝内代蒂伯爵当时这么做了，很多人或许会乐意一探究竟。他这么做或许会使法国在外交上处于不利地位，但至少能使五万法国士兵免遭战死沙场的悲惨命运。在我看来，这样的结局或许关乎一个国家的颜面，但也算是将功赎罪吧。

换个角度来看，如果不是贝内代蒂伯爵亲口将发生在埃姆斯的事情告知法国政府——与此恰好相反的是，埃米勒·奥利维耶一直坚持说他从未见过电报原文，那么法国上下甚至整个欧洲是怎么获悉俾斯麦伯爵的阴谋诡计的呢？如果不是贝内代蒂伯爵本人将充满挑衅的电报内容告知

① 埃姆斯电文要害部分的原件内容为：“贝内代蒂在散步时与我相遇，要求我永远拒绝霍亨索伦家族的成员在西班牙即位……我予以拒绝，因为不需要也不可能永远承担此种义务。”陛下告诉贝内代蒂伯爵，他在等候安托万亲王的消息……他决定不再接见贝内代蒂伯爵，并通过副官转达，现在无法告诉他更多的消息。”要害部分被篡改后的内容为：“大使要求永远拒绝。国王不愿再次接见大使，令值日副官转达，更多消息无可奉告。”——原注

19 世纪 70 年代的普鲁士国王威廉一世

法国政府，法国政府会在不分青红皂白的情况下断然向普鲁士宣战吗？

在进行各种猜想的同时，我们不经意间漏掉了一个人。为了逃避战争的罪责，为了逃避良心的谴责，这个人极其巧妙地使自己置身事外。如果撇开老奸巨猾、擅长外交权术的俾斯麦伯爵如何戏耍了他的主子普鲁士国王威廉一世的事不说，俾斯麦伯爵的对手真的就那么不尽职责、甘愿被他玩弄于股掌之上吗？

在俾斯麦伯爵的对手中，我认为只有一个人最清楚这场战争的真正起因是什么。他深知一旦交战，第二帝国将面临怎样的处境，尽管他或许对篡改电报一事一无所知。这个人就是拿破仑三世。

挂帅出征之际，拿破仑三世在写给勒皮克将军的信中说："谁知道我们能否再见上一面呢？"

当时只有他有能力力挽狂澜，能使我们的国家免遭灾难。但不幸的是，1870 年时的拿破仑三世只剩下一副空壳了，他的灵魂早已被阉割。

我之所以敢从全然不同的角度对导致 1870 年战争爆发的原因作出以上陈述，是因为我手头有那段时期与拿破仑三世和欧仁妮皇后接触甚密的一位朋友提供的资料。为了证实那些资料的真实性，我还专门向 A 先生求证过。A 先生算起来还是我的亲戚，曾是拿破仑三世的核心决策者之一。不久前，他刚刚离世。几年前，我在议会中碰到过他，那时他还是一名资深议员。我还在 H 伯爵夫人——1871 年巴黎沦陷期间一位扮演重要角色的将军之女——的私人沙龙以及我的姑母 D 伯爵夫人的家中多次见过他。

对于 1870 年战争的前因后果，我想我手中的这些资料是有说服力的。然而，考虑到本章主题，我不便在此一一罗列这些文献了。但我觉得有必要让读者一睹曾是外交官的 V 伯爵写给我的一封信，这封信将从一个不同的视角——尽管这个视角不一定完全正确，但还是值得探究——来揭露那场战争的起因。

在 V 伯爵看来，1870 年战争完全是帝国利益的需要。战争爆发前夕，立法团中兴起了一股要求废除奥尔良王朝诸亲王流放令的呼声。他随即得出以下结论：这场战争就是波拿巴主义者和杜伊勒里宫的常客们因担心诸亲王的回归会威胁到自己的统治地位而蓄意挑起的。发动战争的目的就是要彻底清除奥尔良派余孽，因为一旦他们得势的话，在目前内外交困的严峻形势下，第二帝国将会面临致命的威胁。

V 伯爵的这番言论听起来十分古怪。因此，我觉得有必要在此与大家分享一下。然而，他的论点再次佐证了我先前坚持的观点，即欧仁妮皇后及其党羽真正担心的是遍布政府各部门的自由主义者，而不是打着奥尔良王朝诸亲王的名号谋求政治利益的人。我有理由相信，如果能通过发动一场战争来巩固自己的统治地位，来重现专制主义帝国昔日的辉煌，那么皇后及其党羽肯定会不惜一切代价让它成为现实，因为他们不会傻到靠另外一个王朝的垂怜来实现自己的帝王美梦。

撇开信中的观点不说，V 伯爵的这封信还是值得一提的。我公开此信的目的就是想让历史学家和大众看到它，从而赢得他们对我开战原因的观点的认可。

V 伯爵在给我的信中写道：

> 我拜读了您撰写的关于杜伊勒里宫宫廷秘事及帝国统治末期的多部著作。然而，令我惊讶的是，您在相关著作中并没有把导致帝国终结于色当战役的真正原因公诸于世。
>
> 为了还原事实的真相，我觉得有必要让您了解 1870 年 7 月 2 日那天议会中的真实情形。当有议员提出政府应废除奥尔良王朝诸亲王的流放令时，会场气氛一下子变得异常活跃。议员们七嘴八舌，仿佛那天的会议就只为解决一件事情，那就是废除流放令、欢迎诸亲王的回归。

帝国最有可能遭受的最大打击会是什么呢？毫无疑问，一场革命，一场由曾经统治过法国、让法国人恋恋不忘的某一王朝、王室家族所发起的革命。一提到奥尔良王朝，议员们瞬间变得激动不已，仿佛忘记了目前还是第二帝国时代。长期积压的种种不满顿时如洪水猛兽般冲向帝国。议员们一边诅咒着该死的帝国，一边高呼奥尔良王朝诸亲王的名字。这就是 1870 年 7 月 2 日那天议会中的真实情形。

自 1852 年蒙塔朗贝尔在议会中发表演讲时提到奥尔良王朝诸亲王的名字以来，在将近二十年的时间里再也没人在帝国提起过。当奥尔良王朝诸亲王的名字如茹维尔、奥马尔、蒙庞西耶等突然再次在立法团被提及时，那些曾经效忠于七月王朝、最后迫不得已屈服于拿破仑三世的议员再也抑制不住他们的真情实感了，他们个个热泪盈眶，情不自禁地高声呼喊起诸亲王的名字来。想想那些议员的过往，他们委身第二帝国也实属无奈，如果他们在最后一刻不选择倒向拿破仑三世，谁知道等待他们的会是什么呢？

我是 7 月 2 日那天会议的与会者之一。我的座位在外交使团区，因为当时我的身份是外交官。大厅里挤满了人，看样子像是有重要的事情将在大会上宣布。

刚到波旁宫，我就遇上了参议员 H 男爵。

我对他说："今天的会议，很可能是激动人心的，您有没有觉得？"

他不屑一顾地回答道："呸！年轻的埃斯唐瑟兰当众引燃事先准备好的爆竹，不明就里的埃米勒·奥利维耶将踩个正着，会闹出些动静的。"

然而，会议并没有像 H 男爵预言的那样发展。没错，废除奥尔良王朝诸亲王流放令的倡议是那位被称为“年轻的埃斯唐瑟兰”的议员发出的，但奇怪的是，他的倡议却没有遭到任何一位与会者的反对。“年轻的埃斯唐瑟兰”曾是奥尔良王朝诸亲王的朋友，他的倡议使人们不由自主地想起了阿方斯·德·拉马丁[①]曾说过的一句话：“唯一能触动法国人心弦的并非喋喋不休的至理名言，而是发自内心的狂热。”他使一度被人们遗忘的年轻流放者获得了重生，并在议会中毫无畏惧地将他们的回归问题提上了日程。

前奥尔良主义者顿时陷入了甜蜜的回忆中，一幕幕绝美的画卷在他们的脑海中不停地闪现着。他们想起了护送拿破仑一世遗体的队伍在海军将领茹维尔的带领下浩浩荡荡开进巴黎时，人们激动不已的情景，也想起了被非洲炙热的太阳烤得焦黑的奥马尔公爵率领的兵团穿过巴黎街头，途径文森[②]，最后到达内伊[③]时，一路被兴奋的人群夹道欢迎的生动场面，更想起了奥马尔公爵命悬一线时人们焦躁不安的情形。

当时任议会财务主管的老将军勒布勒东扯开嗓门，以盛气凌人的语气回应了埃斯唐瑟兰的请求，我顿时觉得那是来自法国军方的强硬声音。我对他说的最后几句话至今仍记忆犹新。

勒布勒东说道：“没错，我在走投无路时被迫投靠了拿破仑三世政府，但我也曾在奥马尔公爵的非洲兵团中服过役。我无时无刻不欣赏他的军事才华。如果能让我国最优秀、最伟大的居民重回故土，我何乐而不为呢？”

① 阿方斯·德·拉马丁（Alphonse de Lamartine，1790—1869），法国作家、诗人、政治家，法兰西第二共和国的奠基人之一。

② 文森是法国法兰西大区所辖的瓦勒德马恩省的一个市镇。

③ 内伊是法国法兰西大区所辖的上塞纳省的一个市镇。

阿方斯·德·拉马丁

一个议员在勒布勒东将军讲完后说道："他的话说到我们的心坎儿上去了，奥马尔公爵是不可多得的名将。"

阿方斯·埃斯基罗斯[①]、朱尔·法夫尔以及皮纳尔从法律的角度对废除诸亲王流放令的请求予以支持。就连波拿巴主义激进派的皮雷老侯爵也随声附和起来。

一贯爱憎分明的埃米勒·德·凯拉特里[②]不由分说，劈头盖脸地对各部大臣进行了一番狂轰滥炸。

当同属反对派阵营的朱尔·格雷维发表了那句著名的言论"我既不想随波逐流，也不想同室操戈"之后，受到了左翼同僚的猛烈围攻，尽管他也毫不犹豫地攻击了各部大臣。

就在一瞬间，政府突然发现自己陷入了四面楚歌的艰难境地，而它的敌人显然是有备而来，因为他们有着共同的政治诉求——推翻第二帝国，于是他们不约而同地站在了同一条战线上。更让政府痛心的是，它的朋友也在反政府的革命风暴中临阵倒戈，无情地抛弃了它。那天的会议场面的确是这样的。曾任瑞士外交部长的某先生——当时他就坐在我的后面——不无惊讶地感慨道："在这个所谓的波拿巴派议会中，除了奥尔良主义者好像并无他人。"

这位外交官如实地道出了我们在座的每一个人的心声。

在离开议会之际，我上前拥抱了一下G公爵夫人。

她对我说道："啊，亲爱的伯爵，我们今天出席的会议根

① 阿方斯·埃斯基罗斯（Alphonse Esquiros，1812—1876），法国作家。1850年以社会民主主义者身份当选为立法议会议员，1851年因反对第二帝国被流放，1869年重新当选立法议会议员。

② 埃米勒·德·凯拉特里（Émile de Kératry，1832—1904），法国政治家、军人、作家，1870年普法战争的支持者之一。

朱尔·格雷维

本就不是关于什么政治决策的，而是关乎改朝换代的。我并不知道这次会议会产生怎样的结果，但至少有一点是确定无疑的，那就是它的后果肯定严重。”

我回答道：“我与您有同感，帝国的统治根基受到了严重的威胁。”

1870 年 7 月 2 日议会中的情形明确了这一点。

迫不及待的内政大臣舍旺迪耶·德·瓦尔德罗姆[1]在第二天，即 7 月 3 日——那天正好是礼拜天——就吹响了战斗的号角。对此，埃米勒·德·吉尔丹先生可以作证。在他去世前几个月，他曾给我提起过此事。

7 月 2 日傍晚，舍旺迪耶·德·瓦尔德罗姆邀请埃米勒·德·吉尔丹一起用餐。餐后他们准备离开之际，舍旺迪耶·德·瓦尔德罗姆问道：“你听说那个消息了吗？由霍亨索伦家族某亲王继承西班牙王位的事已确凿无疑。”

埃米勒·德·吉尔丹疑惑不解地问道：“此事与我们何干呢？”

舍旺迪耶·德·瓦尔德罗姆反问道：“何干？难道你不觉得这是对法国释放的一个危险信号吗，会威胁到法国的利益吗？我们决不能让霍亨索伦家族的任何亲王去染指西班牙的王位。我们可以借此发动一场战争。”

“如果非要这么做的话，那将是最不明智的选择。”

“此言差矣！我命令你明天立即撰文，公开发表这么做的必要性。”

① 即让－皮埃尔·拿破仑·欧仁·舍旺迪耶·德·瓦尔德罗姆，1870 年 1 月 2 日至 1870 年 8 月 18 日任法兰西第二帝国内政部长。

“没门！”

尽管埃米勒·德·吉尔丹当时抛出了拒绝的“豪言壮语”，但文章还是如期发表了。然而，埃米勒·德·吉尔丹从未承认那篇文章是他写的。

就在同一天，即7月3日，胡安·普里姆[①]在马德里收到了一封法国政府发来的电报，内容是关于法国政府强烈抗议霍亨索伦家族某亲王继承西班牙王位一事的。

据我的一位朋友回忆，胡安·普里姆收到电报时，他正好也在。他说普里姆读完电报后立即将它揉成了一团，气冲冲地摔在办公桌上。

他吼道：“这个要求有点儿太过分了，它会引起不必要的麻烦。我们与杜伊勒里宫的关系一直都很融洽。”

通过以上我所说的话，您已经看清1870年战争爆发的不为人知的原因了吧？

为了使复辟奥尔良王朝的计划不被暴露，为了出其不意地给帝国以致命的一击，没有比霍亨索伦事件更堂而皇之的借口了。战争只不过是这些事件的必然产物罢了。

试想一下，杜伊勒里宫真的就那么想把事态推到不可挽回的局面吗？它真的有必要四面树敌吗？我不这样认为。至少在那些错综复杂的事件浮出水面之际我是持否定态度的。然而，一旦这些事件被心怀叵测的人利用，情况就大不同了。一旦某一王朝政府气数已尽，宫廷上下不再听命于某一君主，即使政府首脑想有所作为，也于事无补了。

① 胡安·普里姆（Juan Prim，1814—1870），西班牙军事领袖和政要，在废黜女王伊莎贝拉二世的政变中起过重大作用。1869年，他成为元帅后主政西班牙新政府。

埃米勒·德·吉尔丹

西班牙著名政治家胡安・普里姆

以上就是V伯爵写给我的信，信中的内容值得深思。

就V伯爵在信中的陈述而言，它清晰、准确、无可挑剔，但我对他的某些观点却不太赞同。然而，换个角度来讲，V伯爵在信中的描述进一步证实了我的猜测——拿破仑三世只是不幸陷入了早已为他设好的陷阱，只不过充当了行使政府首脑最高权力的角色，从而能顺理成章地向普鲁士宣战了。

尽管曾一夜之间团结起来的前奥尔良主义者强烈要求推翻第二帝国、复辟七月王朝，但实际情况却是，直到1870年，路易·菲利普国王的儿子们还不具备动摇第二帝国根基的实力。被拿破仑三世提拔的自由主义者纷纷涌进了政府各职能部门，并开始占据要害职位，这引起了“皇后党”的极端恐惧。我想这也是我为何敢提出与众不同的观点——历史有足够准确的证据说明皇后及其党羽的所作所为都是针对1月2日内阁的——的原因所在了。

既然奥尔良王朝诸亲王的问题已不再是问题了，那么只有一种可能解释得通了。有一点是不可否认的，V伯爵的信中也提到了这一点，那就是预谋、发动1870年战争的根本原因是已经任由欧仁妮皇后及其党羽摆布的杜伊勒里宫想借人事变动之名拔掉政府中的眼中钉，安插他们的心腹，以达到控制政府的目的——说白了，他们这么做的目的就是让仍旧貌美如花、贪恋权力的欧仁妮皇后替代已经年迈体弱的拿破仑三世。

“霍亨索伦事件”发生后，欧仁妮皇后一方面通过施展自己的影响力，与支持者们紧锣密鼓地将法国与普鲁士推向战争的边缘，另一方面由于面临的种种压力与挑战，她时常紧绷神经，动不动就暴跳如雷，要是有谁不幸撞到枪口上，那是注定要倒霉的。

此时，欧仁妮皇后似乎比以往任何时候更感情用事了，这使她很难被人理解。有时，她会陷入深深的沉思之中，目光凝重，神情严肃，没有人会猜到她此刻在想些什么。有时，她会不停地胡言乱语，仿佛持续的高烧一直在折磨她，至于她说了些什么，我想只有上帝才知道。每当摊上喜事时，她就会上演一场生动的感情戏，一会儿激动得泪流满面，一会儿又连连发出怀疑的惊叹，只要能恰当表达她此时的真情实感，她恨不得一下子都尝个遍。这还不算，每当她的情感这般“发作”时，她还蛮横地要求在场的每个人都要无条件地附和她的行为。

欧仁妮皇后的这种情感倾向在她的党羽面前显得尤其明显。她的情感“发作”时也是她最忠实的追随者最受折磨的时候。

在大多数情况下，欧仁妮皇后闹闹情绪也不会造成什么严重后果，无非是想刷刷存在感，耍耍小女人的脾气而已。然而，有一次她却是相当认真的，那是在关乎一项非常重要的政治决策的会议上，面对她歇斯底里的发作，当时在场的人无不感到恐惧。后来，欧仁妮皇后的一个死党将这件发生在圣克卢宫的事告诉了我，再次坐实了我为撰写本章内容而引用的文献中的观点。因此，我觉得有必要在此还原一下它的真面貌。

众所周知，要不是自由派在立法团周旋、坚持要求内阁公开往来的外交信件——政府可以据此正式宣战——从而延迟了巴黎与柏林之间的决裂，持续发酵的“霍亨索伦事件”早就把法国与普鲁士推到了战争的风口浪尖上了。

历史证明，法普两国之间敌意的缓和完全不符合欧仁妮皇后及其党羽的利益。“皇后党”在为上天赐予他们的大好机会喜出望外时，毫不掩饰地透露出对自由派的极端不满。面对欧仁妮皇后的所作所为，她的几个朋友虽然明面上仍毕恭毕敬，但私下无不担心事态的急剧恶化。如果他们当时都能穷其智慧，客观、冷静地面对这桩众人一边倒的外交事件，或许事态不会发展到那般恶劣的地步。

一天下午，正当欧仁妮皇后及其亲信再次谈及棘手的问题时，其中一位亲信，某伯爵，一改以往可怜巴巴的样子，终于在良心的谴责下对皇后说了一声“不”。当时，欧仁妮皇后就像着了魔一般，只要有议员胆敢反对发动战争，就肯定会遭到她劈头盖脸的一阵疯狂攻击。这还不止，每当她的攻击告一段落时，她总不忘了停下来看看有没有人为她鼓掌喝彩。当她发表完言辞激烈的长篇大论后，现场顿时静悄悄一片。但没过多久，某伯爵就打破了寂静，大胆地对欧仁妮皇后的言论作了以下答复。

> 您刚才说到了问题的要害。即便普鲁士在某种程度上羞辱了法国，但如果阿道夫·梯也尔和他的朋友们就此怂恿皇帝打着政治报复和党派权益的旗号断然向普鲁士宣战，那他们才是真正该遭唾弃的小人。因此，对那些到目前为止还在竭力阻止威廉一世与皇帝走向决裂的人所做的努力，我们应给予肯定。在他们的努力下，如果——当然前提是不能损毁法国的形象——巴黎和柏林能够冰释前嫌、握手言和，我有理由相信我们的政府和国家——届时，我会毕恭毕敬地汇报我所观察到的一切——将会因他们曾经的反对而感激涕零。

某伯爵说完，在场的所有人都惊呆了。他们面面相觑，不知所措。突如其来的言论着实让欧仁妮皇后倒吸了一口冷气，一时之间不知如何是好。但没过多久，她就回过神来，颤抖着突然转向刚才说话的某伯爵，厉声喊道："什么！那些话是你说的吗？你现在也替左派说话，是吗？啊，如果我的朋友都抛弃我，转身投靠自由派，那我该怎么办？那些打着爱国主义旗号、实则图谋一己之利的所谓自由主义者只是一帮胆小鬼罢了。他们干预战争是假，实则是为了打乱杜伊勒里宫的计划，以此来增加谈判的筹码。只要杜伊勒里宫做出一点点让步，他们就会变本加厉，逼它就范。难道你还没看出那些一天到晚不停叫嚣的人都是些骗子吗？他们上窜下跳的唯一目的还不是为了招致我们的反感、憎恨？说白了，

阿道夫·梯也尔

他们憎恨的人是我，不是其他人；他们想要报复的人是我，而不是皇帝。他们或许永远也不会跻身于立法团，虽然我的计划不幸没能实现，却就此与他们结下了仇怨。他们是不会原谅我的。他们憎恨我，但我绝不会让他们拿我当软柿子捏。”

她一口气说完以上这番话，停顿了片刻。但与往常不同的是，那天既没有人为她鼓掌，也没有人对她说几句宽慰的话。她缓了口气后又开始了长篇大论。

“我怎么也想不明白，为什么会有人竟愚蠢到相信他们的鬼话、同意向普鲁士妥协呢？当战争结束、我军班师回朝后，我倒要看看他们还敢不敢再恬不知耻地对我们说东道西了！还敢不敢阻挡我们前进的步伐了！我就在那里等着他们，届时我会跟他们好好算算这笔账的，如果他们敢接招的话。在这个国家，一切美德正走向消失的边缘；是的，一切美德。好端端的一个政府现在已经被闹腾得鸡犬不宁，神圣的权威已经被践踏得面目全非，更别提什么信仰、爱国情怀了，取而代之的竟是那些鬼才知道的所谓的自由与叛逆。是时候力挽狂澜了。”

她突然转向那些竖着耳朵听她发泄不满的人，没等他们反应过来，便开始哭哭啼啼地央求起来，并迫切希望他们能立即给出明确的答复，就像一个被吊足了胃口但不能马上得到心仪的东西的小孩子。

“你们肯定会助我一臂之力，”她接着说道，“肯定会帮皇帝重新掌握已被蚕食的权力，是不是？你们肯定会陪我一起渡过难关，是不是？请告诉我你们一定会帮助我！我离不开你们。”

气急败坏而精疲力竭的欧仁妮皇后最后竟紧握着拳头抽泣起来。她下意识地胡乱抓弄着裙子，手指一张一合的，仿佛痉挛了似的。慢慢地，她消停了下来。她一动不动，就像昏厥了似的。

在场的朋友们见状随即忙作一团，有人干脆迁就了她的恳求，有人则大献殷勤，尽说好话给她听，而之前激怒了皇后的某伯爵则既失望又难过地摇着头，无趣地离开了那个房间。

正如我前面所说的，“霍亨索伦事件”发生之后，宫廷上下一片慌乱，恐惧侵袭着每个人的心头。在法国向普鲁士宣战的那一刻，人们陷入了极度的恐慌之中。然而，有一个人除外，她就是欧仁妮皇后。此时，她比以往任何时候都更蛮横、更无理，而且她的一举一动比以往任何时候更具煽动性。自从她的所作所为勾起了人们对已逝的美好生活的向往后，人们不再彷徨，不再举棋不定，而是坚决地站到了皇后对立面，因为他们仿佛看到了一个充满希望的未来——一个本来就属于他们、能给他们带来无尽欢声笑语的未来。

面对前所未有的躁动与不安，人们一开始就昏昏然不知所措。大街上一片混乱，空气中弥漫着无尽的嘈杂声，即使深居皇宫大院，也能感觉到异常紧张的气氛。必须想办法恢复正常秩序。这些异常的情况打破了杜伊勒里宫的宁静，它们得为此付出代价。然而，战争的号角声如同一道刺眼的光，照亮了处于迷糊状态的杜伊勒里宫。他们终于肯暂时搁置各自心中的小算盘，重新显现出他们自然、本真的一面了，这才是值得人们肃然起敬的样子。

当近卫军军乐团赫然在圣克卢宫外演奏起激昂澎湃的《马赛曲》时，人们虽然知道这是拿破仑三世授意的，但无不充满恐惧。有人不惜冒犯天威公然指责拿破仑三世的荒唐行为，因为这首曲子让他们想起了曾经的血腥的大革命。但拿破仑三世这次铁了心。看着他们卑躬屈膝的样子，他很知足。

对于当时官方为何突然许可演奏《马赛曲》一事，拿破仑三世说过的几句话值得我们深思。

据拿破仑三世的一位御前大臣回忆，当皇帝告诉他想听听鲁热·德·

利尔[①]的曲子，并想让大众一起来听听时，他简直不敢相信自己的耳朵。

拿破仑三世对他说道：“现在，对于一切非法国的东西，我们都应毫不留情地说‘不’。对于一切压制我们血液沸腾的不利因素，我们都应毫不客气地清除。权且不论当下是否适宜解禁《马赛曲》，但我相信它肯定会唤起人们的激情。只要能达到这个效果，人们怎么演奏它我都可以接受。”

拿破仑三世补充道：“如果旧保皇主义者的战斗口号——‘蒙茹瓦，圣德尼[②]’能为法国赢得胜利，我情愿让我的将士们呐喊。法兰西民族有时真的令人难以捉摸。”

自拿破仑三世亲临莱茵兵团部署作战计划以来，宫廷中的生活依然如故，好像什么事都没发生一样。大臣们一副若无其事的样子，一边享受着小日子，一边打着自己的小九九。欧仁妮皇后比以往任何时候都显得神清气爽。我们能够想象到她多么开心，因为她现在终于可以毫无阻碍地美美体验一番高高在上的感觉了。看！她现在摆出的完全是一副皇帝的姿态嘛！你看她多么雍容华贵，多么威风凛凛啊！相比热闹的宫廷而言，边界上一直没有动静，人们甚至都忘了那里正在发生的事。然而，当她听到法军残兵败将的阵阵哀号声，看到阿尔萨斯战场上相互厮杀的震撼场面时，内心的剧痛使她发出了声声哀号。她之所以哀号，不为别的，只为感叹作为一名女性的不幸与悲哀。欧仁妮皇后开始犹豫了。

她深知一切不会从头再来了。曾经令她如痴如醉的美好生活将来也不会再有。她深知她的希望已经破灭，仇恨也好，感情也罢，一切都该画上句号了。她也深知帝国的坍塌必会使她粉身碎骨。她痛苦地挣扎着，她不能就此销声匿迹，毕竟她还得撑起这片天；她抖掉满身的晦气，坚

① 鲁热·德·利尔（Rouget de l’Isle，1760—1836），法国军官，法国国歌《马赛曲》的词曲作者。

② “蒙茹瓦，圣德尼”是中世纪法兰西军人惯用的战斗口号，据说源自查理曼大帝时代，其意义并不明确。

鲁热·德·利尔正在创作《马赛曲》

发生在阿尔萨斯一个村庄的战斗

强地走出悲痛的阴影。女性特有的敏感以及陷于困境时的本能反应使她不得不舍弃小我，重拾皇后的尊严，再次威严地出现在人们面前。

由她主持的各种会议接踵而至。会议的主题已不再是那些狭隘的政治把戏了。她仿佛一夜之间忘记了所有的痛苦，摒弃了所有的政治纷争。她现在只有一个愿望——在她的带领下，团结一切可以团结的力量，最大程度地减少战争对法国造成的伤害，使它尽快恢复元气，尽早找回昔日的快乐。如果仅凭一时的高尚与大度能赎一个穷其一生沉迷于糜烂生活、自私自利的人的罪过，历史肯定会第一时间向在法兰西民族最危险的时候做出卓越贡献的欧仁妮皇后致敬；历史也会毫不迟疑地向虽身心备受煎熬，但仍以至高无上的尊严坚决捍卫法国利益的形单影只的欧仁妮皇后投以赞许的目光。

第 11 章
色当会战与拿破仑三世投降

抵达色当[①]后，拿破仑三世随即组建了战地指挥部。1870 年 8 月 31 日傍晚，穆宗[②]战役的失利让他感到不安。但当他获悉法国军队正在有序地向色当集结，一场会战即将打响时，他的眼睛中露了出些许期望。

然而，8 月 31 日傍晚突然占据他心灵的恐惧却一直在萦绕。在房间里，他焦急地踱来踱去，不停地要求随身副官向他汇报各军团的作战计划，以及各军团目前的战备与士气等情况。阴沉的气氛笼罩着整个房间，死一般寂静。拿破仑三世时不时若有所思地停下脚步，长时间一句话也不说。突然，他迈起双腿，再次飞快地来回走动起来，只见他面带土色，嘴角不停地抽搐着，颤抖的双唇不时地冒出几句让人愁肠寸断的话来。

拿破仑三世的身边围满了将军、勤务兵以及侍从武官，但没有文职人员。因此，对拿破仑三世随身携带“小朝廷”的说法是有失公允的。跟随拿破仑三世的两名军需官是他特意从波拿巴家族军人家庭中挑选出来的。拿破仑三世向他们许诺，全程参加这场战争的后勤保障工作的酬金是每人一万法郎。

① 色当是法国北部阿登省的一个市。战略要地，历史上发生过几次著名的战役，其中尤以 1870 年普法色当战役最著名。

② 穆宗是法国北部阿登省的一个市，位于色当东南。

8 月 31 日傍晚陪伴拿破仑三世的就是以上提到的这些人。因无法接过拿破仑三世的话茬，他们只能随声附和。不知不觉已至深夜，拿破仑三世及随行人员打算小憩一会儿。就在这时，拿破仑三世费了好大力气，意味深长地说了这样一句话：

“大势已去，”他说，“我们已经无力回天。”

自从拿破仑三世的军队吃败仗以来，他一直坚持，并在多个场合公开表态法军应撤退到后方阵地，然后就能集中优势兵力与普军对决了。他还呼吁巴黎的亲信能够冲破重重阻挠，起用一批波拿巴派将领。当麦克马洪元帅紧锣密鼓地重新完成军团集结时，拿破仑三世颇有城府地喊出了军队回撤巴黎的口号。然而，那个任由欧仁妮皇后摆布、身不由己的大臣[①]却再三央求拿破仑三世收回成命，取消撤退的计划。欧仁·鲁埃也百般劝说拿破仑三世只有东进才能保证法国的安全。可怜的君主仿佛瞬间沦为别人争相控制的玩偶，没有一个人愿意听从他的建议，军队平常的“小小”调动权也被剥夺了。这倒罢了，他还要忍受各种无端的指责。他现在仅存的一点儿安慰就是身边那些曾与自己共患难的士兵，他的荣辱成败再次与他们紧密地连在一起。他甚至感叹道，士兵们的胜利就是他的胜利，他们的失败就是他的失败。带着这种特权——这种说法，唉，在这种情况下描述一位名正言顺的皇帝与他的政府之间的真实关系再恰当不过了——拿破仑三世来到了色当。然而，眼前恐怖的一幕却吓了他一大跳。

“大势已去，”他喃喃自语道，“我们已无力回天。”

他懊悔当初没把军队从前线撤下来，但懊悔又有什么用呢！他绝望了。

阴沉的气氛再次笼罩着拿破仑三世及随行人员。随行人员个个耷拉

---

① 指当时身兼法国首相及陆军大臣的夏尔·库赞·蒙托邦伯爵。

着脑袋，一个字也没说。拿破仑三世深知他们的心情，没有像往常一样要求他们发表意见或作出解释，就打发他们回各自的房间歇息。军官们离开之际，他习惯性地向他们道了一声别，就像过去常常在杜伊勒里宫向朋友们道别时的情景一样。

他说道："再见了，先生们，我们明天再见。"

现在房间里只剩他一个人了，但他却毫无睡意。他拖着疲惫的身体，开始在房间里不停地走来走去，直到筋疲力尽，一屁股瘫坐在椅子上。他心乱如麻，伤心欲绝。那晚，拿破仑三世上床睡觉时竟连衣服都没脱。然而，即便躺在床上，他能睡得着吗？据拿破仑三世的一名贴身侍卫回忆，那晚他一夜未眠，只听见他不停地翻着身，并发出痛苦的呻吟声。那时，拿破仑三世的肾病极其严重，偶尔隐约听见他好像念叨着什么，有时还听见房间里突然发出"砰"的声音，或许是他摔倒在地上了吧。

第二天凌晨三时半拿破仑三世就起了床，匆匆洗漱了一下，然后就差人去叫一直对他不离不弃的近卫队百人团中的菲耶龙上尉。他打扮得整整齐齐，饶有兴趣地像往常一样给胡须打上了蜡。

8 月 31 日，法军与巴伐利亚军[①]在巴泽耶[②]遭遇，拉开了色当会战的序幕。

大约凌晨四时，刚刚盥洗完毕的拿破仑三世就被一阵突如其来的枪炮声吓了一跳。他赶紧差人一探究竟，结果得知巴伐利亚军进攻巴泽耶了。当时，防守巴泽耶的是瓦苏瓦涅将军麾下的一个军，该军原本打算前去支援勒布伦将军指挥的第十一军的海军陆战队。

获悉实情后，拿破仑三世露出了满意的笑容。等军官们都到齐后，他们一起朝各自的坐骑走去。

① 原文为 Bavarians，意为巴伐利亚人。这里指随普鲁士军队参战的南德意志邦国巴伐利亚王国的将士。

② 巴泽耶位于色当与穆宗之间。

法军与巴伐利亚军在巴泽耶遭遇

法军依托巴泽耶的民居与巴伐利亚军周旋

巴泽耶之战，一名法国军官在鼓励士兵与巴伐利亚军战斗

此时，细心的随行人员发现，在上马之前拿破仑三世愣了好一阵子，然后铆足了劲儿好不容易才骑到马背上，他整理马鞍时的痛苦表情至今仍历历在目。然而，就在那一刹间，他好像变了个人似的，只见他手握缰绳，再次优雅、庄重地出现在人们面前。

东方还未泛白，色当及其周边地区都被茫茫的浓雾笼罩着。1870 年 9 月 1 日凌晨，拿破仑三世及随行军官就是在这样的环境中前往战场的。

当他们一步步靠近巴泽耶时，双方的交火声也变得越来越清晰了。愤怒的炮弹尖叫着穿过层层浓雾，将仇恨的火焰喷向对方的阵地时，一种不祥的预感覆盖了每个人的心头。炮火连绵，回声悠悠。

在这片熟悉的土地上，拿破仑三世和军官们怀着沉重的心情，默默地一步步朝前走去。然而，没过多久，天就亮了。在晨曦的照耀下，浓雾渐渐散去了，眼前的一切顿时清晰可见。

刚开始在巴泽耶燃起的战火逐渐向北蔓延，很快遍布色当周边，甚至延伸到靠近比利时的吉瓦尼。

英勇的法军顶着德意志炮兵密集的炮火，一次次打退了数倍于己的敌人的疯狂进攻。然而，没有强力炮火掩护的第十二军随时都有被敌军围歼的危险。现在最迫切的问题是我们的炮兵能不能在最短的时间内赶来支援第十二军。不幸的是，在德意志炮兵集中优势火力的猛烈攻击下，我军受制于固定炮台的零散的支援火力根本不堪一击。更不幸的是，我军的炮弹根本就到炸不到敌军的阵地。

上午六时半，总指挥麦克马洪元帅在视察阵地时不幸被一块弹片击中，从马背上摔了下来，负了重伤，因无法继续指挥，就把指挥权交给了奥古斯特－亚历山大·迪克罗[①]将军，然后被士兵用担架抬回了色当。

---

① 奥古斯特－亚历山大·迪克罗（Auguste-Alexandre Ducrot，1817—1882），法国将军。他参加过克里米亚战争、阿尔及利亚战争和 1859 年的意大利战争。普法战争期间，他任师级指挥官。

在前往色当的途中，护送受伤的麦克马洪元帅的小分队正好与拿破仑三世相遇。拿破仑三世停下马，俯身对元帅说了几句饱含深情的话后，继续朝前走去。

此时，陪伴拿破仑三世的军官有帕若尔[①]将军、库尔松将军、居兹曼上尉、德当库尔上尉、菲耶龙上尉、侍从武官内伊·德·拉·莫斯科瓦[②]、特雷瑟松上尉以及其他几位我叫不上名字的军官，他们此行的目

奥古斯特 – 亚历山大·迪克罗将军

① 即夏尔·保罗·维克多·帕若尔（Charles Paul Victor Pajol，1821—1891），法国骑兵名将帕若尔伯爵克洛德 – 皮埃尔之子。1870 年梅斯被围困之时，他的军衔升至少将。1877 年退役。

② 即埃德加·拿破仑·亨利·内伊（Edgar Napoléon Henry Ney，1812—1882），第三代莫斯科瓦公爵，法国元帅内伊公爵第四子。

的地是巴泽耶。勒布伦将军指挥的第十一军海军陆战队和第十二军正在与巴伐利亚军火拼。然而，不知何故，拿破仑三世突然改变了主意，他决定改道前往法德两军交火激烈程度不亚于巴泽耶战场的吉瓦尼。

到达吉瓦尼时，拿破仑三世发现这里满目疮痍，到处都是隆隆的炮声。据一位目击者——他当时也参加了这场战役，但后来当了逃兵——回忆，被轰鸣的炮声吓得瑟瑟发抖的战马不停地打着响鼻，并伴随着阵阵嘶鸣，皇帝及军官们不得不紧抓缰绳，以防它们乱跑。

观察到巴泽耶的战局似乎有利于法军时，拿破仑三世露出了几分喜色；然而，就在他暗自庆幸时，法军突然出现了撤退的迹象，这让他很不解。忧伤再次爬上了他的眉头，于是派居兹曼上尉去向奥古斯特－亚历山大·迪克罗将军问明缘由。临危受命的总指挥奥古斯特－亚历山大·迪克罗将军的答复是这是他新制定的作战部署，他计划将大军撤到色当以北的伊利，因为他不想重蹈昨天晚上陷入重围、成为瓮中之鳖的覆辙。了解情况后，拿破仑三世一声也没吭，既没表示赞同，也没发表任何反对意见。

突然，一件始料未及的事件再次把拿破仑三世推向了绝望的深渊。快到上午十时了，大军奉奥古斯特－亚历山大·迪克罗将军之命开始撤退。途中，奥古斯特－亚历山大·迪克罗将军犹豫过一阵子，好像另有打算，但最终继续后撤了。至于为什么会出现这种情况，确实是历史上一件罕见的怪事。正在这时，陆军大臣夏尔·库赞·蒙托邦新任命的总指挥埃马纽埃尔·费利克斯·德·温普芬[①]将军到了，从奥古斯特－亚历山大·迪克罗将军手中接过指挥权，命令立即取消撤往伊利的行动。他当着众将士的面夸下海口，说要把“德军全部赶进默兹河[②]”。他初

① 埃马纽埃尔·费利克斯·德·温普芬（Emmanuel Félix de Wimpffen，1811—1884），奥地利裔法国将军。

② 默兹河是欧洲主要河流之一，发源于法国，流经比利时、荷兰，注入北海。

侍从武官内伊·德·拉·莫斯科瓦

来乍到，对战场的情况一无所知，根本没意识到战术上的临时变化会在军中引起什么反响，但此时又有谁能拗得过他呢？军中现在可是他一人说了算，将士们只能遵命。

在吉瓦尼高地冒着敌人的炮火观察了足足一个小时的拿破仑三世，已经对战场的情况了如指掌。他深知温普芬将军指挥的集团军目前已完全暴露在敌军的火力范围之内。然而，或许这就是不可挽回的悲剧的开端，拿破仑三世并没有进一步追究造成这种困境的真正原因，对迪克罗将军和温普芬将军之间的矛盾、争议毫不知情，于是关键时刻谁拥有绝

埃马纽埃尔·费利克斯·德·温普芬将军

对指挥权的问题产生了。机会常在不经意之间错失。当他兵败色当，从步兵随意的聊天中得知两位将军之间的纠葛时，一切已为时过晚。

要是拿破仑三世能早点儿知道温普芬将军喜怒无常、感情用事，而迪克罗将军虽满怀爱国之心但性格悲观阴郁，他会不会以一位当局者的身份挥动手中的利剑，将两人之间具有犯罪倾向的争执扼杀在萌芽状态？尽管种种迹象表明赢得色当战役已没有任何可能，但如果当时他不被他的政府架空的话，这场战役的结局会不会是另外一种景象呢？

拿破仑三世在吉瓦尼高地视察阵地时，敌军的几颗炮弹落在了他身边，几人随即应声倒地，伤势极其严重。其实，在迪克罗将军被迫向温普芬将军交出指挥权之际，信使德当库尔上尉已奉拿破仑三世口谕准备前往巴泽耶。不幸的是，一块弹片正好击中了他，他当场毙命身亡。几匹战马也惨叫着倒在他身边，弹片撕裂了它们的躯体，鲜血汩汩地冒个不停。眼睁睁地看着一个个随行人员在他面前痛苦地死去，一匹匹战马哀鸣着咽下最后一口气，拿破仑三世眼里噙满了泪水。等回过神来后，他急忙拿起望远镜，火急火燎地把每个阵地都看了个遍。

离开吉瓦尼后，拿破仑三世及随行人员再次朝巴泽耶进发，途径战火正酣的拉蒙塞勒[①]平原时，拿破仑三世停留了片刻。在迪克罗将军下令大军撤退的同时，普军攻克了法军先前一直誓死保卫的巴泽耶。

就在拿破仑三世等人驻足拉蒙塞勒平原时，敌军的炮弹又朝他们呼啸而来，库尔松将军、特雷瑟松上尉不幸中弹，身上多处负伤；但无论是随行军官，还是侍从，他们个个都表现得异常镇定自若，好像什么事都没有发生一样。随后，他们继续沿巴泽耶走去。到达巴泽耶、穿越两军交火区之后，拿破仑三世转身离开硝烟滚滚的战场，直奔色当而去。

现在已是上午十一时半，拿破仑三世在战场上足足待了五个小时。

① 拉蒙塞勒位于巴泽耶以北。

在这漫长的时间里，他强忍着身体上的剧痛，没怎么说话，只是默默地握着望远镜左瞧瞧右看看，将战场上的每个角落都观察了个遍。事实上，此时他的病情已经严重到连独自骑上马背都几乎不可能了。这一点我已在《欧仁妮皇后》一书“色当之后”一章中提及。他的身体状况太糟糕了，连马都不敢下。他担心一旦下了马，恐怕再也不能骑到马背上了。他只能咬紧牙关，双手扶着马鞍，坚持把所有战场观察一遍。

当拿破仑三世再次返回色当时，色当已经陷入重围，城中挤满了从周围战场上溃逃的将士。现在已是下午一时，法国人失去了这一天。

清晨时笼罩色当的茫茫浓雾现在消失得连一点儿踪影都没有了。火辣辣的太阳炙烤着大地，空气异常沉闷。灰头土脸、神情慌张的将士们在刺眼光线的映衬下显得愈加狼狈。难道连太阳也懂得幸灾乐祸吗？

自开战几周以来，组织不力、行动迟缓的法军接连失利，各军团早已溃不成军。军中上下乱作一团，士气极其低落，再加上指挥官自杀式的作战部署，一场空前绝后的大屠杀看来已不可避免地要在色当这座历史悠久的边防要塞上演。战斗仍在激烈地进行着。刚开始，法军凭借坚固的堡垒，多次击退敌军的猛烈进攻。但随着德意志各集团军的会合以及优势火力的攻击，法军被一步步挤压进色当城中。尽管法军大部还在顽强抵抗，但骚乱已开始在部分军团蔓延。一个个前沿阵地接连丢失，恐惧侵袭着每个士兵的心头。最后他们索性丢盔弃甲，抱头鼠窜，慌忙逃回城中。

色当城内，炮声隆隆，硝烟滚滚。散落的文件与尸体遍地，一片狼藉。受到惊吓的战马、驮畜嘶鸣着狂奔。树林中临时构筑的战壕内挤满了落荒逃窜的士兵。士兵的惨叫声、牲畜的哀鸣声撕心裂肺。色当城内一片火海，士兵脚下一片血海。

成千上万的将士倒在血泊中，撕裂的伤口不停地冒着鲜血。金灿灿的太阳贪婪地舔舐着湿漉漉、苦巴巴、黏糊糊的血液，无情地将一个个

拉蒙塞勒平原战场上的法军

拉蒙塞勒平原战场上准备发起进攻的普军

鲜活的生命化为尘土。太阳像一个大火球似的挂在天上，烤红了 1870 年 9 月的下午，噗噗的火焰穿过团团硝烟，朦胧了凝结在色当上空的晦气，此情此景，与一位行走在漆黑大街上的路人，突然抬头瞥见某药剂师家的窗台上散发着诡异光芒的瓶子又有何区别呢？

法军发起了最后一波大规模反击，企图一举击退从四面八方蜂拥而至的敌军。率先发起进攻的法军与敌军厮杀在一起。战斗异常惨烈。一场惨绝人寰的人类大屠杀在色当古镇外拉开了序幕。密集的炮火声响彻整个洼地，喊杀声、惨叫声连绵不绝。那一刻，大地在哭泣，天空在落泪。

一幕幕血腥的画面湿润了拿破仑三世的双眼，滴答滴答的鲜血疲惫了他的身躯，抽空了他那颗仁慈的心。当拿破仑三世及随行人员再次返回色当、准备通过暗道进入公署时，一刻炮弹落在附近，弹片刺伤了紧跟在拿破仑三世身后的内伊·德·拉·莫斯科瓦的胳膊。

若要讨论此时色当城内的惨状，我想历史上还没有哪场战役能与之匹敌，没有哪场战役能对一个地方造成如此严重的破坏。

敌军的包围圈收得越来越紧，法军已全线崩溃。溃败的法军随即转身仓皇地向色当城内拼命涌去。霎时，街道上挤满了车辆、加农炮和人员。败下阵来的将士们气冲冲地扔掉手中的武器，任凭它们被狂奔而过的弹药车、马车、加农炮碾得粉碎，纷纷躲进民房和教堂中避难。

紧追不舍的敌军已抵达城外，整个色当城现在都处在其火力攻击范围之内。杀红了眼的敌军再次在上帝的眼皮子底下展示了残酷与无情。无数门火炮齐刷刷地对准了色当城。指挥官一声令下，万炮齐鸣，飞向城中。城中顿时一片火海。恐慌在城中的每个角落蔓延着。吓破了胆的本地居民仓皇跑进地下室避难。满身血渍、脸被炮火熏得焦黑的士兵们眼中冒着熊熊怒火，仿佛他们才是这座城镇的占领者一般。他们气势汹汹地踏破居民的房门，砸烂屋里的家具，四处搜索能吃的或酒之类的东西。他们这是打着军人的旗号明目张胆地趁火打劫。人们不时地怒吼着

“我们已经被出卖了，卖国贼和懦夫们把我们出卖了！”绝望使人们失去了理智，色当古城正遭遇着前所未有的浩劫！看着这毫无益处的残杀，拿破仑三世觉得再不能这样犹豫不决了。他决定阻止这场惨无人道的大屠杀。

返回公署后，拿破仑三世与还留在他身边的几位军官径直走向他的套房。拿破仑三世刚一进门，就把一只手撑在桌子的边缘上，然后瘫坐在旁边的椅子上，就像骨头散了架似的。

“我受够了，”拿破仑三世哽咽着说道，像是在喃喃自语，“我受够了。为什么要让我活着从战场上回来呢？”接着，他用右手撑着额头趴在桌子上，好久都没有说一句话。房间里异常寂静。拿破仑三世的胸口一张一合，剧烈地起伏着，整个身体明显地颤抖着。看到这一幕，看到从未在别人面前抹过眼泪，而今却因无尽的悲伤泣不成声的皇帝时，在场的每个人无不动容。

外面的战斗仍在继续。犹如成千上万辆马车在人行道上走过时隆隆作响的炮火声暗示着敌我两军之间的战线已经越来越短。

爆炸声每传来一次，拿破仑三世都要判断敌军是不是又靠近了一步。每当此时，他的身体就会不由自主地抽搐几下，脸上露出怪异的表情，手指抠几下桌面，发出“吱吱”的声音，仿佛一名将死之人在做最后的挣扎。

现在已是下午两点。突然，“轰隆”一声巨响打破了屋里的沉寂。敌军的先遣炮兵部队攻到城门口了，他们扔下大炮，换上步枪，逼近城中的法国士兵。激烈的巷战开始白热化。

拿破仑三世缓缓站起身，脸色惨白。

“啊，朋友们，”他说道，“这真是烦死人了！这到底有没有完？”

话音刚落，他再次瘫坐在椅子上。由于用力过猛，随着“咔嚓”一声，椅子散架了。还没等侍从副官反应过来，拿破仑三世便重重地摔在地上，

法军依托色当城内的建筑抵抗普军

法军与普军在色当展开巷战

凌乱的灰发遮盖了他久经沧桑的脸庞。

自凌晨四时离开色当视察阵地以来，拿破仑三世粒米未进。在一名军官的吩咐下，侍从为他准备了一份餐点，包括一盘三明治、一个小蛋糕和一杯马德拉葡萄酒。

对冒着枪林炮雨、不顾个人安危坚持视察前沿阵地的拿破仑三世的勇气佩服得五体投地的温普芬将军曾激动地说，拿破仑三世离开色当前吃了一顿相当丰盛的早餐[①]，而正在前线冒死指挥战斗的将军们却只能以少得可怜的生萝卜充饥。

当然，温普芬将军并非拿破仑三世的随行军官[②]。我以上的描述是基于 9 月 1 日一位一整天跟随拿破仑三世的随行人员说的话。在当时的情况下，即便侍从为拿破仑三世准备了丰盛的早餐，我相信他也没胃口。真实的情况是，当侍从按那位军官的吩咐把餐点送到拿破仑三世面前时，他轻轻地挥了挥手，甚至看都没看盘子里面盛的到底是什么。他一直在沉思，只在口渴难耐时自己倒了一点儿水，“咕咚咕咚”地一口气喝完。

“现在必须停火，”他语气坚决地说道，“必须！如此无休止的牺牲又有何益？”

时间已接近下午三时。拿破仑三世喊来一名勤务兵，命令他去城堡上升起白旗。

但战斗丝毫没有停下来的意思。拿破仑三世开始变得极其烦躁不安，不停地跺着脚，口中一直念叨着“天哪！天哪！”

他再次站起身，不停地问身边的侍从：“既然白旗都升起来了，可恶的战火怎么还不平息？”在问到大概第十遍的时候，勒布伦将军匆匆

① 此处含有讽刺意味。言外之意是难怪拿破仑三世有那么充沛的精力。

② 言外之意是温普芬将军的话没有根据、不可信。

地走了进来。拿破仑三世三步并作两步迎了上去。

“我亲爱的将军，”他迫不及待地问道，“战斗为何还没停止？早在一个小时前我就令人在城堡上升起了白旗，想早点儿结束这场毫无意义的战斗。血已经流得够多了，我别无他求。我就想立即停火。”

勒布伦将军随即给拿破仑三世道明了原委。他说：“根据战争法，只升白旗并不具备立即停火的法律效力。若要停火，战败方的总指挥要写一份请求停火的文书，并派遣信使送交战胜方总指挥。”

拿破仑三世说：“如果是这样的话，我亲爱的将军，你立即去找温普芬将军，请务必好言劝告他去做，这是我的唯一想法。”

形势刻不容缓。勒布伦将军转身离开公署，慌慌张张地来到温普芬将军面前，开门见山地转述了拿破仑三世的要求。然而，还没等勒布伦将军把话说完，温普芬将军就已气得火冒三丈，恶狠狠地撂下“我绝不停火”几个字之后又投入了战斗。就这样，战斗仍然没有停下来。

面对早已毫无胜算的战斗，一味的抵抗只能换来更多无辜生命的牺牲。自从拿破仑三世差勒布伦将军向温普芬将军转达他的意愿以来，又不知过了多长时间。其间，拿破仑三世如坐针毡。

此时，色当犹如一只待宰的羔羊，已经无任何还手之力。拿破仑三世盼星星盼月亮盼来的不是原本属于色当的平静，而是愈加激烈的炮火声。色当城中弹片四溅，一个个无辜的生命应声倒地，伤者不计其数。成千上万的鲜活生命被无尽的痛苦折磨着，熊熊大火映红了半边天。

直到傍晚八时，灰头土脸的温普芬将军才想起已被冷落多时的拿破仑三世，然后带着条件觐见拿破仑三世。如果拿破仑三世非要让他履行停火之责，那他宁愿辞去总指挥一职，或者干脆向敌军投降。在一番激烈的争执之后，温普芬将军接受了这个无法避免的厄运，同意向敌军投降。

等温普芬将军毕恭毕敬地把拿破仑三世的降书呈给威廉一世后，战

温普芬将军毕恭毕敬地把拿破仑三世的降书呈给威廉一世

斗戛然而止。然而，一切晚矣。曾经蜚声政坛的拿破仑三世从此失去了皇冠，也没有了手中的佩剑。

那天晚上，色当城内惨不忍睹。冤魂的鬼嚎声，伤者的惨叫声，让人毛骨悚然，又肝肠寸断。无法掩饰喜悦之情的敌军抬头仰望布满星辰的苍穹，仿佛在和上帝共享胜利的荣耀。成千上万的敌军将士引吭赞歌，而他们的指挥官及随军神父则默默地站在一边。透过星罗棋布的营地中发出的点点火光，人们依稀能看见披头散发、浑身沾满血渍的士兵们聚众祈祷的情形，他们或许是在为白天的野蛮行为赎罪。不管他们生性是善是恶，对于他们的所作所为，善恶的天平又岂是他们能平衡得了的。

第 12 章
欧仁妮皇后逃亡、普法和谈与一代王朝的终结

我已在其他著作中讲述过 1870 年 9 月 4 日那天欧仁妮皇后是如何在一片唾骂声中，仅在几位忠诚的朋友如梅特涅侯爵和科斯坦蒂诺·尼格拉等人的护送下狼狈逃离杜伊勒里宫的故事。我也详细描述过拿破仑三世在色当蒙难后的凄惨状况。人们能丝毫不费力气地道出拿破仑三世缘何放弃抵抗、投降，以及后来取道比利时前往德国囚禁地时的来龙去脉。

然而，人们对于欧仁妮皇后的逃亡之旅却知之甚少，而对于她如何从巴黎逃走，乘船从特鲁维尔[①]离开，最后流亡英国的惊险历程更是一无所知。请听我慢慢讲述。

历史学家详细记载了欧仁妮皇后 1870 年 9 月 4 日那天的所作所为，大都称那天为“逃离日”，当然，不管是出于对欧仁妮皇后命悬一线的“好运”的妒忌，还是对她的恶意抨击，这种叫法都是带有偏见的，是完全错误的。真相再明白不过了。眼看愤怒的人群离杜伊勒里宫越来越近，欧仁妮皇后却一点儿也没有想离开的意思。情急之下，几位宫廷贵妇如拉·珀兹、拉·玛蕾莎勒等人簇拥着欧仁妮皇后紧随梅特涅侯爵

① 特鲁维尔是法国卡瓦尔多斯省的滨海城市。

和科斯坦蒂诺·尼格拉仓皇离开内屋，穿过杜伊勒里宫庭院右侧的长廊，径直朝卢浮宫大门赶去。

最后，欧仁妮皇后等人从圣日耳曼奥塞尔教堂对面的一个出口走出，来到广场上。此时，欧仁妮皇后的身边只剩下勒布勒东夫人和科斯坦蒂诺·尼格拉了。她虽然把自己从头到脚裹得严严实实，但还是不停地东张西望着，有气无力地斜靠在卢浮宫柱廊前的那个公园的栅栏上，焦虑地盼望着梅特涅侯爵能早一秒钟将他的座驾（双座四轮轿式马车）从码头[①]上弄回来。

就在这时，一个小孩子认出了欧仁妮皇后。

“瞧啊，”他指着皇后喊道，“皇后在这里！”

去找车子的梅特涅侯爵迟迟未返回，广场的人越聚越多，嘈杂声越来越大。这时，一辆出租马车正好经过，欧仁妮皇后没多想就一步跨上了马车。马车缓缓穿过沸腾的人群，径直朝她的一位朋友家驶去。她的朋友碰巧不在家。她先是沮丧了一阵子，随后把她的牙医伊文斯大夫的住址塞到了马车夫的手里。然后，他们匆忙朝布洛涅森林大街和马拉科夫大街的拐角处赶去。

发现伊文斯大夫在家后，大喜过望的欧仁妮皇后瘫坐在椅子上。她的脸色苍白。伊文斯大夫见状，马上安慰了她几句，让她稍作休息。随后他吩咐下人给她熬了些肉汤。在过去的二十四小时里，皇后粒米未进。他劝皇后切勿急躁，并向她许诺第二天一定带她离开巴黎。9月5日，皇后在勒布勒东夫人和伊文斯大夫的陪伴下踏上了逃亡国外的旅途。

他们乘坐的是一辆由两匹马牵引的四座马车。车上除皇后、伊文斯大夫和勒布勒东夫人外，还有伊文斯大夫两名身着白大褂的助手，他们和马车夫挤坐在一起。

① 现在从卢浮宫发往帕西的有轨电车也是从这里发车的。——原注

圣日耳曼奥塞尔教堂

当马车穿过库尔布瓦广场时，一幅矗立在广场中心的拿破仑三世画像映进了欧仁妮皇后的眼帘，她若有所思地把头伸出车窗。这是个鲁莽的行为；一个路人认出了她，他像刚才那个小孩子一样大喊起来。人们顿时从马车四周蜂拥而来。马车夫发现情况不妙，立即甩起鞭子，疯狂地抽打着马儿。马车在拥挤的人群中狂奔起来。不一会儿工夫，他们就到了乡下，把乌烟瘴气、躁动不安的巴黎远远地甩在身后。

然而，装饰华丽的马车在经过乡村时引起了不少路人的注意。在特殊时期，路人的驻足围观不一定是好事。旅行者们的特殊身份必须掩盖，这是相当有必要的；他们的真实身份一旦暴露，欧仁妮皇后会有生命危险。这次逃亡之旅就很可能重蹈瓦雷纳[①]的覆辙了，那样的结果将是令人遗憾的。意识到潜在危险的伊文斯大夫暗自发誓决不能让那样的悲剧发生在欧仁妮皇后身上。

他们需要解决的首要问题是立即换掉目前乘坐的马车。正当伊文斯大夫向欧仁妮皇后陈述他的想法时，机会来了！伴随着一阵“吱呀吱呀”的刺耳声响，一辆胜似古董、破旧不堪的马车正慢悠悠地向埃夫勒驶去。

伊文斯大夫吆喝着让马车夫停车，没等车停稳，他便纵身一跃跳下马车，三步并作两步蹦到那位出租马车夫面前。说明来意后，他希望马车夫能行行好，把他的“家人”捎到特鲁维尔。谈妥之后，伊文斯大夫扶着欧仁妮皇后和勒布勒东夫人上了马车，然后他们继续前行，而那位马车夫则驾着他们的马车回了巴黎。

这时，一个出乎意料的棘手问题摆在了欧仁妮皇后面前。他们后来租的那两匹马体力不行，不适合跑长路。第二天早上来到一个村子时，任凭马车夫怎样抽打，它们还是站在原地不动。必须换掉它们了！

---

① 法国大革命期间，瓦雷纳覆辙是指法王路易十六及王室成员意欲逃离巴黎到外省避难，但不幸在瓦雷纳被捕。历史称这一事件为“王室出逃瓦雷纳”。

他们不得不在一家沿着谷仓搭建起来的脏兮兮的简易客栈暂作休息。欧仁妮皇后和勒布勒东夫人挤进一楼的一间看起来古里古怪的小房间。在伊文斯大夫外出物色新马匹的时候，那位板着脸、不苟言笑的马车夫在一旁津津有味地用着餐。

逃难者们的运气好像不怎么好。昨天晴朗的天空霎时布满了乌云，黑压压的非常可怕。随着几声震耳欲聋的雷鸣和几道刺眼的闪电，瓢泼大雨从天而降，咆哮的山洪淹没了所有的道路。

伊文斯大夫被困在了大雨里，到现在还没回来。这可急坏了欧仁妮皇后，她心急如焚，在客栈里不停地走来走去。最后，她扎进了倾盆大雨中，巴巴地等着伊文斯大夫。暴雨"哗啦啦"往下倾泻着，欧仁妮皇后站在空旷的谷仓门口，撑着一把只能遮住脑袋的小雨伞，紧张地朝四周张望着。

伊文斯大夫终于回来了，牵着两匹好说歹说才从村民那里租来的马。套上马后，他们冒着大雨匆忙离开了客栈。

到达埃夫勒前，一切都很顺利，或者说基本都顺利。伊文斯大夫原本打算在埃夫勒歇歇脚，但考虑到这样做会耽搁很多宝贵的时间，最后决定继续前进。然而，这个仓促的决定却给欧仁妮皇后带来了新的麻烦。

平安穿过几条街道来到一个广场时，他们惊讶地发现那里聚满了兴奋的人。骑警们在一旁维持着秩序，一排全副武装的士兵在军乐队嘹亮的战鼓声和号角声中铿锵有力地踏着整齐的步伐从人群中走过，看样子是在操练。

载着皇后和她的朋友的马车已经来不及掉头，他们离人群太近了。这难免会引起人们的好奇。果不其然，躁动的人群开始朝马车狂奔而来。在看似一帆风顺的逃亡之旅中，欧仁妮皇后第三次被人认了出来。此时，伊文斯大夫做好了面对一切危险的准备。

伊文斯大夫硬着头皮不慌不忙地走下马车，故作镇定地问旁边的

19 世纪 70 年代的埃夫勒

人："谁是这里管事的？"人越聚越多，皇后被死死围在中间。兴奋的人群不停地高呼："共和国万岁！打倒帝国！"现场气氛异常紧张。在场的每个人，包括欧仁妮皇后的任何一个出格的行为或每句不合时宜的话语都会引发不可预测的悲剧。

万幸的是欧仁妮皇后一声也没吭，在场的人也丝毫没有想冒犯她的意思。

然而，有谁能保证这看似平静的躁动背后不会藏着凶险的暗流呢！正当伊文斯大夫焦头烂额之际，他忽然在人群中瞥见一个貌似政府官员的人。

伊文斯大夫急忙走到他跟前，向他如实道明了原委。

那人事实上就是一名政府官员。据我猜测，他就是埃夫勒市长。他不仅彬彬有礼，还对欧仁妮皇后的不幸遭遇、凄惨的逃亡之旅表达了极大的同情。他走到马车旁，毕恭毕敬地向皇后鞠了一躬，然后示意人群腾开道路，让他们继续前行。

刚才还乱哄哄的人群一下子安静了下来，广场上顿时鸦雀无声。人们迅速分成两排，让出一条道来，默默地注视着马车缓缓驶过。这一幕很让人感动！

在几位友人的护送下，欧仁妮皇后带着几分伤感再次踏上了旅程。说起这次特殊的旅程，除了以上的小插曲外，总的来讲还是比较顺利的。

一天晚上，刚进入特鲁维尔地界不久，他们就发现马儿精疲力尽了，正好他们也要休息一下。于是，他们在一户农舍前停下马车，敲门唤醒了房子的主人。

隔着紧闭的百叶窗交涉了半天后，一个上了年纪的农妇才磨磨唧唧地打开了门。尽管伊文斯大夫已许诺给她一笔丰厚的酬金作为回报，但老妇人显然还是对几位"造访者"不放心。她坚决要求审视每个人一遍后才准许他们进门。她手里提着一盏灯笼，在烛光的映衬下，修长、纤细的手指格外显眼。她端详着伊文斯大夫、欧仁妮皇后以及勒布勒东夫人的脸庞。马车夫也没能躲过她的严格检查。最后，要不是马车夫的一句话，估计老妇人是不会让他们进门的。

“好了，好了，大娘，”他极不耐烦地说道，“他们亏不了你的，他们都是些好人。”

连日的劳顿拖垮了欧仁妮皇后的身体。她患上了重感冒，鼻涕像断了线的珠子直往下掉，给她带来很多不便。仓皇逃离杜伊勒里宫时，她只随手带了两三条手帕。这下可忙坏了伊文斯大夫，他不断地从欧仁妮皇后的手中接过擦过鼻涕的手帕，迅速地将胳膊伸出窗外，不停地抖动

着，以便在最短的时间内弄干。

欧仁妮皇后在特鲁维尔神不知鬼不觉地登上了伊文斯大夫弄来的一艘小游艇。游艇载着那位不幸的女人，划过惊涛骇浪，安全地抵达了黑斯廷斯。

撇开壁垒分明的政党色彩，摒弃世俗、狭隘的偏见，单从欧仁妮皇后的突然倒台，以及随后所遭遇的荆棘丛生的逃亡之旅来看，我们难免也会动恻隐之心。

前一刻钟还高高在上、八面威风的皇后，后一刻钟就被精神上的煎熬压弯了腰——历史往往一瞬间就决定了一个国家的兴衰荣辱与统治者们的悲欢离合。

她不是唯一一个跌倒在历史舞台上的人。在她之前，无数同她一样叱咤政坛、左右乾坤的皇后不也泪眼婆娑地被迫离开她们的“宝座”了吗？大地在她脚下沸腾，那些曾经自认为会与天地同寿、与日月同辉的“英魂”挥舞着手中的王冠正向她高呼着、奸笑着。

1870 年 9 月 3 日的傍晚，恢弘的悲剧再次拉开了帷幕，一度垂头丧气的“英魂”们又觅到了一个难得的知音，顷刻间高兴得如获重生一般。太阳发出最后一抹光彩，昭示着它的辉煌即将成为过去。天空渐渐昏暗了下来，暮色已经降临。黑夜正在吞噬着皇后们身上残留的最后一丝光芒，任凭她们垂死挣扎。窒息感愈发强烈，只有头顶皇冠上的宝石仍不时地发出点点亮光，仿佛在向黑夜做最后的道

19 世纪的特鲁维尔

别。她们的一生宛若划过夜空的流星，虽美但易逝。回望她们的人生轨迹时，我们会不由自主地想知道，在诗人的笔下，她们荣辱得失的一生将是怎样一番景象呢？

皇后们倒下了，昔日的臣民们无情地抛弃了她们。她们的悲惨下场就像古代罗马竞技场上裁决违反教规的处子们的一样，尽管她们已卧地不起，但围观的人们还要拿起石头狠狠地砸她们，要知道就是同一群人不久前还围着她们团团转呢。她们的灵魂被诅咒，她们注定要一直徘徊在天堂的门外。人们不会再像以前那样爱戴、敬畏她们。面对不知道把她们卷向何处的旋风，她们紧抓着彼此的手，情不自禁地哼起了小姑娘们玩游戏时经常唱的那首歌谣："我们不再在林间起舞，月桂树已被砍伐殆尽。"

大家想必对拿破仑三世被囚禁于威廉肖赫城堡期间——欧仁妮皇后在他到达此地前已经流亡英国——曾委托梅西－阿尔让托伯爵夫人秘密会见普鲁士国王威廉一世，希望他能酌情放宽和平条件的故事并不陌生吧。事实上，在此期间，还有一位伯爵夫人也是众人所知的。为了光复帝国大业，她只身前往布鲁塞尔弗兰德酒店。在那里，她进行了一系列针锋相对的艰难谈判。

女人们对事件的进程确实有着某种影响和促进。在第二帝国覆亡后的日子里，奇怪的是，这些爱搞阴谋的女人竟然给这一时期打上了烙印。她们以毋容置疑的聪明才智，帮助那些急于摆脱因战争而陷入的微妙困境的政治家。V 夫人就是这种女人。她是欧仁妮皇后宫廷贵妇拉·莫斯科瓦和拉·珀兹的妹妹，奇迹般地卷入了两国停战后的谈判事务中。她高尚的爱国情操至今仍受到人们称赞。当时的场面相当感人。如果不是身处特殊时期、面对特殊事件，我们甚至以为那就是一个唯美的、胜似童话的爱情故事。

很久以前，普鲁士宫廷里有一位法国公使——拉·罗什朗贝尔侯爵，

20 世纪初的威廉肖赫城堡。色当战败后拿破仑三世被囚禁于此

他有三个女儿，其中一个不仅面容姣好，而且冰雪聪明。王室上下包括后来的威廉一世都视她如珍宝。姑娘的美貌深深打动了一位同在普鲁士宫廷长大的德意志贵族青年，这个青年风度翩翩、英俊潇洒，执意要娶她为妻。不管是从家庭的角度，还是友谊的角度，拉·罗什朗贝尔侯爵与普鲁士宫廷都有着千丝万缕的联系，但得知女儿无意嫁给那位贵族青年后，他便拒绝了这场求婚。

这个求婚者就是冯·阿尔尼姆伯爵。当时，他风华正茂，仕途一片光明，而且官居要职。

拉·罗什朗贝尔侯爵返回巴黎后，他女儿再也没有见过冯·阿尔尼姆伯爵。多年过去了，他们都不记得对方的模样了。但他们就真的忘记彼此了吗？更确切地讲，难道冯·阿尔尼姆伯爵一点儿也不记得他曾经朝思暮想的美人了吗？如果我们认为冯·阿尔尼姆伯爵忘记了拉·罗什朗贝尔小姐，那他肯定不会告诉别人他还记得曾经有这样一个人。他一边享受着家庭的温暖——他早已娶妻成家，身后还跟着一位迷人的小公主——一边还惦记着曾经的梦中情人。

年轻的拉·罗什朗贝尔小姐回到法国后与他人结为伉俪，后来有了自己的孩子。要是没有 1870 年、1871 年那些戏剧化的事件发生，她不会再次出现在这位过去的追求者面前。

当国民议会把缔结结束法普和约的历史使命派给政府首脑阿道夫·梯也尔时，这位精明的政治家随即把第二帝国时期立法团中的几位老同行纳入自己麾下。奥古斯丁·托马斯·普耶－克蒂埃[①]就是其中一位。在阿道夫·梯也尔的指导与支持下，他重组了财政部。

① 奥古斯丁·托马斯·普耶－克蒂埃（Augustin Thomas Pouyer-Quertier，1820—1891），诺曼底人，法国财政部长。他鼓励阿尔及利亚大力发展棉花种植业，并在那里创办了一家棉花加工厂。1879 年，他与合伙人共同成立了法国电报公司。——原注

奥古斯丁·托马斯·普耶–克蒂埃

在与冯·阿尔尼姆伯爵正式谈判之前，奥古斯丁·托马斯·普耶－克蒂埃奉命先会会俾斯麦伯爵。诺曼人[1]与条顿人[2]面面相觑，狐狸和狗互献殷勤。

有一个老掉牙的故事我在此就不啰嗦了。故事讲述了俾斯麦伯爵在一次私人宴会上意欲灌醉奥古斯丁·托马斯·普耶－克蒂埃。接下来我要讲的则是一个大家并不熟悉却乐意倾听的故事。欲知那段爱情佳话结局如何，请先听听这支插曲。

时来运转、在贵人的提携下突然被委以重任的奥古斯丁·托马斯·普耶－克蒂埃后来发现他们家族很早以前就与罗什朗贝尔家族有着不错的交情，他顺藤摸瓜，随即找到了前法国驻柏林大使的女儿——自从那段唯美的浪漫情缘不了了之后，她嫁给了V伯爵——这条线索。在V伯爵夫人的斡旋下，奥古斯丁·托马斯·普耶－克蒂埃与普鲁士政府代表们之间的关系缓和了许多。

此外，奥古斯丁·托马斯·普耶－克蒂埃的一个女儿因与朗贝蒂伯爵的婚姻关系正好在阿尔萨斯的贝尔福[3]拥有大片领地。这层在平时看来并没有多大意义的关系，却在与俾斯麦伯爵的领土谈判中增添了不少筹码。

俾斯麦伯爵的底线是迫使法国将贝尔福周边部分领土割让给普鲁士。于是，谈判陷入了僵局。任凭奥古斯丁·托马斯·普耶－克蒂埃严正抗议、百般理论，狂妄自大的俾斯麦伯爵还是寸步不让。这可难坏了奥古斯丁·托马斯·普耶－克蒂埃，他虽不能使俾斯麦伯爵让步，又不能表现得狼狈不堪。就在这时，他的脑海中突然闪过一道灵光。

---

① 诺曼人喻指普耶－克蒂埃先生。

② 条顿人喻指俾斯麦伯爵。

③ 贝尔福是法国东北部城市，1870年法普战争前是阿尔萨斯的一部分。

奥古斯丁·托马斯·普耶－克蒂埃拿起笔，蘸了蘸墨水，准备在那份丧权辱国的和约上签上他的大名。但他迟迟没有下笔，脑海中一直翻滚着那些可怕的结果。突然，他气冲冲地将笔摔在桌子上，然后转向俾斯麦伯爵。

“谁乐意签就让谁去签吧，侯爵，”他斩钉截铁地说道，“反正那个人不会是我。”

俾斯麦伯爵怔住了，接着露出不悦的表情。

“这是什么意思？”俾斯麦伯爵问道，“您已经接受我的条件了。”

“没错，”奥古斯丁·托马斯·普耶－克蒂埃答道，“然而，我在接受条件的同时并没有向您许诺要把生活在那片土地上的同胞，尤其是那些与我亲近的人一同划归贵国。”

“愿闻其详。”

“不妨跟您说说。我的女婿朗贝蒂伯爵几乎拥有贝尔福周边的所有土地[①]，我绝不会在企图剥夺他的法国公民权、导致我们以外国人互称的文件上写上我的名字。”

“请您理解我的心情，”他站起身来接着说道，“此时此刻，我不仅是一名法国人，而且是孩子们的父亲。我会向我的政府禀明谈判延期的原因，也会请求政府重新委派一名不受个人情感左右的使者再次与您谈判。这样一来，您就会有更大的胜算得偿所愿了。”

听奥古斯丁·托马斯·普耶－克蒂埃这么一说，刚才还满脸不悦的俾斯麦伯爵倒喜欢上我们的全权大使了。大使直截了当、别具一格的谈判风格给俾斯麦伯爵留下了深刻的印象。

俾斯麦说道：“您不希望您的女婿、外孙们将来是普鲁士人，这是人之常情。朗贝蒂伯爵的领地在哪里？请给我指指大概位置。”

① 我们的大使是有点儿夸大其词，但这都是为了增加谈判的筹码。——原注

俾斯麦伯爵顺手拿起一幅专供下属们使用的普通地图，把它铺在奥古斯丁·托马斯·普耶－克蒂埃面前。事后普耶－克蒂埃坦言，俾斯麦伯爵当时的举动确实让他感到震惊。但他却装出一副镇定自若的样子。他慢慢地拿起一支铅笔，一本正经地在贝尔福周围尽可能大地画了一个红圈。据说圈内的土地归他女婿所有，但他当时是凭着想象画的，或许其中的一部分是真的。画完后，他拿着地图给俾斯麦伯爵看。

俾斯麦伯爵接过地图，开始故弄玄虚地端详起来。很明显，他这么做是不想在心理上输给对方。然后，他把地图放在桌子上，打开那份列有缔结和约条款的文件，特意加了一句“贝尔福及其周边领土应归法国所有”，然后将文件再次递给奥古斯丁·托马斯·普耶－克蒂埃。

俾斯麦伯爵半开玩笑半认真地说道：“现在，您该满意了吧？”

奥古斯丁·托马斯·普耶－克蒂埃当时心中有说不出的喜悦。没错，相比敌人企图占据的大片领土，他争取到的只不过是一矢之地，但在他的心中却堪比辽阔疆域。

上面的这则逸事是奥古斯丁·托马斯·普耶－克蒂埃亲口讲给我的。我相信那些曾经生活在法德边界争议地区、一夜之间差点儿沦为德国人的法国人肯定会有兴趣读完这个故事。

请听我继续讲我的浪漫故事吧。

V夫人得知奥古斯丁·托马斯·普耶－克蒂埃奉命将在法国与威廉一世的代表冯·阿尔尼姆伯爵协商德国索求的战争赔款金额时，就来到奥古斯丁·托马斯·普耶－克蒂埃家里。

她说：“冯·阿尔尼姆伯爵表面上看起来平易近人、彬彬有礼，但实际上固执己见，毫不动摇地履行使命。鉴于之前我与普鲁士宫廷的关系，我对莱茵河那边的人与他们的处事方式还是了解的。我十分了解冯·阿尔尼姆伯爵。你想让我在你和他之间充当斡旋角色吗？愿意给我一个报答祖国的机会让我为你效劳吗？如果你同意，剩下的事情就不用

法国代表与俾斯麦谈判

你管了。冯·阿尔尼姆伯爵曾想娶我为妻；尽管我们已多年未曾谋面，但我知道他还没有忘记我。让我和他再见一面，我深信，这次会见定对你肩负的重任产生积极影响。”

奥古斯丁·托马斯·普耶－克蒂埃知道V夫人的话不是闹着玩的。

他问道：“但你打算在哪儿与冯·阿尔尼姆伯爵见面呢？”

“就这儿。”

“你是说财政部？”

“是的。”

“那可不行。”

“如果由你来安排，那也未尝不可。”

“你打算怎样摆平他？”

“这是我的秘密，反正到时候你就知道了。”

“你的秘密？”

“是的。其实这是一个不是秘密的秘密，你肯定能猜得到。它有两种可能的结果：一是像大家说的一样，冯·阿尔尼姆伯爵没有忘记我，那么他会看在昔日的情分上听从我的建议；二是他把我忘了，面对他的铁石心肠，我的一切手段都将无济于事。无论出现哪种情况，为了你的和谈成功，为了国家利益，你敢不敢派我去见见他呢？”

“好吧。”在这个说话掷地有声、将个人感情与政治利益玩弄于股掌之间的女人的诱导下，他不得不这样说道，“你见机行事吧！冯·阿尔尼姆伯爵大约明天下午两点来这里。你佯装碰巧到财政部来，然后我就把他交给你。”

第二天，V夫人比原定时间提前一会儿赶到了财政部。与奥古斯丁·托马斯·普耶－克蒂埃短促碰面后，她就站到了通向部长办公室的楼梯边，正对着的前厅门口。

不一会儿，冯·阿尔尼姆伯爵出现了。看到他从座驾上下来，朝前厅门口走来时，V 夫人先是一怔，然后直立在楼梯的第一个台阶上，仿佛突然被传话谒见重要人士时吓得不知所措一样。

V 夫人虽然已不再是妙龄少女，但风韵犹存，依然楚楚动人。结果，冯•阿尔尼姆伯爵一眼就认出了面前这个当年让他倾慕的女人。

冯•阿尔尼姆伯爵后退一步，凝视着她。

“我被她征服了，”他喃喃自语道，似乎明白了在这个特殊的时刻她出现在这个地方的原因。

“我被她征服了。”冯•阿尔尼姆伯爵后来也承认。

他心神不宁而又激动不已地朝 V 夫人走去，接着四只手紧握在一起。

冯•阿尔尼姆伯爵确实被她征服了。V 夫人搂住他向上走了几级台阶，就同他一起坐在楼梯上。她急不可待、热情奔放地用德语讲了很多话。

她说了些什么，大家不难猜到。冯•阿尔尼姆伯爵听她讲话，没有插言，头垂下来，手还留在她的手中。

“我听你的，”她话音刚落，冯•阿尔尼姆伯爵就说，接着重复道，“请放心，我听你的！”

V 夫人站起身，松开了他的手。

“想想你许下的诺言，”她说，“部长在等你，在他面前，你又变成一个德意志人，甚至是双料的德意志人。可是，我就待在部长办公室旁边的客厅里。我听着你们的全部谈话，如果你欺骗了我，我就会进去提醒你发过的誓言。”

她说到做到。在奥古斯丁•托马斯•普耶－克蒂埃同冯•阿尔尼姆伯爵就领土和战争赔款进行谈判时，V 夫人一直等候在部长办公室旁边的客厅里。他们的谈判趋向恶化时，她就从半开的门缝中露出头来，迫使冯•阿尔尼姆伯爵克制自己的态度。

最后，冯·阿尔尼姆伯爵开出的条件比俾斯麦伯爵优厚一些。尘封多年的爱情为我们换来了相对宽松的条件。气急败坏的俾斯麦伯爵严厉斥责了冯·阿尔尼姆伯爵。难道俾斯麦伯爵压根儿就没料到冯·阿尔尼姆伯爵的这段浪漫史会以这样的结局收场？不管料到与否，俾斯麦伯爵都没有原谅因感情用事而辱没使命的冯·阿尔尼姆伯爵。

从此，V夫人一直对冯·阿尔尼姆伯爵心存感激，他不仅没有忘记她，还在她的国家最无助的时候念及旧情、毫不犹豫地向她伸出援手。得知冯·阿尔尼姆伯爵惨遭俾斯麦伯爵训斥的消息时，她痛不欲生。

正史中没有被提及的故事难道就不值得公诸于世吗？

本书使人想起了许多过去的人与事。拿破仑三世已经驾崩，皇太子也战死沙场。曾经满地笙歌、处处笑语的第二帝国已经成为历史，唯有三三两两的弃儿如今流落街头。

流亡时期的拿破仑三世有没有想过卷土重来、在法国重建他的帝国呢？事实上，拿破仑三世一刻也没闲着，他抓住一切可能的机会紧张地张罗着，就是为了将来有一天能让他的爱子以皇位合法继承人的身份重新出现在法国人面前。然而，如果我们就此断言他的姓氏一定能再创一段辉煌的话，那也未免太轻率了。拿破仑三世在位期间给人的印象总是沉着内敛、从不张扬。流亡英国时，他依然保持着原来的样子，没人能读懂他的心思。

在他的一生中，他见过太多起落沉浮，亲眼目睹了人们对不再被命运之神青睐的君主们的冷漠与怀疑。不知不觉中，悲剧的帷幕已经为他拉开。然而，反观他的人生历程时，我们惊讶地发现他的一生虽历经坎坷，但整体来讲还是很平顺的，这归因于他与众不同的性格——沉着、冷静，特殊的家庭背景，以及终其一生苦苦追求的理想与超前的统治理念——自由主义。从社会发展的角度来看，任何激进的变革都会引起时

拿破仑三世与俾斯麦伯爵

拿破仑三世的儿子死于祖鲁战争，这幅图描绘了皇太子与祖鲁人战斗的场景

局的震荡。

尽管拿破仑三世时代的法国时有不如意的事情发生，但正如我所坚持的那样，仍然有许多值得称赞的东西。

尽管他的一生不断遭人质疑，比如他的君主身份、1851 年 12 月 2 日政变、昏庸腐败的宫廷以及 1870 年血腥的大屠杀，但他却从未被人憎恨过。当我们怀着平静的心态回忆他的过往时，我们会情不自禁地想起如今默默长眠于阴森陵墓中的他的好处来。

正义不是一种空洞的理论。正义是人们发自内心的，是爱的一种体现；当人们不再哀怒时，那些曾经受到不公正对待的人便可以在爱的港湾里找到庇护，并让他们蒙冤的灵魂获得救赎。

因一时的爱国主义激情而失去理智的人们将愤怒的火焰无情地喷向拿破仑三世。然而，随着岁月的流逝，随着人们理智的恢复，他们现在终于有时间静下心来想一想了。人们开始将充满同情、敬意的目光投向那个曾经不顾他们死活、被他们肆意诅咒的人身上。他的真实形象——和蔼、热心，同普通人一样在身处逆境时仍奋斗不息——终于再次被认可。作为君主，他始终心系苍生、慈悲为怀。

对于像拿破仑一世那样令人敬畏、唯我独尊的天才，人们的记忆中除了仇恨和愤怒，别无其他。然而，对于平易近人、虚怀若谷的拿破仑三世，人们虽有怨言，但这种怨气是暂时的。历史不会为他贴上仇恨和愤怒的标签，历史不会因为他的错误与失败而否认他的地位。

拿破仑三世时代的法国也有过动荡与不安，但在我的这本著作问世后的今天，法国不也不太平吗？不也人心惶惶、骚乱不断吗？

开诚布公地讲，拿破仑三世在位的十八年时间里，法国上下弥漫着一股不正之风，人们道德沦丧、不知廉耻、好逸恶劳、骄矜虚伪、无恶不作。拿破仑三世对此却充耳不闻。他始终以一位悲观宿命主义者的身份任凭这些蠢事滋生。那些有违他初衷、玷污他人格的蠢事不应强加在他的头上。面对曾经的侮辱、谴责，他的形象显得愈发伟岸挺拔，就像如今的共和国，尽管成立之时百废待兴，尽管公民们时有不满，但它不是照样蒸蒸日上吗？

专有名词对照

Second Empire	第二帝国
Napoleon III	拿破仑三世
Adolphe Thiers	阿道夫・梯也尔
Pierre-Jean de Béranger	皮埃尔－让・德・贝朗热
Saint Helena	圣赫勒拿岛
Invalides	荣军院
Prince Louis Napoleon	路易・拿破仑亲王
Victor Hugo	维克多・雨果
Battle of Austerlitz	奥斯特里茨战役
Battle of Waterloo	滑铁卢战役
Chiselhurst	奇斯尔赫斯特
Tuileries	杜伊勒里宫
Seine	塞纳河
Lepi	勒皮克
Fleury	弗勒里
Prince Imperial	皇太子
Loulou	路路
Louis	路易
Felice Orsini	菲利斯・奥尔西尼
Pépa	佩帕
Mme. de Montijo	蒙蒂若夫人
Pyrenees	比利牛斯山脉
Biarritz	比亚里茨
Marquis de la Rochelambert	罗什朗贝尔侯爵
Comédie Française	法兰西喜剧院

Paris Opera	巴黎歌剧院
Place Vendôme	旺多姆广场
Empress Eugénie	欧仁妮皇后
Merimée	梅里美
Fontainebleau	枫丹白露宫
Saint Cloud	圣克卢宫
Compiègne	贡比涅
Jacques Offenbach	雅克·奥芬巴赫
General Boum	布姆将军
Grande Duchesse	大公夫人
Molière	莫里哀
Mlle. Schneider	施耐德小姐
Strasburg	斯特拉斯堡
Boulogne	布洛涅
Bohemians	波西米亚人
Bonapartists	波拿巴主义
Rothschild	罗特席尔德
Morny	莫尔尼
Hortense	奥坦斯
Elysée	爱丽舍宫
Émile Ollivier	埃米勒·奥利维耶
Janvier de la Motte	让维耶·德·拉莫特
demi-monde	暗娼阶层
Rouher	鲁埃
Bourbon Palace	波旁宫
Senate	参议院
Count Bismarck	俾斯麦伯爵
Benedetti	贝内代蒂
Richard von Metternich	理查·冯·梅特涅
Mme. Metternich	梅特涅侯爵夫人
King Henry	亨利国王
Mgrs. Pie	皮耶
Dupanloup	迪庞卢
Boulevard d'Antin	翁贝托一世
Humbert I	波拿巴派
Bonapartes	恺撒大帝
Cæsar Imperator	保皇主义者
Royalists	朱尔·费里
Jules Ferry	《拿破仑三世的宫廷》
Court of Napoleon III	卡尼尔·德·卡萨尼亚克

Bauer	鲍尔先生
Queen Isabella	伊莎贝拉二世
Suez Canal	苏伊士运河
Bishop of Nancy	南希主教
Bordeaux	波尔多
Mgrs. Donnet	多内蒙席
Pius IX	庇护九世
Romagna	罗马涅地区
Mgrs. Georges Darboy	乔治斯·达尔博伊蒙席
Persigny	佩尔西尼
Count W	W 伯爵
Faubourg Saint-Germain	圣日耳曼区
Westphalia	威斯特伐利亚王国
Jerome Bonaparte	热罗姆·波拿巴
Mlle. de Montijo	蒙蒂若小姐
Versailles	凡尔赛宫
Chamber of Deputies	国民议会
Palais-Royal	王宫
Adolphe Billault	阿道夫·比约
Magne	马涅
Corsica	科西嘉
Moniteu	《通报》
Prangins	普朗然
Napoleon I	拿破仑一世
Victor Emmanuel	维克多·埃玛纽埃尔
Sadowa	萨多瓦
Prince Metternich	梅特涅公爵
Granier de Cassagnac	安坦林荫大道
Belle Poule	贝勒–普勒号
Don Juan	唐·璜
Courbevoie	库尔布尔
Henry IV	亨利四世
Jacques-Victor-Albert	雅克·维克多·阿尔伯特
Charles de Rémusat	查理·德·雷米萨
Haussonville	奥松维尔
Marthe Camille Bachasson	玛尔蒂·卡米尔·巴克森
Élie Louis	埃利·路易
Charles de Montalembert	查理·德·蒙塔朗贝尔
Thiers	梯也尔
Galliera	加列拉

Conciergerie	巴黎古监狱
Eugène Jolibois	欧仁・若利布瓦
Bonapartist	维克多派
Hippolyte Taine	伊波利特・泰纳
Count Cavour	加富尔伯爵
Empress Charlotte	夏洛特皇后
Sphinx	斯芬克斯
Goltz	戈尔茨
Mayence	美因兹
Francis Joseph	弗朗茨・约瑟夫
Drouyn de Lhuys	德律安・德・鲁斯
Rhineland	莱茵兰
Bethlehem	伯利恒
Comte de Chambord	尚博尔伯爵
Orleanists	奥尔良派
Louis Philippe	路易・菲利普
Coblentz	科布伦茨
Robespierre	罗伯斯庇尔
Frohsdorff	弗罗斯多夫
Goritz	格里茨
Duc d'Orleans	奥尔良公爵
Comte de Paris	巴黎伯爵
Prince de Joinville	茹安维尔亲王
Duc de Nemours	内穆尔公爵
Duc de Montpensier	蒙庞西耶公爵
Duc d'Aumale	奥马尔公爵
Titan	泰坦
Henri Chevreau	亨利・谢弗罗
Jean-Baptiste Duvergier	让－巴普蒂斯特・迪韦吉耶
Riché	里谢
Eugène Jolibois	欧仁・若利布瓦
Adolphe Vuitry	阿道夫・维特里
Haussmann	奥斯曼
Félix Esquirou de Parieu	菲利克斯・埃斯基鲁・德・帕里厄
Alexandre Florian Joseph	亚历山大・弗洛莱恩・约瑟夫
Magne	马涅
Louis Buffet	路易・比费
Ernest de Royer	欧内斯特・德・鲁瓦耶
Ernest Pinard	欧内斯特・皮纳尔
Piétri	彼得里

Duchesse Décazes	德卡兹公爵夫人
Sainte-Aulaire	圣奥莱尔
Duc Décazes	德卡兹公爵
Odilon Barrot	奥迪隆・巴罗
Devaux	德沃
Auvergne	奥弗涅省
Riom	利永
Clermont-Ferrand	克莱蒙费朗
Latour	拉图尔
Louis Juchault de Lamoricière	路易・尤查特・德・拉莫里西埃
Faubourg Saint-Antoine	圣安东尼区
Charles Albert	查理・阿尔伯特
Turin	都灵
Émile de Girardin	埃米勒・德・吉拉尔丹
Représentant du Peuple	《人民代表》
Proudhon	蒲鲁东
La Montagne	拉蒙塔涅
Victor Prosper Considérant	维克多・普洛斯伯・孔西德朗
Revolution of February	二月革命
Alexis de Tocqueville	亚力克西斯・德・托克维尔
Jules Favre	朱尔・法夫尔
Jules Simon	朱尔・西蒙
Émile Ollivier	埃米勒・奥利维耶
Alfred Le Roux	阿尔弗雷德・勒鲁
Alexander II	亚历山大二世
Duke of Reichstadt	雷希施塔特公爵
Blücher	布吕歇尔
Longchamp	隆尚
Battle of Magenta	马真塔战役
Battle of Solferino	索尔费力诺战役
Suresnes	叙雷纳
Mont. Valerien	瓦勒里昂山
Cent-Gardes	百人卫队
Saint-Cyr	圣西尔军校
Austerlit	斯特里茨
Bois de Boulogne	布洛涅森林
Raimbaud	兰博
Antoni Berezowski	安东尼・贝雷佐夫斯基
Exposition	世界博览会
Maximilian	马克西米利安

Segris	赛格里
Devienne	德维耶纳
Louis Étienne Arthur Dubreuil	路易・艾蒂安・亚瑟・迪布勒伊
Conseil d' État	最高行政法院
Legislative Corps	立法团
Rue du Mont-Thabo	蒙塔波尔街
Jacques-Louis Hénon	雅克－路易・埃农
Léon Gambetta	莱昂・甘必大
Latin Quarte	拉丁区
Bohemianism	波西米亚主义
Neo- Bohemianism	新波西米亚主义
Macmahon	麦克马洪
Prince of Wales	威尔士亲王
Hamlet	哈姆雷特
Palais de Justice	司法大厦
Madeleine	玛德莱娜教堂
Don Quixote	唐・吉诃德
Joachim Murat	约阿希姆・缪拉
Cayenne	卡宴
Le 19 Janvier	《1 月 19 日》
Meuse	默兹河
La Moncelle	拉蒙塞勒
Trouville	特鲁维尔
la Poëze	拉・珀兹
la Maréchale	拉・玛蕾莎勒
Louvre	卢浮宫
Saint-Germain l'Auxerrois	圣日耳曼奥塞尔
Avenue Malakoff	马拉科夫大街
Dr. Evans	伊文斯大夫
Square of Courbevoie	库尔布瓦广场
Evreux	埃夫勒
Hastings	黑斯廷斯
Wilhelmshöhe	威廉肖赫城堡
Countess de Mercy-Argenteau	梅西－阿尔让托伯爵夫人
la Moskawa	拉・莫斯科
Count Von Arnim	冯・阿尔尼姆伯爵
Norman	诺曼人
Teuton	条顿人
Belfort	贝尔福
Rhine	莱茵河